公元787年，唐封疆大吏马总集诸子精华，编著成《意林》一书6卷，流传至今
意林：始于公元787年，距今1200余年

一则故事　改变一生

高中那些事儿

恐怖高中还是快乐高中？你的高中你做主！

《意林》编辑部　编

未来出版社

FUTURE PUBLISHING HOUSE

图书在版编目（CIP）数据

高中那些事儿 /《意林》编辑部编 . –– 西安：未来出版社，2014.6
（上学那些事儿书系）（2016.9. 重印）
ISBN 978-7-5417-5234-6
Ⅰ . ①高… Ⅱ . ①意… Ⅲ . ①高中生 – 学习方法②高中生 – 学生生活 Ⅳ . ① G632.46 ② G635.5
中国版本图书馆 CIP 数据核字 (2014) 第 107751 号

高中那些事儿　　GAOZHONG NAXIE SHIR

总 策 划：尹秉礼　顾　平	执行策划：陆三强　杜普洲
丛书策划：徐　晶	丛书统筹：孟讲儒　吕　娜
丛书主编：姚新平	责任编辑：赵党玲　权梧桐
特约编辑：王征彬	技术监制：宇小玲　刘　争
发行总监：董晓明　李振红	宣传营销：董晓明　薛少华
美术总监：资　源	封面设计：李　倩
美术编辑：坛爱萍	总 字 数：288 千字
印　　张：13.25	版　　次：2016 年 9 月第 3 版
印　　次：2016 年 9 月第 4 次印刷	书　　号：ISBN 978-7-5417-5234-6-02
定　　价：29.90 元	出版发行：未来出版社
地　　址：西安市丰庆路 91 号	邮　　编：710082
电　　话：029-84286619　84288355	印　　刷：香河华林印务有限公司
经　　销：全国各地新华书店	开　　本：889mm×1194mm　1/16

启　事

本书编选时参阅了部分报刊和著作，我们未能与部分作品的文字作者、漫画作者以及插画作者取得联系，在此深表歉意。请各位作者见到本书后及时与我们联系，以便按国家相关规定支付稿酬及赠送样书。
地址：北京市朝阳区南磨房路 37 号华腾北搪商务大厦 1501 室《意林》编辑部（100022）
电话：010-51900482

主编｜姚新平

主编简介：

　　北京市中学特级教师，北京市优秀教师，北京化学会中学化学教师发展委员会副主任，首都师范大学硕士研究生导师。

主编寄语：

　　祝贺你升入高中，迈开你人生的关键一步！

　　高中，面临升学关键，学习很重要；高中，是走向成人的过渡期，"健康、交往、修养"同样需要培养。

　　五彩缤纷的互联媒体时代让同学"乱花渐欲迷人眼"；轰轰烈烈的新课改使许多同学感觉"雾里看花终隔一层"。待到"拨开迷雾"，高中已过完，空留遗憾！

　　《高中那些事儿》为你的新开始提前规划，有备无患。陪你度过"快乐、充实、圆梦"的三年！

专家学者、校长名师联袂推荐

知名作家

莫言	于丹	孔庆东
诺贝尔文学奖获得者　莫言	北京师范大学教授、博士生导师　于丹	北京大学教授　孔庆东
桐华	当年明月	海岩
《步步惊心》作者　桐华	《明朝那些事儿》作者　当年明月	著名作家、编剧　海岩

校长名师

徐华	窦桂梅	王殿军
北京市潞河中学校长　徐华	清华大学附属小学校长　窦桂梅	清华大学附属中学校长　王殿军
廖炳晔	翟小宁	张丽钧
湖南省岳阳市第一中学校长 廖炳晔	中国人民大学附属中学常务副校长、特级教师　翟小宁	中国作家协会会员、河北省特级教师　张丽钧
赵谦翔	何世文	马跃美
全国著名特级教师、清华大学附中　赵谦翔	湖北省示范高中监利一中校长 何世文	天津市南开中学（温总理母校）校长　马跃美
关凤艳	郑金山	许江敏
辽宁省重点中学、沈阳市第五十六中学校长　关凤艳	福建省莆田第四中学校长 郑金山	山西省临汾第一中学校长 许江敏

目　录 Contents

初高中衔接

过一个充实而有准备的暑假

　　随着中考结束，我们的初中生活即告完结，许多同学这时可能会彻底放松下来，觉得只等高一开学就可以了。实际上，这种做法并不可取。

　　从初中到高中，无论课程学习还是校园生活，都会发生很大转变。高中面临学习方法的重新洗牌，它更加注重对知识的深入理解、融会贯通，需要我们有对知识活学活用的能力。同时，一些同学从普通中学考入重点中学，以前身上的光环退去，会造成强烈的心理落差，需要去积极适应。此外，以前初中的课程较少，同学之间的沟通交流比较多，升入高中后，自我价值观以及独立性增强，课业压力和价值观的冲突可能更加明显，我们无论在什么学校都要面临全新的人际关系，而这个交流磨合的过程需要一个更加开放的心态。

　　显然，对于即将迈入高中的同学们来说，如何跨越初高中衔接这道坎儿，是走好高中之路的关键。而准高一的暑假非常漫长，正是我们提前了解高中学习特点，调整好心态，做好各方面准备以便适应高中生活的一个重要途径。所以，我们做好初高中衔接应从暑假开始。

开学之前，通过旅游放松身心

□金 野

旅行的意义或许是打包收拾行囊时的那份欢愉和期待；或许是将自己置身异乡时的那份好奇；或许是那份美好的未知，抑或什么都没有，就是走向远方的这份单纯。踏上旅程，看着车窗外飞逝的倒影，缩在椅子上发呆都成为一种美好。

关于旅行的意义，著名作家毕淑敏写过这样一段话："人的知识永远是不完备的，无法知道一个地区或是一个时代是否就是空间和时间的全部。从这个意义上讲，我们每个人都是井底之蛙，所不同的只是栖息的这口井的直径大小而已。于是，我们天生需要旅行，尽可能地把时间和地理的尺度拉得伸展一些。"

旅行的意义究竟是什么？大概每一个热衷行走的人都有自己的答案。或许是打包收拾行囊时的那份欢愉和期待；或许是将自己置身异乡时的那份好奇；或许是那份美好的未知，抑或什么都没有，就是走向远方的这份单纯。踏上旅程，看着车窗外飞逝的倒影，缩在椅子上发呆都成为一种美好。

初中阶段的学业结束，又不为高中的课业忧心忡忡，何妨做一次愉悦的旅行呢？当然，单独的旅行对你来说可能还为

时过早，但和家人一起旅行同样是令人难忘的。如今，背起行囊到异乡探奇或远离都市长途跋涉日益成为一种时尚，越来越多的年轻人加入了自助旅行的行列。那么，作为一名"背包客"，除了热情和幻想之外，我们还有很多东西要准备。

首先应该意识到，简单地确定旅行线路和目的地是远远不够的，还要了解更详细的资讯：包括途经地段的海拔、气候、民族分布、宗教信仰、饮食习惯、居住条件等。不同的地区在各方面的差别很大。在民族习惯和宗教信仰方面，也有因地域不同形成的差别。如果在这方面具备丰富的知识，不仅可以避免因违反当地禁忌而带来的不必要的麻烦，还可以增加旅行的人文色彩，使其更有意义。旅游前一定要做好计划，选择好路线，做好相应的物质准备，也就是说要备好旅游的行装及物品。当然，

所带物品的种类和多少应视旅游季节、旅程长短、个人生活习惯及目的地的气候、地理等因素来确定。为避免遗漏，最好先拟出一张明细单，然后照单准备。

不管我们带着什么样的东西和怎样的心情出发，正像毕淑敏曾经提醒过的——旅行中我们一定要带上自己的灵魂。"好的旅行应该如同呼吸一样自然，旅行的本质是学习，而学习是人类的本能。旅行让我知道在我之前活过的那些人，他们可曾想到过什么、做过什么。"

当然，相信一定有很多同学出于各种原因无法完成一次长途旅行，但这并不重要，因为你完全可以在你生活的地方旅行。旅行，其实并不一定非要抽出一大段时间，坐火车和飞机，去到遥远的异国他乡。只要你具备足够的好奇心和闲适的心情，完全可以在自己生活的城市或乡村开始旅行。最熟悉的地方，往往也是最陌生的。相信绝大多数人并不了解自

所有人都站在一边不一定是好事，比如都站在船的一边。

己的周围是由什么构成的。所以，在自己熟悉的地方旅行，同样可以收获不一样的体验和发现。

比如，挑个晴朗的早晨，登上城市的某个最高点，俯瞰一下自己生活的地方。你会马上静下心来，陷入沉思。你过去的经历，会像电影一样，一幕幕呈现在你的眼前；而你的未来，也隐约可见。从高处审视一下自己平凡忙碌的生活，没有任何坏处。即便不能从你的内心深处挖掘出原有的或潜在的自我，至少也可以让你更了解自己，了解自己真正关心的事情是什么。

午饭，找家自己喜欢的饭馆，无论面条、馄饨、小笼包，还是川扬京粤本帮菜，都必须是其中味道最好的，或最有特色的。美食，不仅是旅游的重要因素，还常常是旅游的主要目的。

下午，如果天气不错，找家咖啡馆，坐在户外，读书写字、看看路人、发发呆。天热吹吹风，天冷晒晒太阳。咖啡好喝，椅子舒服，环境又安逸的咖啡馆是极品，有时很难偶遇，一定要亲自去寻觅，找到了是一种幸福，寻找的过程也充满情趣。

夕阳西下的时候，沿着城市的高架桥一路往西，随着落日，看满天缤纷的云彩。如果是万里无云的夜晚，不要着急回家，找个没有光污染的地方，抬头凝望漫天的繁星。这些，几乎不花钱，也不花什么时间，却能让你从平凡的生活中抽身，去感受大自然的奇妙，让疲惫的身心放松下来。

走路其实是最佳的旅行方式，尤其在城市中旅行。在自己居住的城市中漫步，你会发现，原来自以为熟悉的地方，其实很陌生。有许多地方，你从未到过，它们对你而言，其实跟外地差不多。还有许多地方，天天都在发生变化，你刚熟悉，它又变了。每个区域、每条路，都是一首歌，都有独特的旋律。没有一首歌，是完全相同的。

说穿了，旅行是种生活态度，是日常生活的延伸。有些人会把它们截然两分，以为生活是生活，烦躁重复是理所当然的；而旅行是不同于日常生活的开心事。这样的人，其实不懂旅行，也不会生活。只有那些懂得在自己居住的城市旅行的人，才能理解"人生就是一次旅行"这句话的真正含义。

恐怖高中还是快乐高中？你的高中你做主！

高中要知道

超强记忆力，其实是靠想象力

西北农林科技大学研究生吕超曾用 24 小时零 4 分钟，把圆周率背诵至小数点后 67890 位，且没犯过错误。一位 60 岁的日本人将其突破到了十万位。他们是怎么背的？记忆数字的一个民间办法是所谓的"谐音记忆法"。我国长期流传的一个背诵圆周率的方法就是把 3.14159 谐音成"山巅一寺一壶酒"。这种方法记忆电话号码和车牌号可能好用，但用此办法把圆周率背诵到一万位，几乎不可能。

专业选手的技术是"形象化"。首先你要把 1 到 10 这十个数字形象化，让每个数字在你心中有一个固定形象。有了这个形象系统，再记忆任何清单就简单得多了，要点是编故事。人脑特别善于记形象画面，任何专业记忆大师记数字和字母组合的方法，本质上都是把抽象的东西形象化。图像再被连接成一个故事片，最终记忆的其实是一个长篇连续剧。所有专业记忆力比赛，本质上比的都是想象力。

《礼记》中说："玉不琢，不成器；人不学，不知义。"人的一生离不开学习，离不开阅读。学生时期，正式进入高中之前进行大量的阅读无疑是十分必要的。至于阅读的内容，当然是越多越好。但大致说来，可以从三方面着手：

一是经典阅读。"名著是一面镜子"，经典阅读永远有着不可替代的魅力，它以古典式的宁静成为历代读书人的文化故乡和精神家园。所以，名著往往是阅读的首选，你可以选一些贴近学生生活的名著，如《伊索寓言》《格林童话》《骆驼祥子》《钢铁是怎样炼成的》《童年》《双城记》《雾都孤儿》等。这些名著语言通俗，情节简单，文笔流畅，充满了生活的智慧和想象力。在阅读中与文学大师对话的感觉绝对是终生难忘的。

二是时尚阅读。在读经典的同时，我们还可以阅读一些时下的热门图书和杂志，这可以称为"时尚阅读"。比如读一些中学生比较喜欢的《意林》《读者》《青年文摘》等时文杂志，也可以阅读一些当代著名作家的作品，如余秋雨的《文化苦旅》、周国平的《守望的距离》、史铁生的《我与地坛》等。在激荡着感性美、

读点儿"闲书"，
让视野更开阔
□钱潜移

闪耀着理性美的"时尚阅读"中，我们不仅能提高文化品位，还能充分融入"时尚生活"，接触当下的社会现实。

三是科技阅读。科技阅读是学习知识、检索信息、加工信息的过程，在信息化和科技化的社会发展中，科技阅读必不可少。我们可以根据自己的喜好适当阅读一些科技方面的图书。比如霍金的《时间简史》、法布尔的《昆虫记》、比尔·布莱森的《万物简史》

等。你可以在阅读的同时参加一些科技活动，让阅读与当代科技、社会发展联系到一起。这样你所获得的知识将远远超出你的想象。

选好想要阅读的图书，最好再准备一本词典和一支笔。每部名著里肯定都会有很多"拦路虎"，所以阅读前最好为自己准备一本词典。另外，俗话说："不动笔墨不读书。"读名著时，还要为自己准备一支笔，以便在书页的重要地方

恐怖高中还是快乐高中？你的高中你做主！

【知乎体】香菜的学名叫芫荽。

画上圈、杠、点等符号，在书眉和空白的地方写上自己的心得，或者把一些优美的词句摘抄下来。

阅读就要进入书中的世界去享受读书的快乐，否则就味同嚼蜡。那么，怎样才能让自己进入书中的世界呢？

首先，要把心静下来。每本名著就像一座故事城堡，没有一颗安静的读书心，是很容易被拒之门外的。

其次，要把心放进去。读书时，要把心放进书中，和书中的人物进行对话。你可以回想自己的经历，这样便会获得共鸣。另外，一本名著读完，不要把它往书架上一放了事，要善于回味。如果需要，还可以重读相关的章节，做到常读常新。

很多学生阅读了很多书籍，但都是囫囵吞枣，对所读内容缺少思考，这样的阅读很难有明显的收获，是低效的阅读。针对这样的情况，我们可以通过做读书笔记来提高阅读质量，实现高效阅读。元末著名学者陶宗仪，避乱江华亭时，躬耕于田野，累了便坐在树下歇息、读书。每有所感，就取出随身带来的笔砚，在树叶上记下来，并将树叶笔记放入准备好的陶罐中，埋入树下。经过十余年的积累，竟有好几个陶罐的树叶笔记。后经加工整理，便成了颇有学术价值的《南树辍耕录》。名人们为我们树立了很好的榜样，他们的事迹值得我们学习。

苏联教育家苏霍姆林斯基曾说过："一个年幼的人来到学校，为的是走出校门时成为一个有教养的人，一个能独立思考的人。"要达到这样的目的，就必须进行大量的阅读。相信只要你坚持阅读，养成良好的读书习惯，一定可以成为一个知识丰富的人，一个勤于思考的人。

恐怖高中还是快乐高中？你的高中你做主！

高考是什么提前要弄清

1978年，高考在全国得到全面恢复，不少寒门子弟得到了一个公平的改变命运的机会。30多年弹指一挥间，尽管今天的高考备受诟病，但在没有发现能使普通人平等改变命运的新途径之前，它依然是当下最为合理的人才选拔制度。所以，了解高考，以正确的态度面对高考是很有必要的。另外，新一轮高考改革已正式提上日程，今后的高考形式和录取方式都将呈现全新面貌。如何把握高考走向，未雨绸缪，恐怕也是每位考生应该积极关注和思考的。

当下，有部分同学以"读书无用"为由放弃高考。实际上，缺少高等教育的人生是有遗憾的。更重要的是，大学能教会我们独立思考。这样，我们才不会人云亦云，才能自己去判断对与错，好与坏。没有接受过高等教育的人，其中固然不乏功勋卓著者，但受过完整高等教育的人，其成功的可能性往往更大。当我们有机会接受高等教育时，不妨认真把握。

恐怖高中还是快乐高中？你的高中你做主！

看点儿「大片」，巩固外语基础
□伍实元

贾樟柯是我国的一位著名导演，他中学毕业后，没有考上大学，就不想读书了，只想随便找份工作有口饭吃就行。直到21岁，他都不知道自己的人生目标是什么。但这一年，他看了陈凯歌的《黄土地》，这部电影彻底改变了他的人生，让他对自己的生活有了进一步的思考。之后，他有了一个方向，觉得拍电影挺好，是电影让他选择了一个职业，也为他打开了一扇窗。最后的结果当然是他如愿以偿了，并且拍摄了很多在国际上获奖的优秀电影。

电影改变人生

实际上，电影不仅仅是一种娱乐手段，它还能为我们的生活提供不一样的人生参考，让我们通过它，知道自己想要什么，又该怎么去做。高中阶段是我们确定人生目标的关键时期，一部优秀的电影可能就会让你提前知道自己的渴望是什么，进而树立正确的人生方向，锻炼不屈不挠的精神意志。在这方面，有很多不错的经典影片值得我们去看，我们可以利用暑假空闲时间好好欣赏一下，相信你的内心一定会有不一样的感触。比如，《心灵捕手》《天堂电影院》《放牛班的春天》《小鞋子》《海上钢琴师》《三傻大闹宝莱坞》《黄土地》《当幸福来敲门》《美丽心灵》《勇敢的心》《阿甘正传》《肖申克的救赎》《百万美元宝贝》《洛奇》《告别昨日》等。

看电影学语文

除此之外，电影还是帮助我们学习语文和外语的重要工具。高中语文课本上的很多经典文学作品都被拍成了电影，我们可以根据语文课本上的内容，找来相关的影片观赏，这样往往能使我们更好地理解原著、更好地掌握作品产生的背景，从而进行理性的分析，投入审美鉴赏活动中去。比如高中语文课本上曹禺的戏剧作品《雷雨》，阅历少的同学往往很难把握几个主要人物的性格与心理。如果我们观看了影片《雷雨》，就能借助演员的台词、动作和面部表情等，加深对作品的印象，实现对作品本身的理解。类似的改编自文学名著或与课本内容相关的影视作品还有《阿Q正传》《老人与海》《哈姆雷特》《巴黎

如果真的有一天，某个回不来的人消失了，某个离不开的人离开了，也没关系。时间会把最正确的人带到你的身边。——余秋雨

圣母院》《茶馆》《堂吉诃德》《双城记》《辛德勒的名单》《荆轲刺秦王》《鲁迅传》《边城》《祝福》等。如果用苛刻的眼光看，有些演员的演出未必尽如人意，但至少在某些环节上能帮助我们对作品进行初审，然后以此为基础，再来细读文学作品就有了深度与广度。如此一来，我们得以提高自己的理解能力和审美水平也就顺理成章了。

看电影学外语

我们在观赏电影时，有一个问题非常值得注意，那就是电影不仅是用来看的，也是用来听的。也就是说，我们在观赏外语片时，除了欣赏激动人心的画面，还可以认真聆听演员如何说话，这对提高语言水平来说无疑很有帮助。比如观赏英语原版电影，对广大高中生来说就是学习英语的有效途径，不仅可以增加词汇量，还可以纠正发音，提高听力水平。目前国内英语环境的缺乏造成高中生口语学习困难，观看英文原版电影正好可以弥补这方面的不足。英语原版电影是鲜活的语言材料，同时反映了英美国家的文化，多看多听英语原版电影在学习英语方面绝对是条捷径。

当然，看英语原版电影不能随便地看，而要有所选择。对于普通高中生来说，要尽量选一些简单易懂的来看，同时不能忘记看这些电影的初衷——我们不是为了单纯娱乐而去看的，而是为了学习外语。

看电影的时候，要注意模仿演员的发音和语音、语调，同时要理解这些语言背后的文化，还要有意识地去学习电影中出现的习惯用语和俚语。只有这样，外语电影才会真正走进一个人的生命深处。至于值得推荐的英语原版电影，可以趁闲暇反复"听听"，诸如《音乐之声》《狮子王》《卡萨布兰卡》《泰坦尼克号》《西雅图未眠夜》《雨人》《乱世佳人》等。相信在你听了一遍又一遍这些电影之后，你的外语水平将有很大的提高，并为高中的英语学习打下良好的基础。

高中要知道

倒背如流的知识为啥忘得这么快

知识可以按照其价值进行分类。拿"考试"这个行为举例，有利于完成考试的知识，例如语文知识，就是有利知识；会妨碍"考试"的，例如玩电脑游戏所需要用到的，就成了不利知识；一些对考试影响不大的，则是无用知识。考试之前，有利知识是和考试相关的内容，我们需要对不利知识进行压制；而考试之后，需求发生了改变，玩游戏这种和考试无关的技能成为有利知识，而之前的有利知识变成了不利知识或无用知识。如此这般，结果自然显而易见了。如果学习知识只是为了考试，那么在考试结束那一瞬间，这些知识的寿命也就到头了。如果学习知识是为了培养严谨的理科逻辑性思维和浪漫的文科素养，那么它们才不会被轻易遗忘。

恐怖高中还是快乐高中？你的高中你做主！

恐怖高中还是快乐高中？你的高中你做主！

多听名乐，让想象飞一会儿

□ 米冠军

著名作家余华曾经在一篇文章中谈到音乐对他的影响。十五六岁时，突然有段时间，他感到生活十分压抑而平庸，不知道该如何打发时间。这时他发现了"音乐"，或者说是音乐简谱。当然，他并没有学习音乐简谱的想法，而是直接利用它们的形状开始了他的"音乐写作"。

他将鲁迅的《狂人日记》抄在作业本上，然后将简谱里的各种音符胡乱写在上面。他消耗了几天的热情，写了一首很长的"歌"，尽管是首无人能演奏的歌。当然，因为他对音乐简谱一无所知，也就没朝音乐的方向跨出半步。但他觉得自己的作品看上去很像一首歌，他完全心满意足了。这可以说是音乐对处于中学阶段的余华最初的影响。

此后差不多有20年，他不再关心音乐，直到1993年，音乐才再次进驻他的生活。渐渐地，他发现"音乐的历史深不可测，如同无边无际的深渊，只有去聆听，才能知道它的丰厚，才会意识到它的边界是不存在的"。他开始按照音乐的结构创作小说，并获得了不一样的效果。

音乐也许不能使你成为余华那样的知名人物，但它确

通过欣赏音乐，一个人认识美和发现美的能力会得到很大的提高。

实能对你的生活产生非同凡响的积极影响。

当然，很多喜欢音乐的中学生可能都像余华一样，最初并不明白音乐的奥妙之处，但这并不妨碍音乐成为我们生活的一部分。实际上，音乐是人类最古老、最具普遍性和感染力的艺术形式之一，它一直在人们的生活中发挥着重要的作用。因此，与其将其视为影响课业的洪水猛兽，不如加以合理地利用，让音乐成为自己学习和生活的有益助手。

对正处于成长期的高中生来说，音乐的积极影响是潜移默化的。通过欣赏音乐，一个人认识美和发现美的能力会得到很大的提高。比如在欣赏中国交响乐《梁祝》时，在了解了这首经典音乐的创作背景后，你可以大胆联想，随着乐曲的发展进行合理的思维，认真感受其中的喜怒哀乐。随着你对这首乐曲的理解越来越深，你就会发现，原来音乐有如此美妙的表达效果，有时甚至远比看得见的语言更富表现力。尤其是一些在特殊历史时期或特殊条件下诞生的经典音乐作品，不仅能使你认识善恶美丑，更能使你获得人格、气质、修养方面的极大提升。比如，柴可夫斯基的《悲怆》《天鹅湖》、贝多芬的《命运》《田园》、维瓦尔第的《四季》、巴赫的《布兰登堡协奏曲》、施特劳斯的《蓝色多瑙河》、

【知乎体】云可以分为29种，高度从几米到万米不等。

莫扎特的《G大调弦乐小夜曲》《星星变奏曲》，以及中国名曲《长征组歌》《二泉映月》等，都具有深厚的文化内涵，值得一听再听。

感受音乐很大程度上依赖于一个人的想象力和创造力，多听一些纯音乐，在一定程度上还可以提高自己的智力水平。欣赏者要在头脑中塑造完整的音乐形象，就必须借助想象进行再创造，这种再创造完全是由你自己控制的。由于每个人的先天遗传情况不同，所以人的思维能力会具有与生俱来的差异，但无论如何，大脑思维能力的形成和发展要靠后天的学习和训练。如果你能在闲暇时多进行音乐欣赏的训练，就可以提高乐感，并增强记忆力和形象思维能力，使你的大脑得到更多的开发。

当然，音乐的类型有很多种，除了古典音乐，还有流行音乐，包括布鲁斯、爵士、摇滚、说唱等多种风格。19世纪，音乐家黎锦晖首先将流行音乐带到了中国。随着社会的进步和经济的发展，如今你可能会在课外、家庭、社会娱乐场所接触多种不同的音乐，它们往往良莠不齐、雅俗难辨。对此，你一定要有所警惕，不能过分沉溺于一些绵绵情歌之中，听得忘乎所以，甚至妨碍正常的学习和生活。所以，在听流行音乐时，一定要有所选择。

下面对流行音乐做一下总结，这几类歌曲可以说是非常值得一听的：1.励志型音乐。当你受到挫折、打击而精神萎靡、士气不振时，可以听听《真心英雄》《阳光总在风雨后》《水手》《我的未来不是梦》《光辉岁月》等歌曲，以便鼓舞斗志。2.友情型音乐。这类歌曲表达人与人之间的真挚情感，可以引导你正确对待同学之间的友谊，把握同学之间的交往尺度。如《第一时间》《朋友》《相亲相爱》等。3.纯真的校园型音乐。这些歌曲的特点是旋律欢快、情感真挚，可以让你充分感受到校园生活的纯真多彩。比如《同桌的你》《栀子花开》《心愿》《外婆的澎湖湾》《童年》等。4.古典文学型音乐。这类歌曲把时尚和经典结合起来，往往别具一番趣味。比如《寂寞沙洲冷》《一剪梅》《愚公移山》《月满西楼》《涛声依旧》《青花瓷》《千里之外》等。

总之，好的音乐能引导人上升，如果你多听一点优秀音乐的话，一定可以令自己的品德和修养更加卓越。🎙

高中要知道

如何提高自制力和专注度

二八定律：即在任何事情当中，最重要的只占一小部分，约20%，其余约80%尽管是多数，却是次要的。所以，在你真正想要集中精力做一件事之前，应该弄清楚什么是最重要的，而不是一时兴起，毫无准备。

30分钟：以30分钟为周期，只做好一件事，禁止多任务操作。

保证高质量的睡眠：根据自己的生理习惯，每天保证充足的睡眠，不要为了工作牺牲睡眠时间。在自己的能力范围之内，买最好的床垫、枕头、被单等床上用品。

列清单：列出3件你每天必须做的事情，无论多忙，这3件事情一定要完成。🌼

恐怖高中还是快乐高中？你的高中你做主！

每个人，我想，都有自己的怪癖。但是为了保持正常，符合世界的眼光，他们克服了这些怪癖。因此，毁掉了他们的异禀。

德国图林根市有一座别具一格的博物馆——短寿博物馆。只看名字就知道，它也许是世界上数以万计的博物馆中最令人好奇的那部分博物馆中的一座。这座博物馆在大约一千平方米的大厅里展示着全国两千多名短寿者的人生档案。且按名人、平民分门别类地陈列在一只只玻璃柜中，每位短寿者都有详细的说明：当事人为什么会短寿。

在这些短寿者中，不乏功成名就的著名人物，比如戈特弗里德·奥古斯特·比格尔，德国著名文学家，生于1747年，卒于1794年。他用叙事诗为德国文学做出了同歌德一样的贡献，使德国文学开始富有民族特色。然而他只活了48岁。致使他英年早逝的原因是长年夜以继日地写作，导致身体状况每况愈下。提示语说，如果他能注重锻炼身体的话，活到80岁是不成问题的。

名人的短寿自然使人惋惜不已，然而相当多的短寿者几乎都是些虚度光阴之辈。比如伊施丹妮，她从17岁开始吸食毒品，21岁时患上了癌症，22岁时由于无钱购买毒品而不得不割腕自杀；还有一位名叫西廷的小伙子，平时酗酒，结婚第三天就因酒后驾车，车毁人亡。其生命里程只有28年……要知道，他们的生命长度远不止这么短。

这里每天都有络绎不绝的参观者，其中有很大一部分是医院里的患者。他们年纪很轻，却恣意挥霍自己的生命资源，来到这里或许能唤醒他们内心那丝珍惜生命的潜意识吧。或者博物馆存在的价值正在于此吧，甚至比这个更加令人肃然起敬。

直接与历史对话

在欧美发达国家，青少年从小就把博物馆作为自己获取信息知识的来源之一，他们可直接对话大自然、历史、科技、艺术等，从而获取的知识比从学校和课本里来得更为充实与直接。学校是知识的殿堂，是一个人一生中最为完善的知识体系来源，而学校的教育模式从很大程度上来讲是一种被动式教育。这种被动式学习容易产生一种依赖性，而博物馆完全可以弥补这方面的不足，变被动学习为主动学习。

与博物馆实物性紧密联系的是其输送信息、教育观众手段的直观性和丰富性。博物馆以各类展品为基础，通过大量运用文物、标本、模型、辅助性艺术作品等实物，作用于观众的感官。实践证明，这种以实物例证向观众表达深刻内涵和传递信息的

玩在博物馆，接受文明洗礼

□江领

方式，无论从人的生理机制还是认识过程来说，都更易于我们接受和理解。在有些博物馆，我们不仅能充分观察展品，还可以亲自触摸、亲身体验，进行实际操作或实验。这些都非常符合青少年的心理感受、审美趣味和认识特点，是其他教育机构无法比拟的。

显然，博物馆是我们学习知识、获得教育的圣地。我们观览的过程就是开阔视野、拥抱文化的过程。通过这种方式，我们能够捕捉准确、真实的客观实物，实现自身素质的全面提升。比如博物馆对文物的陈列，我们在观看之后，往往会产生一种发自内心的对人类文明、民族历史积淀的崇拜感和自豪感。这种感受无疑是任何语言所不能激发的。只有通过这样的方式，我们才能学到实实在在的文化知识，更好地树立奋斗目标。

激发创新能力

我们都知道，创新是一个民族进步的灵魂，是一个国家兴旺发达的不竭动力。创新意识和创新精神已成为我们当前素质教育的主要目标。但是，我们所谓的创新，是与深厚的文化传统相联系的，只有在吸取前人优良成果的基础上，进行不断的改造，才能使人类的脚步向前延伸。在我们的创新精神培养方面，博物馆可以说功劳甚大。因为在博物馆中展览的文物，从艺术到科学，从社会历史到自然生态，从民族文化到异域风情，涉及了人类发展的方方面面，都是人类及各民族的艺术瑰宝，是所有科学文化知识的凝结。我们在这种文化体认下，才能催生出一种探索、创新的自我意识，这对培养我们的创新精神可谓意义重大。

博物馆无疑是一座终身教育的殿堂，我们有时间应该多去各种各样的博物馆参观，把参观博物馆当成一种兴趣，并让这样的兴趣成为一种生活习惯。

总之，博物馆是一本厚厚的史书，又是一座长长的桥梁，它把世事万物浓缩成精华的遗迹呈现给世人，将属于自己国度的文明传扬给世界，又把世界各民族不同的文明融会凝结到一起。来到博物馆是一次受教育的过程，同时，又是一个享受的过程。你只有在博物馆中亲眼看到那些前人遗留下来的珍宝，才能触碰历史的脉搏，获得心灵的震撼。

高中要知道

核桃补脑：无厘头的备考谬论

核桃是一种坚果，其 n-3 脂肪酸含量丰富，100 克核桃中 n-3 脂肪酸的含量可高达 9 克，对大脑健康很有好处。也有动物研究发现，吃核桃能改善老鼠的记忆力和学习能力。然而，把核桃单独拎出来作为补脑的食物并不科学，富含 n-3 脂肪酸是很多坚果的特征，巴旦木、杏仁、榛子、腰果都有。

有说法称核桃含有 36 种以上的神经传递素，可以帮助开发脑功能。其实，神经递质在很多动植物体内都存在，但是要保存神经递质需要特定的温度和湿度，即使在食物中得以保存也并不意味着可以通过口服吸收，所以说"核桃含神经传递素可以帮助开发脑功能"实在无厘头。

恐怖高中还是快乐高中？你的高中你做主！

学做家务，这样更有好前程

□ 董翠翠

恐怖高中还是快乐高中？你的高中你做主！

在学做家务之前，你应该问自己一个有意思的问题：你怎么看待家务？如果这个问题不好回答，再来看下一个问题：在通风良好、地板干净、床单整洁，厨房也安全卫生的家里，相比在落满灰尘、没有干净衣服可穿、屋里散发出霉味的环境里，你的幸福指数是否相差很大？答案是显而易见的，人们光凭感觉就可以意识到做家务很重要。不过，大多数同学可能仅仅停留在"它很重要"的感知上，并没有真正意识到做家务的重要性，更别提亲自做家务了。

对于做家务的"意义"，美国著名作家雪瑞·孟德森在《家事的抚慰》中做了精彩的阐述："只要回到家，关上身后的门，你就如释重负，人际、情绪及生理上的恐惧也随之减少。在家里，你可以解除武装、卸下面具，因为在这个世界上，家是一个让你不会感觉被看扁、被排挤、不够格或不被需要的地方。"让家更有家的感觉，真正有效的方式就是发自内心，抱着一股对家与舒适的渴望把家务打理好。也只有这样，才能让家里的人放手去做、去感受所有想要的事物。"每

一件例行家事在大功告成之际，都会带来深深的满足。这些日常工作与生活节奏互相呼应，你所获得的满足，不仅来自干净有序、生机勃勃的环境，以及平静安稳、精力充沛的感受，也来自你明白自己和所关心的人将会享受到这些好处。"

做家务除了能让我们的生活环境更优美，能让我们的家更像家之外，对很多中国学生来说还有更深的意义。不久前，一份《中美孩子家务清单对比》的漫画在网络上引发了很多讨论：9～24个月的中国孩子在学习认字，美国孩子学会了扔尿布；2～3岁的中国孩子在背唐诗，美国孩子在学习扔垃圾、整理玩具。对比强烈的是，3岁以上，中国孩子开始学习弹琴、舞蹈等各种艺术技能或学习奥数等知识技能，而美国的孩子在每个年龄段学做不同的家务活，3～4岁的孩子在学习喂宠物、浇花、刷牙，4～5岁的孩子学习铺床、摆餐具，5～6岁的孩子学习擦桌子、收拾房间，7～12岁的孩子学习使用洗衣机、清理洗手间、做简单的饭，13岁以上的美国孩子已会清理灶台、换灯泡、修理草坪等。

我像一根面条，纵身跳入生活这碗面汤，越煮越软。——面对生活，不管愿不愿意，都得服软。

有些中国家长只重视考试分数，而忽视了家务劳动教育，造成有些孩子到了大学还不会洗衣服，不会做饭，缺乏基本的生存能力，成了生活的"残疾者"。西方教育专家研究得出结论：不论知识水平、家庭背景、经济收入、种族肤色如何，凡是从小做家务、热爱劳动的人到了中年以后往往特别能干，工作成就大，生活也很美满。凡是从小就好吃懒做、不爱劳动的人，长大了大多不能吃苦，独立生活能力差，工作成就平平。因此，如果我们希望有所成就，一开始就应该自觉创造条件，对自己进行早期的劳动训练，让自己做力所能及的事，这将使你终身受益。

自立能力被称为众多能力之首，因为自立是人的成长过程中最重要的环节。有了自立能力的人，才懂得独立思考，才能够在遇到问题的时候做出自己的选择；有了自立能力的人，才具有创造精神，才能够做出与众不同的事情。然而，现在有的家长，由于过分溺爱孩子，舍不得让他们做一点事；也有的家长把孩子的智力培养看作最重要的，其余则是

小事一桩。然而，他们并没有想到这样做的结果会使孩子缺乏自理能力，养成懒惰、无自制能力的恶习。

家务劳动首先可以培养我们勤于动手的习惯，掌握简单的劳动技能，培养生活自理能力。凡是有利于培养我们自理能力的事，如整理衣服与文具、帮助父母拿报纸、摆碗筷、搬座椅等，都应该学着自己动手，从而有助于自己积累自理生活的经验，感受自己的成长，逐渐树立自立意识。

多做家务，还有一个非常好的作用就是促进我们非智力因素的发展。多做家务有利于正确情感、意志、性格、需要、动机、信念、理想、世界观等个性品质的形成。做家务首先提升的是自己的责任心，当一项家务交给我们时，我们才会积极地想办法，克服遇到的困难，坚持做完。一个没有责任心的人长大成人后又怎能尽职尽责地去学习和工作呢？

教育家陶行知写过一首诗，其中有这样一句话："人有两件宝，双手和大脑。双手会做工，大脑会思考。"在生活中，人的手和脑是同等重要的，而手与脑又是密切联系的，

动手的活动能力能使我们的大脑更聪明，更早地学会照顾自己。现在的孩子在家衣来伸手、饭来张口。造成这样的局面主要是因为父母对孩子做家务有两种矛盾的心态：一方面，父母希望孩子做家务；另一方面，父母又不能接受孩子做家务所带来的麻烦和安全隐患。父母只能陪孩子一时，不能陪孩子一世，孩子总有一天需要独自面对、独自处理自己的生活。所以，我们在成长的过程中需要积累、储备这样的能力和经验。如果我们能适度地做些家务，自然会比不做家务的孩子更懂得如何照顾好自己。

总之，我们参加家务劳动，能使自己各方面的能力得到锻炼。一方面可以培养我们的劳动观念、劳动技能、劳动习惯；另一方面有利于促进我们的身体发育、心理健康、智力发展，使自己具备坚强的意志和克服困难的毅力和勇气。真正懂得自我教育的人应该做点家务，只有这样，我们才能更健康、更幸福。家务劳动是一个大课堂，有许多需要我们去体验、去领会、去学习的东西，所以，尽早让自己领悟其中的奥秘吧。🌸

恐怖高中还是快乐高中？你的高中你做主！

著名教育专家刘美兰认为，学生阶段有三个关键时期，一旦错过，可能要用几十倍的努力才能弥补。这三个关键时期简称"三、二、一"。"三"即小学三年级，这是学习习惯养成的关键期；"二"指的是初中二年级，这是形成人生观的关键期；"一"是高中一年级，这是自主学习形成的最佳时期。可能很多同学会以为高三更重要，因为它在一定程度上决定自己的前途与命运，可要知道，高一这一年学习方法的转变，可以直接影响高中三年的学习。这三年，你的学习是否越学越轻松，是否越学越有成效，跟你高一的学习面貌有很大的关系。学习面貌包括学习心理、单位时间内的学习效率、学习方法、学习策略等内容。而最重要的则是高一伊始，就要实现两大方面的转变——学习心理的转变与学习方法的转变。如何减缓这个变化的"坡度"，平稳度过衔接期，可以从以下几个方面努力：

把握高一，掌控衔接关键期

□冯现明

1. 尽快适应新环境，及时进行心理调适

进入高一，新生出现的问题大多来自心理方面，学生要面对较之初中更概括、更抽象、更难于理解的课程，面对更激烈、更紧张的竞争环境，所学知识深度、难度加大，而且新的学校、新的老师、新的同学会使人际环境较以前更复杂，这就要求新生做好承受压力、经受挫折、忍耐寂寞的心理准备，以自信、宽容的心态，尽快融入集体，适应新同学、适应新老师、适应新环境、适应新规章，记住"是你主动地适应环境，而不是环境适应你"。

很多同学会根据自己对科任老师的喜好程度来学习，喜欢哪一科的老师哪一科就学得好，相反，不喜欢的老师，他（她）所任教的学科就学得差。其实，树立良好的学习心理，热爱所学的学科，为自己科学定位很重要。进入高中，很多学生的学习名次会有较大的落差，也许在初中是佼佼者，但高中"高手云集"，学习名次就大不如前了。这个时候，很多同学会对自己失去信心，认为自己笨，尤其是女孩子，容易误以为在高中，自己的学习潜力就是不如男孩子。其实，学习好坏没有男女之分，高中也是这样。没有定论说男生一定比女生强，反之亦然。遇到挫折后，最理性的做法是正视自己存在的问题，而不是只重视结果；从解决问题的方法途径入手，以摆脱困境；千万不要自怨自艾，更不要妄自菲薄。

2. 寻找适合自己的学习

　　每天五句话送给自己：1.做你自己。2.你做到了。3.不要放弃。4.追寻你的梦想。5.要坚强一点。

恐怖高中还是快乐高中？你的高中你做主！

记忆力不好？大笑一会儿有奇效

美国罗马琳达大学的科学家进行了一项实验。他们找来20名身心健康的青年志愿者，志愿者的各项能力没有明显的差别。在实验中，一半的志愿者需要先观看20分钟的喜剧短片，之后接受记忆力测试；另一半志愿者不看短片，直接接受记忆力测试。结果表明，看过喜剧片的志愿者，短期记忆测试结果明显高于没有观看短片的。观看短片的志愿者，其唾液中的应激激素水平明显低于未观看短片的。而应激激素水平越低，越有利于记忆的增强。有的人站上演讲台就一句话都说不出来，就是体内应激激素水平过高导致的。科学家推断认为，大笑可以促进血液中内啡呔的增加，使大脑处于兴奋状态，从而增强记忆力。

方法，学会自主学习

较之初中，高中学段学习难度、强度、容量加大，学生学习负担及压力明显加大，不能再依靠初中阶段被动式的学习方式，要逐步培养自己主动获取知识、巩固知识的能力，制订学习计划，养成自主学习的好习惯。初高中教学的侧重点不同，初中主要倾向于感性与宏观，高中则更倾向于理性与微观。需要提醒的是，尽管初高中的学习内容、学习方式有所不同，但初高中教学内容彼此渗透、有机结合，若能有意识地进行衔接和联系，定能提高学习效率。

（1）养成良好的学习习惯。一个人的习惯会长时间地影响其自身的性格，甚至是一生的命运。进入高中，一开始就要培养有计划、不拖沓、高效率的时间观念。要认真预习、专心听课、及时复习、按时完成作业。记忆是学习知识的必备条件，没有记忆，就等于没有知识。但记忆不是死记硬背，而要科学地记忆，以求达到事半功倍的效果。科学的记忆要注意以下几个方面：一是要明确学习目的，强化学习动机，这是提高记忆效果的前提。二是要明白理解是记忆的重要条件。怎样记忆才能达到事半功倍的效果呢？要及时记忆，刚学过的知识要及时复习，效果最佳；要递增积累记忆；要比较记忆；要串成知识链进行记忆。

（2）加快学习节奏，合理安排时间。进入高一，上课时间长，学科繁多，作业繁多，很多同学几乎没有安排自主学习时间。这种错误行为导致的最直接的后果是，学生学得很累，但成绩很不理想。预习、复习、做作业，这是学习"三部曲"，很多同学只剩下"一部曲"了。做作业的时间长了，预习、复习的时间没了，遗忘率自然也就高了。如果每天规划好时间，甚至上午上完课，就能明确今天要掌握哪些知识，做到每天先梳理当天所学的新知识，再完成作业，这样学习状况一定会有较好的改善。说到复习与预习工作，表面上看是多花了时间，而实际上节省了理解消化、转换运用的时间，而且它的效果是长久的。我们主张高一新生尤其要注意，每周花一个时间段自主整理知识，与此同时，摸索出适合自己的学习方法，这样才能扎实走好高中学习的第一步。

恐怖高中还是快乐高中？你的高中你做主！

恐怖高中还是快乐高中？你的高中你做主！

（3）努力学会听课，提高课堂效率。很多同学认为这是老掉牙的问题。其实不然，高中课堂有知识积累与思维训练类课堂、指导规范答题类课堂之分，课堂上知识的获取与思维的训练是形成我们一生智慧，造就我们终身受用的生存本领的关键。就指导规范答题类课堂而言，尽管单调呆板，却不可不听，因为无论如何，走上普高的路就要参加高考，而要考试，就必然存在规范答题的问题。听课一定要思考，文科课程还必须下意识训练表达，当然这种表达并不是老师在上面说，你在下面说。课堂上有疑问就要提出来，不少刚进入高中的新生由于担心被别人嘲笑，在课堂上即使有疑问也不愿意提出来。其实产生疑问是件好事，这说明你听课时注意力集中，而且在积极思考。再有，对错误要及时进行分析，这是为了下次不再犯同样的错误。你还应该认真听取老师对考试和测验的点评，找到自己的不足之处并加以改正，这点非常重要。

3. 重新进行自我定位，确定奋斗目标，面对挫折永不言弃

进入高中，大家已站在同一条新的起跑线上，我们有三年的时间可以不断完善和提升自我。我们要客观分析自己的优势和弱势，给自己以正确的评价。对此，制订短期和长期的目标很重要，在学习过程中应该经常憧憬实现目标的那一刻，并以此来激励自己。要淡化初中三年自己在原毕业学校所取得的成绩，为自己制订一个新的奋斗目标，并不懈努力，疲惫、面对挫折时也不言弃。我们要根据生存的需要与社会的需要来调整自己。而这期间能驾驭自己的只有坚定的信念、明确的奋斗目标。实践证明，取得最终成功的往往不是最聪明的学生，而是那些有毅力、有信念的学生。

高中要知道

高一高二该为高考做什么

1.规划自己的人生方向。规划自己的人生方向似乎是高考之后才需要考虑的事，其实不然。因为我们只有确定了未来的发展方向，才能有所侧重，提高相应的能力和素养，为高考积累资本。我们太晚关注未来，很容易陷入被动状态，要么准备工作不足，需要什么东西时，拿不出手，要么南辕北辙，浪费时间。

2.构建知识体系。高三阶段的总复习，很重要的一项工作是对于知识结构的梳理。其实，我们在高一高二阶段，完全有机会做好这项工作。

3.总结失败的经验教训。每个人在学习过程中，总会出现"个性化"的错误，这与我们自己存在的问题有着很大的关系。我们只有有针对性地克服这些问题，才能克服自身弱点。

有时候，有些事情，你明知道做了也不能改变世界的运作，但你还是会坚持去做，这股傻劲，叫青春。

高中要知道

记忆力不好？大笑一会儿有奇效

美国罗马琳达大学的科学家进行了一项实验。他们找来20名身心健康的青年志愿者，志愿者的各项能力没有明显的差别。在实验中，一半的志愿者需要先观看20分钟的喜剧短片，之后接受记忆力测试；另一半志愿者不看短片，直接接受记忆力测试。结果表明，看过喜剧片的志愿者，短期记忆测试结果明显高于没有观看短片的。观看短片的志愿者，其唾液中的应激激素水平明显低于未观看短片的。而应激激素水平越低，越有利于记忆的增强。有的人站上演讲台就一句话都说不出来，就是体内应激激素水平过高导致的。科学家推断认为，大笑可以促进血液中内啡肽的增加，使大脑处于兴奋状态，从而增强记忆力。

方法，学会自主学习

较之初中，高中学段学习难度、强度、容量加大，学生学习负担及压力明显加大，不能再依靠初中阶段被动式的学习方式，要逐步培养自己主动获取知识、巩固知识的能力，制订学习计划，养成自主学习的好习惯。初高中教学的侧重点不同，初中主要倾向于感性与宏观，高中则更倾向于理性与微观。需要提醒的是，尽管初高中的学习内容、学习方式有所不同，但初高中教学内容彼此渗透、有机结合，若能有意识地进行衔接和联系，定能提高学习效率。

（1）养成良好的学习习惯。一个人的习惯会长时间地影响其自身的性格，甚至是一生的命运。进入高中，一开始就要培养有计划、不拖沓、高效率的时间观念。要认真预习、专心听课、及时复习、按时完成作业。记忆是学习知识的必备条件，没有记忆，就等于没有知识。但记忆不是死记硬背，而要科学地记忆，以求达到事半功倍的效果。科学的记忆要注意以下几个方面：一是要明确学习目的，强化学习动机，这是提高记忆效果的前提。二是要明白理解是记忆的重要条件。怎样记忆才能达到事半功倍的效果呢？要及时记忆，刚学过的知识要及时复习，效果最佳；要递增积累记忆；要比较记忆；要串成知识链进行记忆。

（2）加快学习节奏，合理安排时间。进入高一，上课时间长，学科繁多，作业繁多，很多同学几乎没有安排自主学习时间。这种错误行为导致的最直接的后果是，学生学得很累，但成绩很不理想。预习、复习、做作业，这是学习"三部曲"，很多同学只剩下"一部曲"了。做作业的时间长了，预习、复习的时间没了，遗忘率自然也就高了。如果每天规划好时间，甚至上午上完课，就能明确今天要掌握哪些知识，做到每天先梳理当天所学的新知识，再完成作业，这样学习状况一定会有较好的改善。说到复习与预习工作，表面上看是多花了时间，而实际上节省了理解消化、转换运用的时间，而且它的效果是长久的。我们主张高一新生尤其要注意，每周花一个时间段自主整理知识，与此同时，摸索出适合自己的学习方法，这样才能扎实走好高中学习的第一步。

恐怖高中还是快乐高中？你的高中你做主！

（3）努力学会听课，提高课堂效率。很多同学认为这是老掉牙的问题。其实不然，高中课堂有知识积累与思维训练类课堂、指导规范答题类课堂之分，课堂上知识的获取与思维的训练是形成我们一生智慧，造就我们终身受用的生存本领的关键。就指导规范答题类课堂而言，尽管单调呆板，却不可不听，因为无论如何，走上普高的路就要参加高考，而要考试，就必然存在规范答题的问题。听课一定要思考，文科课程还必须下意识训练表达，当然这种表达并不是老师在上面说，你在下面说。课堂上有疑问就要提出来，不少刚

进入高中的新生由于担心被别人嘲笑，在课堂上即使有疑问也不愿意提出来。其实产生疑问是件好事，这说明你听课时注意力集中，而且在积极思考。再有，对错误要及时进行分析，这是为了下次不再犯同样的错误。你还应该认真听取老师对考试和测验的点评，找到自己的不足之处并加以改正，这点非常重要。

3. 重新进行自我定位，确定奋斗目标，面对挫折永不言弃

进入高中，大家已站在同一条新的起跑线上，我们有三年的时间可以不断完善和提

升自我。我们要客观分析自己的优势和弱势，给自己以正确的评价。对此，制订短期和长期的目标很重要，在学习过程中应该经常憧憬实现目标的那一刻，并以此来激励自己。要淡化初中三年自己在原毕业学校所取得的成绩，为自己制订一个新的奋斗目标，并不懈努力、疲惫、面对挫折时也不言弃。我们要根据生存的需要与社会的需要来调整自己。而这期间能驾驭自己的只有坚定的信念、明确的奋斗目标。实践证明，取得最终成功的往往不是最聪明的学生，而是那些有毅力、有信念的学生。

高一高二该为高考做什么

1. 规划自己的人生方向。规划自己的人生方向似乎是高考之后才需要考虑的事，其实不然。因为我们只有确定了未来的发展方向，才能有所侧重，提高相应的能力和素养，为高考积累资本。我们太晚关注未来，很容易陷入被动状态，要么准备工作不足，需要什么东西时，拿不出手，要么南辕北辙，浪费时间。

2. 构建知识体系。高三阶段的总复习，很重要的一项工作是对于知识结构的梳理。其实，我们在高一高二阶段，完全有机会做好这项工作。

3. 总结失败的经验教训。每个人在学习过程中，总会出现"个性化"的错误，这与我们自己存在的问题有着很大的关系。我们只有有针对性地克服这些问题，才能克服自身弱点。

有时候，有些事情，你明知道做了也不能改变世界的运作，但你还是会坚持去做，这股傻劲，叫青春。

高中到底是干什么用的？直观的答案当然是高中是用来传授高中知识的地方——但这个答案是错的。我们当然也会在高中学到一些有用的知识，但高考试题早就远远超出了"有用"的范畴。高中的最根本目的并不是传授知识和培养人，而是把人分类。高中毕业，一部分学生将进入著名大学，他们日后很可能有机会获得一份高薪而体面的工作。一部分学生只能进入普通大学，而另一部分学生则

高中是把人分类的机器

□ 万维钢

上不了大学。我们每时每刻都在被社会挑选，但高中这一次可能是最重要的。

为什么会有人失业

为什么非得把人分类？人的技能难道不是连续变化的吗？是。我们应该先了解一下现代社会的运行方式。最理想的市场中不会有人失业。如果劳动力完全由市场供求关系决定，你只要愿意拿比别人低的工资，就可以得到任何工作的机会。但在现实中，只有非常低端的工作才是这样。比如说农民工。最近我看网上一篇业内人士写的关于建筑业农民工的文章，说农民工的权益得不到保障，跟农民工素质低也有关系。这个"素质问题"绝非中国农民工所特有——100年以前，美国福特汽车公司面临同样的局面。

1914年，亨利·福特推出了一个新政策：他把福特公司工人的最低工资提高到每天5美元——这相当于市场平均工资的两倍多，而且把工作时间从9小时减到8小时。

这份工资足够工人稳定地养家糊口了。工人们不但第一次对工厂有了感激之情，而且开始珍视自己的工作。他们主动努力工作，生怕被解雇，队伍实现了空前稳定。

这份远高于市场供求水平的工资使得人们挤破头想要成为福特的工人，甚至为此引发一场骚乱。福特公司制订了一系列标准来选拔工人，比如要求你家里必须干净体面。这些标准跟工人能不能干好活关系并不大，它们的作用在于淘汰人！一个有幸进入福特公司的人和一个没被选中的人之间很可能根本没区别，唯一问题仅仅在于名额有限。

福特公司这一招，在现代社会具有普遍意义。哪怕是"谁来了都能干"的工作。这就需要用一些门槛把一部分人挡在外面，并且这些门槛应该给人公正的感觉，学历显然是最好的门槛。

韩国的高考军备竞赛更惨烈

名校是一种稀缺资源。只要想进入名校的学生比招生名额多，高考竞争就一定激烈。这么激烈的竞争，会不会绑架全国高中生只为考试而学习，乃至于影响中国的创新大业？不会。

我们来看看近邻韩国。韩国的高考竞争，比中国更激烈。可是韩国不管是科学还是技术方面的创新能力似乎都没被高考的军备竞赛所影响，它是亚洲科技创新最强的国家之一，在很多方面领先于中国。

恐怖高中还是快乐高中？你的高中你做主！

不但如此，这么强大的考试文化之下，韩国居然培养出了比中国更多的优秀足球运动员，他们甚至在电影电视剧和音乐方面也比中国强。这是为什么呢？

高水平工作能提升人才水平

如果查看历史记录，一个国家的教育水平其实是在这个国家的经济腾飞以后才起来的。韩国在20世纪60年代识字率比阿根廷低很多，人均收入只有其五分之一，而现在韩国人均收入是阿根廷的3倍。

经济增长了以后，社会上有了更多高薪职位，人们为了能得到这些职位才对教育产生更大需求。没有一个好的教育系统培养众多高素质人才，当然搞不了创新；但如果一个国家缺乏创新的工作机会，那么它也不需要创新人才。人才和工作机会其实是共同增长的，而历史数据似乎显示，工作机会必须先走一步来带动教育发展。

人才并不神秘。在市场作用下，如果一个高科技公司需要某一方面的人才，它就一定能找到这方面的人才。学生们可以在大学阶段学到很多跟工作相关的东西，甚至可能大学也教不出什么有用知识，他们更多的是在工作实践中学习——前提是他们能进入一所好大学。至于学生在高中这几年是否花了太多时间准备考试，可能对国家经济真没什么大影响。

穷人孩子不上名校难出头

众所周知，有名校学历可以大幅提高一个人毕业后甚至是一生的收入水平。但这里仍然有个因果关系问题。一个能考上名校的学生必定是非常聪明的，那么他未来的高收入，到底是因为他聪明而获得的呢，还是因为他上过名校而获得的？

两个美国经济学家考察了将近两万名高校毕业生在毕业10年到20年的收入情况。首先很明显名校毕业生收入更高。这个研究的有意思之处在于它考察了那些有本事上名校但最终去了普通大学的人。在一项统计中，519名学生同时被名校和普通大学录取，结果他们后来的收入是一样的——不管他们当初选择了名校还是普通大学！更进一步讲，只要这个学生有很好的成绩，哪怕出于其他原因被名校拒绝了，他最终的收入还是跟去了名校的学生一样好。

根据这项研究，对聪明学生来说，上不上名校并不重要。你走这条路能成功，走别的路也能成功。这可能是因为社会足够复杂，而市场足够有效，以至于一次没被选中也无所谓。但我们有理由怀疑学生的家庭因素在这里起到了很大作用，因为这个有点出乎意料的结论对低收入家庭的孩子不好使。

这个研究发现，低收入家庭的孩子上不上名校对个人影响巨大，可以说第一步走错以后想出头就很难了。那么低收入家庭的孩子到底差在哪儿呢？可能与社交能力、找工作时来自家庭的直接帮助、综合素质、想象力等因素有关。有条件的家庭根本不会让孩子一门心思考试，他们会想办法培养孩子的综合素质，这样的孩子将来显然会有更多机会。

但想象力是个很奢侈的追求。2014年一项最新研究发现，以基尼系数为标准，收入分配越平均的国家，其家长对孩子的要求越强调"想象力"，教育手法越宽松；贫富差距大的国家，家长越强调"努力拼搏"，教育风格也更独裁。

如果你的竞争压力不大，甚至上哪所大学找份什么工作将来收入都差不多，你一定有闲情逸致搞想象力。如果面临考不上名校未来收入就必然不行的局面，你最好还是先考上再想象。

一个好铁匠，总是盼望着一块好钢的出世，然后用奇特的方式，使它服从自己的意志，变成一把宝刀。——莫言《月光斩》

第一课：不想变穷人就先认识贫困

我父亲是义乌从事小商品交易的老板，身家千万。初中快毕业时，父母决定送我去美国华盛顿的贡萨加私立高中。这是一所有着近200年历史的顶级贵族学校，来此就读的学生非富即贵，说起来，父母算是用心良苦。为了能"与国际接轨"，出国前，他们把我送去学打高尔夫、苦练马术、高薪聘请获过奖的跳舞达人教授交际舞、街舞……

开学第一天，我带着一种炫富比贵的心态，穿着顶级名牌服装，开着名贵跑车来到学校。

随后我找到第一堂课社会学所在的教室。让我感到意外的是，社会学老师曼利先生在点完名后，直接叫我们去操场集合，那里停着一辆大客车。在行驶了40多分钟后，车子在一扇挂着"无家可归者救济中心"牌子的大门前停了下来。曼利先生和蔼地说："能来贡萨加上学，说明你们都家境殷实。可谁能告诉我，你们对社会最欠缺的认知是什么？"大家面面相觑，

一脸的茫然。我看着车下那块牌子，突然心中一动，答道："应该是贫穷。"

曼利先生赞赏地点着头说："没错，富有的出身决定了你们容易片面地认识现实社会，我的责任就是将你们的认知补充完整。"眼前出现的一幕还是让我震惊不已。宽敞如机场候机室的大厅里，一张挨一张整齐地放着数百张行军床。上面或坐或卧着一个个要么愁容满面，要么表情漠然的流浪者。

我的服务对象是一位衣着比较整洁，看上去挺和善的老人。他直盯着我没头没脑地问道："你认识我吗？"

老人俯身从床下摸出两张旧报纸递给我。上面的头版头条有一张放大的照片，里面那个笑得意气风发的人看着有些眼熟，我草草读了一遍，是篇对商界传奇人物布隆格的专访。

"这就是我，"老人用手指敲着照片苍凉地说，"我曾经富得流油，但挥霍、离婚和投资破产让我如今不名一文。"我不禁心头一颤：财富如流水，稍不谨慎，它就可能一滴不剩。

第二课：为他人是一种商机

贡萨加有条很特别的校训：做为了他人的人。由于与生俱来的优越感，贡萨加的"富二代"们多少有自我的性格。我与两位同学加里斯和巴克的矛盾就尤为突出。

我在球队里打的是后卫，而加里斯打中锋。在训练中，我们之间最常发生的摩擦就是：我把本该传给加里斯的球传给了其他人，而他在我受到阻击的时候故意拖延救援……教练马尼看在眼里，找我们谈过几次话，我们两人都不约而同地否认与对方有矛盾，并且找种种理由来推脱。

转眼迎来了校际篮球联赛。我以为深知我

□ 赵宇　林石

美国贵族高中的三堂课

恐怖高中还是快乐高中？你的高中你做主！

与加里斯矛盾的教练马尼会有意在比赛中将我们分开，谁知比赛一开始，他就让我们同时上了场。我决定暂时将个人恩怨放在一边，以大局为重。显然加里斯和我想到了一起，我们之间配合得前所未有地默契。到第三节结束，我们领先对手10分，如果不出意外，胜利非我们莫属。但此时，我的心理开始有些失衡。

第四节比赛开始了，我开始有意避免让加里斯得分。当我惊觉不妙想扭转时，为时已晚，最终我们以1分之差败北。看到队友们鄙夷的目光，我真恨不得找个地缝钻进去。

教练马尼却没说什么，只是叮嘱大家做好准备，迎接下一场比赛。我以为自己只能在场边坐冷板凳了。却不想两天后的比赛，教练马尼又在首轮把我和加里斯同时派上了场。

那一刻，我真是感激涕零，彻底抛弃了心中的私欲。最终经过艰苦的激战，我们队以微弱的优势战胜了强劲的对手。比赛结束后，加里斯突然走过来，用少有的诚恳语气说："嘿，伙计，下午一起去游泳啊？"我用力点点头说："好啊。"

"嘿，孩子们，祝贺你们终于开始理解我们的校训了。"教练马尼不知从什么地方冒了出来，高兴地拍着我们的肩膀说，"知道吗？要想成功，首先你得学会理解他人，在成就别人的同时也成就了自己。"

第三课：如何靠自己成为有钱人

一入学，学校就为所有学生建立了虚拟的个人账户，每个人都获得一定数额的校内虚拟货币做启动资金。此后，我们要做的就是怎么利用这笔钱创造出更多的财富。

每个月月末，学校在盘点每名学生的个人资产后，会推出财富排行榜，公布当月名列前十的"富翁"和倒数十名的"穷人"。

拿到启动资金，我犹豫了很久都不知该做些什么，于是打电话向老爸求助。老爸也很踌躇，说国情不同。最后建议我把钱存入银行，稳稳当当地拿利息，因为有投资就有失败，只要有同学投资失败了，我就排在他前面了。我觉得此法甚妙，将虚拟货币存进了校内银行。然而，我低估了那些"富二代"的赚钱本事，月排行榜贴出来后，我竟然排了倒数第一名。

为了跻身"富人"行列，我开始利用课余时间拼命恶补各种金融知识。这时，加里斯向我提出建议："要想成为真正的富翁，不能只把钱拿去炒股押别人的成败，应该有自己的实体。"

他的话让我豁然开朗。可是卖些什么好呢？最终，我把目标商品定位在具有中国特色的各种民族工艺品上，价格也决定走高端路线。不出所料，这些有着独特中国民族风情的工艺品在学生中大受欢迎，我的资产在当月就翻了两番。随后，我的"中国工艺"公司在校园中成立，并在一年后成功"上市"，成功冲入"富翁"行列。

转眼，毕业的日子到了，此时我已经收到几所常春藤大学的入学通知。一天妈妈打来电话，哭着告诉我，由于投资失误，爸爸的资产在还清银行借款后大幅缩水，以后我可能还需要打工补贴学费。如此厄运，如果放在三年前，我一定会视同世界末日，但现在，贡萨加的教育磨炼了我的意志，我相信凭借自己的能力同样可以取得成功。

家庭变故让我对贡萨加的"富二代"教育有了更深刻的体悟：财富并不会理所当然地延续，金钱的世界充满变数，要想立于不败之地，就要懂得居安思危，让自己的内心变得强大，这样才能永远驾驭金钱，而不是被金钱左右。❀

【知乎体】月白色其实是淡蓝色。

恐怖高中还是快乐高中？你的高中你做主！

名师有话说

高中各科成绩提升技巧与方法

　　对很多同学来说，高中阶段始终有一个迷思等待破解，那就是自己初中阶段一直属于最优秀学生行列，为什么现在自己的学习成绩突然下滑，甚至到了惨不忍睹的程度。除去受外界干扰、不够努力等因素的影响，有一个十分重要的原因就是高中各科的学科特点与初中阶段相比有了很大变化，比如知识量变大，难度变大，综合性和系统性加强，对理解的要求更高等。对此，我们必须深入理解概念、法则的本质，掌握某种理念、方法，培养综合能力，才能把知识学到手。

　　另外，高中阶段，老师对同学们的学习会适当放宽，不可能像初中那么具体地要求我们每个环节怎样做，而是要求我们能独立完成各个环节的任务，如预习、听讲、记笔记、课后复习、独立作业、单元小结、考后分析等。我们的自理能力、学习能力就变得很重要，我们也应该努力寻找适合自己学习的方式方法。如果不了解这些，还用初中老一套办法，必然不能切中肯綮。高中阶段，我们应该充分变被动学习为主动学习，变死记为活用，只有举一反三，触类旁通，才能学以致用。

九大习惯助力语文学习

□ 黄耀新

恐怖高中还是快乐高中？你的高中你做主！

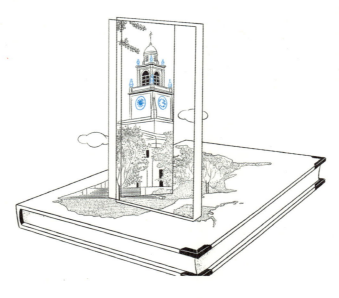

其实，我们在孩提时代就开始学习语文了。高中语文学习的一些基本内容（知识、能力、情感等），初中阶段大都接触到了，高中阶段只是在初中的基础上加深加宽加难而已。总体而言，初中到高中的语文学习内容大致相同，方法也大体相同。

由于年龄、基础及中高考试题的区别，初高中老师的教法稍有一些区别，我们的学法相应也就有一些区别。比如对学习的要求，初中更具体，更强调规范性；高中较灵活，自主学习和自由发挥的空间大些。比如记忆和理解，初高中都强调，只是初中更强调记忆，高中更强调理解。这也只是相对而言的。有的同学可能初中被管得"死"一些，刚上高中不太适应。但很快就会适应的，毕竟是由"紧"到"松"。必须注意的是，"松"只是"外松"，是增加学习的自主性，所以更需要自觉自律，绝不能放任。

初中课文篇幅较短，内容较简单；课堂容量较小，节奏慢点。到了高一，课文篇幅长了，内容复杂了；课堂容量变大了，节奏变快了，巩固练习的时间也少了，使得许多高一新生不适应。办法也是老生常谈，课前做好预习，能自行解决的学习任务先自行解决，不懂的作为听课重点；课上注意力集中；课下做好复习。

由于初中新课程有淡化、弱化现代汉语知识倾向，这些知识在初中教材的附录里。初中老师们对语法修辞的教学，存在随意性。有的老师进行了系统的教学和专项训练，有的则没有。而语法修辞知识，初高中都有很多应用。到了高中，这些知识大都不讲不练。因此初中阶段要有意识、有系统地掌握有关语法修辞的知识，训练运用语法修辞知识解决相关语文问题的能力。

初高中语文学习的衔接问题，注意以上这些就差不多了。在作文教学上，初中侧重于记叙文，高中侧重于议论文。但高一仍侧重记叙文，与初中自然形成衔接。

语文应该如何学习，是由语文学科的特点决定的。语文知识大多是约定俗成的，并且形成的过程有三千多年，所以量特别大；庞杂而缺乏系统、序列；（语文课耽误几节，

对懒惰的人来说，一年有三百六十五个明天。——《色世界》

接着听不一定有障碍）有的甚至是模糊的，有的则是变化的。语文知识的掌握，理解的难度不大，但记忆的量大，需要长期的积累。

语文能力大多是习得的而非别人教会的，是靠自己大量的听说读写实践形成的，脱离大量的实践积累，任何所谓的方法规律都不灵。如果与书面语接触（读写实践）的量不够，任凭老师讲得多细致、多精彩，读写能力也不会有多大提高。

学语文像农业生产，你天天莳弄，却不能天天都觉得庄稼有变化；学其他科像工业生产，只要你做了，就能看到明显的成果。尽管每次浇水施肥看不出庄稼的变化，但秋天的收成确实是平时一点一点莳弄的结果。学语文短期内看不出成绩，见效慢，不能急于求成。

学习语文不像学习数理化，需要相对完整的时空——至少要半个小时，还要有书桌之类。学习语文，一分钟可以学一个词语，半天可以看一本书；躺着可以阅读，走着可以构思。只要用心，看电视、听谈话、发短信……都可以是语文学习。

语文学科的特点决定语文学习需要大量的积累、反复的实践，下足功夫，没有捷径。所以语文学习方法，用"习惯"一词最恰当。下面我针对中学生语文学习的实际情况，谈谈具体的学习方法：

一 养成随时积累语文知识的习惯

准备好积累用的卡片或本子或电子设备，随时随地分门别类地记录各类语文知识。不要依赖网络和书上现成的东西，只有亲手动笔才能在脑子里留下印象，知识只有在头脑里才能活起来。这样做一开始会觉得麻烦，但一定要坚持，不怕麻烦，越麻烦，烙印越深，效果越好。

语文知识庞杂零散，必须依靠平时积累，指望一时花大精力集中解决是做不到的。

二 养成查阅辞书的习惯

准备至少两本辞书——《现代汉语规范词典》（或《现代汉语词典》）《古代汉语词典》。不懂的东西要及时弄懂，对知识要较真。母语不求甚解，跟着感觉走，也能应付一阵。但这样一定会出错的，尤其考试的时候。

三 养成朗诵的习惯

最好是大声朗诵。与默读比起来，朗诵更有助于培养语感，更有助于集中注意力，更有助于增强记忆。大声朗诵甚至可以改善性格，提高自信心。

四 养成背诵的习惯

古诗文名篇无论课后有无要求，最好能背诵。学习古诗文最有效的方法就是背诵。（高考默写8分，这么高的分值目的就是促进背诵。）记住，学语文往往越下"笨"功夫越有好的效果。背诵课文要讲究方法，比如化整为零，意义记忆，根据遗忘曲线及时巩固，以及反复朗诵或抄写。另外，成语、文学文化常识等也要背诵。不能简单地把背诵理解成"死记硬背"而加以反对。现在很多学生学习语文"活"不起来，一个重要原因是"死"的（记忆的内容）不够。

五 养成动笔的习惯

学习语文，无论课上还是课下，学生的一个通病是不愿动笔，即使做题，也只愿意做选择题。学好语文，必须养成动笔的习惯。笔者曾给学生写过一个顺口溜《动笔歌》来说明其中的道理：

动笔促动脑，表达也提高。

瞌睡能赶跑，无聊自然消。

严谨习惯好，落实更可褒。

果真写不出，可以用心抄。

看似费功夫，实则最有效。

"动笔促动脑"：写，哪怕是抄写，也要注意力集中，大脑必须积极参与；听和看，大脑的参与可强可弱，弱则很容易溜号。

"表达也提高"：写，是书面语表达。书面语表达能力，只有通过实践，也就是写，才能提高。

"瞌睡能赶跑"：一些学生无论课上课下，一学语文就犯困。无论休息不好，还是对语文缺少兴趣，如果一学语文就动笔，就能保证大脑活跃，不犯困。

"无聊自然消"：那些对语文缺少兴趣的学生，如果休息得好，课上只是听和看，很容易溜号，无聊，盼下课。如果动笔，大脑活跃，积极参与到学习活动中，就不无聊了。

"严谨习惯好"：写，落实到书面语上，就不能像想和说那样模糊或随意了，必须准确，明确，有条理，也就是严谨。坚持写，就能养成严谨的习惯。

"落实更可褒"：写，主要是落实想的东西；人往往想得很多，做得很少，就是因为缺落实，如果养成写的习惯，就有助于养成落实的习惯。

"果真写不出，可以用心抄"：有时真的想不出来，也就写不出来，这时去抄别人写出的东西，就等于别人给你解答问题，当然很有益处，但必须用心，和自己的思考衔接。

"看似费功夫，实则最有效"：写比看和说耗时费力，似乎不够经济，但写必须"眼到""手到""心到"，印象加深且落到实处，比起单纯的听或说或读或想效果好多了。

六、养成梳理文章思路的习惯

梳理概括文章的思路，是整体把握文章的好办法。如果是几千字的文章，梳理完思路只有几十个字呈现在眼前，主要内容一目了然。讨论一篇文章，即使是局部细节的问题，也必须放在整体的背景下来思考。学生阅读题答得不理想，往往是因为缺乏整体把握文章的观念和能力。梳理文章思路有个简单的方法：以文章的自然段为基本单位，不必拘泥；围绕着文章中的一个核心词来概括，这样容易看出文章各部分之间的联系；在此基础上考察比较，标示出顺序、手法等。下面是人教版第一册第三单元三篇文章的思路提纲。

第7课《记念刘和珍君》。从"死难"角度给各部分加小标题：

1. 悼念死难者　　　　　纪念（写作）缘由
2. 记住死难者　　　　　——各方态度
3. 死难者刘和珍　　　　——平时　被纪念者的事迹
4. 刘和珍死难（概述）——死时　　——谁是暴徒
5. 刘和珍死难（详述）
6. 如此死难不可取　　　事件的意义
7. 死难的意义　　　　——精神可嘉，方式不对

第8课《小狗包弟》。从"包弟"的角度概括各部分：

1. 包弟的同类　　　　　引出（衬托 铺垫）
2. 包弟的来历
3～6. 包弟的表现　　　　　记叙
7～9. 包弟的厄运
10～13. 包弟之死给作者留下的伤感　　叙议

第9课《记梁任公先生的一次演讲》。从"演讲"角度概括各段：

1.演讲背景（蓄势、铺垫）

2.演讲稿（以物见人、蓄势）   讲 前

3.演讲的时、地、人（蓄势）

4.演讲奇特的开场（进一步蓄势）   讲 始

5~6.演讲开头的内容及效果（学问、文采）

7.演讲时旁征博引（学问）   讲 时

8.演讲时的情态（热心肠）

9.演讲的影响（热心肠）   讲 后

10.记这次演讲一文的由来（点题——学问、文采、热心肠；呼应）

七、养成读书的习惯

虽不能说高考语文成绩好的都是爱读书的（高考成绩好的不都是水平高的），但可以肯定地说，爱读书的都是成绩好的、水平高的。

现在的学生也不能说不阅读，只是读的大都是网络或流行的报刊之类。这些东西是专为掏读者腰包的，是消遣，所以是迎合而非引领。为了提高而非消遣的阅读，一定要选择读物。

选择什么读呢？

第一，读名著。学习的阅读和休闲的阅读不完全是一回事，休闲的阅读是娱乐，读物内容健康就行，学习的阅读是接受知识的思想的文化的审美的熏陶，这就非读名著不可。在名著里面，那些具有文化源头、文化母体地位的书，是最应该读的，比如儒家、道家的经典著作。

第二，名著难易的都有，建议读对于自己来说有点难度（七八分懂）的书。一个高中生，如果只是阅读童话、动漫一类的读物，他的阅读能力就会停留在低水平上。只有读物的难度上去了，阅读的能力才会随之提高。

第三，读杂书。哪个领域都有名著，都应该涉猎一些。开卷有益，只要是好书，只要自己感兴趣，什么都可以读；即使自己不感兴趣的书，也应该浏览，以免偏食。

为什么强调读名著呢？一是这里所说的阅读是学习而非消闲；二是现在的所谓"书"，实际上是文字垃圾的太多了。

怎么读呢？

第一，讲究速度，达到"竖读"的程度，练就一目十行的本领。阅读的速度对于学生未来的学习、发展至关重要。

第二，讲究数量，阅读的量是"韩信点兵，多多益善"，语感、眼界，思维、审美、鉴赏等能力都与阅读的量成正比。

第三，精读一本或一个人的书，"半部《论语》"可以"治天下"，一部（或一个人的）好书，具有无尽的价值，一个人穷其一生也发掘不完，如果读上几遍甚至十几遍，完全可以受用一生。中学生如果受一个好人或一部好书的重大影响，对形成健全人格、尽快成熟起来，作用极大。

八、养成练笔的习惯

写好文章关键在三多：多读书，多思考，多练笔。这里只谈谈多练笔。

中学生作文总想走捷径，热心"怎么写"，以为掌握了所谓作文技巧就够了，这是极其错误的。有许多关于作文技巧的书，老师也常讲这些技巧，但是学生看了这样的书、听了这样的课，照样不会写。就像熟读"游泳要领"，细听教练讲解，游泳那点道理技巧都烂熟于心了，再下水，还是不会游。作文能力只能在写作实践中形成，而且需要大量的实践。老师评改的作文量很有限，要养成自己练笔的习惯。

1.日记练笔。注意观察生活，把每天的所

恐怖高中还是快乐高中？你的高中你做主！

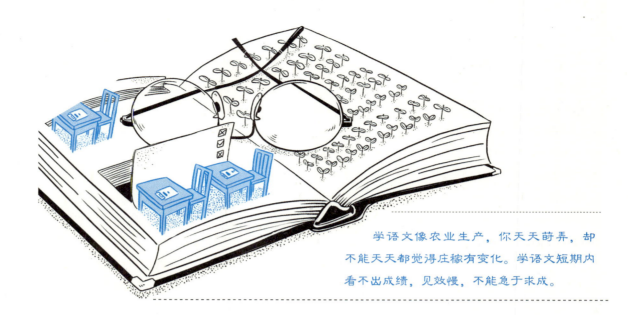

学语文像农业生产，你天天莳弄，却不能天天都觉得庄稼有变化。学语文短期内看不出成绩，见效慢，不能急于求成。

恐怖高中还是快乐高中？你的高中你做主！

见所闻所思所感所得所失记下来，我手写我心。写一行不算少，写一百行不嫌多，贵在坚持。这既锻炼书面表达能力，又积累素材，也是一种心理疏导的有效方式，还给未来留下了珍贵的记忆。（照片之类记录不了心里想什么。）

2. 游戏练笔。中学生之间经常"打嘴仗"。把"嘴"换成"笔"即可，想逗乐，想开玩笑，写出来。现在有短信、微信一类的东西，非常方便。搜索现成的内容转发，一点儿意思也没有。自编自创，求新求趣。用文字给班级的每个同学画像，不求规范，但求趣味……玩出了花样，就玩出了文字表达能力。

3. 模仿练笔。模仿的对象要慎重，一要是名家。二要真喜欢他的文章，不是因为跟风。三要能够准确地理解他的表达。曾经有学生模仿那种欧化的长句，说得云山雾罩，自己都不懂是什么意思。确定了合适的模仿对象，就模仿他的文章写着玩，久而久之，就有几分像了。一旦有了名家文章的模样，你的作文就非常了得了。

另外，有了网络，学生大都不注意积累素材。平时作文到网上搜，考试时只能用脑袋里那些有限的东西，所以写起来千篇一律。要写出好文章，一定要自己积累素材。第一，观察记录生活，你的生活细节，一定区别于他人。第二，要有特殊爱好。比如喜欢足球，就把国内外足球界发生的典型事例、球星的性格特点、主要事迹、奇闻逸事……搜集起来，用自己的语言整理概括或感悟阐释。第三，锁定自己喜欢的一个名家或一部名著，做比较透彻的了解。比如锁定一个名家，对其生平、性格、思想、作品（广义）等加以梳理，整理概括，加些评、感的内容。第四，收集教材（试题、各种媒体）中的故事、名言等，分门别类进行整理，加进自己的理解感悟。有了自己的素材库，写作就有独特的"米"下锅了。建立自己的素材库，其实也是一种练笔。

九、养成练字的习惯

不要低估写一手好字的作用，只说考试就

一个女人的优雅在于，即便沉默也有笑意嫣然；而一个男人的品位在于，即便嬉笑也有庄严正气。——女人的优雅与男人的品位

特别有用，而且不只是语文学科。练字还能提高审美能力，调适心理等。练字只靠自己摸索往往事倍功半，找懂硬笔书法的人指导事半功倍。坚持是关键。

最后再强调三点。第一，学好语文必须懂中国历史，尤其先秦那段。第二，做题绝不是学语文的好方法，不到高三，不必多做题。第三，补课作用有限。老师讲什么也代替不了学生自己的积累。实际上，补课老师大都（也只能）讲方法，可是这些方法老师用灵，在许多学生那儿就不灵。比如阅读理解，学生的根本问题是缺乏阅读和阅历，缺乏相关的知识和体验，读不懂文章，因而不会做题，记住了答题技巧也用不上。

语文学习方法，一言以蔽之，大量积累，反复实践。

高中要知道

什么是**高校自主招生**

自主招生又称自主选拔，是中国高等教育招生改革扩大高校自主权的重要措施，指高校可以自行命题进行招生。要想取得自主招生资格，一般需要闯过三关：初审关、笔试关和面试关。被预选的考生仍要参加高考，但可获得政策性加分，即使高考分数未达到该高校在当地的投档线，仍有可能被录取。所以，自主招生与统一高考不同，它不是以高考分数为唯一参照的招生录取制度。高校可由此录取那些文体特长生，优秀学生干部，在科技创新、文学等方面具有特长的学生，或者其他方面的"偏才""奇才"。这些偏科的学生如果参加全国统考，可能会被拒之门外，而参加高校自主招生，却有可能脱颖而出。

那么，如何提早规划自主招生呢？

1. 以知识学习为基础。高中知识与大学知识一脉相承，高中知识是大学知识的前端和基础，学好高中知识是参加竞赛、科研工作的基础。

2. 以个人成才为导向。对于高中生而言，参加自主招生考试并非必选项，但个人成才一定是终极目标，因此在高中期间只要是有利于个人成长的内容，都可积极参与。

3. 以获得成果为支点。在目前缺少完善的高中生评价体系的条件下，学习成绩和各类奖项是证明高中生实力的最佳指标，因此参加个人感兴趣的、对于个人未来发展有益的竞赛活动，把所有付出以有形成果的形式展现出来是很有必要的。

4. 以稳步升学为目标。对于当前我国高中生而言，进入国内外高校学习是一个主要"出口"，因此我们必须尽量确保参与自主招生成为进入目标大学的一个"保险"，不能顾此失彼。

恐怖高中还是快乐高中？你的高中你做主！

人生就八个字，喜怒哀乐忧愁烦恼，八个字里喜和乐只占两个，看透就好了。——人生八字

七大方法夯实数学基础

□张如意

在初中，我们学习了丰富的数学知识。在中考的考场上，数学是让我们"痛并快乐"的核心学科，也是让我们付出辛勤的汗水最多的学科之一。随着大家步入高中，一大堆问题马上就会摆在我们面前：将要学习哪些数学知识？又要面临怎样的考验？初高中的数学有什么区别和联系？联合国教科文组织总干事埃德加·富尔在《学会生存》一书中指出："未来的文盲不再是不识字的人，而是没有学会怎样学习的人。"我们发现，进入高中后，由于有一部分学生不适应高中学习的变化而出现了成绩分化，所以，能否尽快适应高中数学的学习，是摆在每一名学生面前的一个必须解决的问题。下面我们就来探讨如何学好高中数学的问题。

一 初中数学与高中数学的差异

1. 数学课程设置的差异。高中数学内容丰富，知识面广泛，按照必修、选修两种形式设置课程，以每学期完成两个学段的模块式教学进行。其中必修课程有必修1至必修5共五个模块，选修课程根据文理科分别设置，文科要完成两个模块的选修课程，理科要完成五个模块的选修课程。一般，在高一、高二学习完高中的所有知识内容，高三进行全面复习，高三将有数学"会考"和重要的"高考"。

2. 知识差异。初中数学知识少、浅，难度小、知识面窄。高中数学知识广泛，将对初中的数学知识进行推广、引申和完善。如在初中，我们初步尝试了利用直角坐标系研究函数的图像和性质问题，进入高中，我们将利用坐标系研究更多的函数及其应用。在初步学习直线、抛物线的基础上，一般性地研究直线、圆、椭圆、双曲线和抛物线。还将引入其他形式的坐标系，体会其在实际生活中的应用；初中时学习的角的概念只是 $0°\sim180°$ 范围内的，但实际当中也有 $720°$ 和 $-30°$ 等角，为此，高中将把角的概念推广到任意角，可表示包括正、负、零角在内的所有角。又如高中将由初中的重点在平面内研究几何关系，飞跃到在三维空间中进一步完成空间几何中常见的位置关系的性质与判定

的学习。高中还要将数的范围进一步扩大，在初中时我们知道对一个负数开平方无意义，但在高中规定了 $i^2=-1$，就使 -1 的平方根为 $\pm i$，使数的概念扩大到复数范围等。这些知识同学们在以后的学习中将逐渐学习到。

3. 学习方法的差异。（1）初中课堂教学

强者要有三个基本条件：最野蛮的身体、最文明的头脑和不可征服的精神。——罗家伦《新人生观》

容量小、知识简单，一般都在十到二十分钟内，通过教师以课堂较慢的速度，争取让所有同学理解知识点和解题方法，然后通过大量的课堂内、外练习和课外指导达到对知识的理解和掌握。而高中数学的学习每一节课的容量大，整节课都需要师生不断地交流和探究，才能够完成教学任务。同时随着课程开设多，各科的学习时间都将减少，这样集中数学学习的时间相对比初中少。（2）模仿与创新的区别。初中生在解决问题时，模仿老师思维推理较多，这样大量地模仿很容易带来不利的思维定式，封闭同学们的创造精神。而高中"模仿式的做题、思维"也有，但随着知识的难度大和知识面广泛，如果再采取模仿式的训练做题，不可能开拓思维能力。现在高考命题以考查学生能力为立意，在数学上对学生的逻辑思维能力、计算能力等都有较高的要求，这就要求同学们避免定式思维，提倡创新思维。如同学们在解决：比较 a 与 $2a$ 的大小时，有的同学误以为一定 $2a>a$，还有的同学采取将 a 用几个常见实数代入检验的方法，说明大多数学生不会应用分类讨论的思想方法，在高中我们将一般地学习不等式的性质，学习不等式的解法和应用，彻底解决上述问题。（3）自学能力的差异。初中生自学能力低，大凡考试中所用的解题方法和数学思想，在初中老师基本上已反复训练，但高中的知识面广，想要通过老师训练完全解决高考中的全部类型的习题是不可能的，要求同学们首先通过较典型的一两道例题讲解去融会贯通某一类型习题，再依靠主动的自学能力，才能实现在数学王国里"海阔凭鱼跃，天高任鸟飞"的境界。另外，高考也随着全面的改革不断地深入，数学题型的开发在不断地多样化，近年来提出了应用型题、探索型题和开放型题，

只有靠学生的自学去深刻理解和创新才能适应现代科学的发展。其实，人的一生只有 18 到 24 年时间是有导师的学习，其后半生——最精彩人生多是自学得来的。

4.思维习惯上的差异。（1）定量与变量的差异。初中数学中，一道习题里的已知和结论用常数给出的较多，一般，答案是常数和定量。学生在分析问题时，大多是按定量来分析，这样的思维和问题的解决过程，只能片面地、局限地解决问题，在高中数学学习中我们将会大量地、广泛地应用可变性去探索问题的普遍性和特殊性。如求解一元二次方程 $ax^2+bx+c=0$（ $a \neq 0$）时，我们既要学会在给出具体的 a、b、c 的值时，能够解出方程的根，还要学习在 a、b、c 中有变数时怎样解方程，还要进一步讨论它是否有根，以及存在根的时候如何求出所有根的情形，还要考虑不求根而能否近似地知道根的大致情况，还可以进一步提出问题"上述问题和什么问题有联系，还可以转化成其他的什么问题"等，使学生在一般性地掌握一元二次方程的解法的同时，在思维能力上有所提升。（2）静止与运动的差异。在平面几何中，初中所研究的点、线一般都是事先给好的，而在高中把点看成运动的，所有的线（直线、曲线）都可以看作动点运动的轨迹，而且线也是要考虑"平移、旋转、伸缩、对称"等的变换的；再如，初中把角看作一点出发的两条射线组成的图形，是静止的观点；在高中把角看作一条射线绕端点旋转形成的，是运动的观点。

🔵 做好初高中知识的衔接

数学是一门条理清晰、科学规范、逻辑严谨的学科，高中数学的许多知识是建立在初中基础上的，是初中知识的"持续生长点"。高

恐怖高中还是快乐高中？你的高中你做主！

中数学的基石是集合及运算，需要同学们熟练应用三种语言（文字语言、图形语言、数学语言）来理解数学概念，体会从整体思想来认识数学问题，体会如何利用集合语言或数学语言作为交流的工具来描述和解决问题。这就是一开学就要学习的必修1模块的开篇内容，其后的主要内容是在初中学习一次函数、二次函数、反比例函数的基础上，系统地建立函数知识体系。在函数的概念上，增加了从集合与对应观点来理解函数，这比初中的变量观点更能揭示函数的本质。在函数的表示上要求从"列表法""图像法""解析式"三种方法中恰当地选择表示法，还要体会三种方法的各自特点以及互相转化。在函数的性质上，要进一步学习函数的单调性、奇偶性、最值、周期性等全新的性质，探究函数图像是否过特殊点、是否与特殊直线有关联等。在研究方法上，既要体会利用图像研究函数的方法，将来还要学习利用导数研究函数性质的方法。为此同学们要把初中学习过的一次函数、二次函数、反比例函数做系统的整理，深刻体会函数学习中的数形结合思想。

我们知道，关于 x 的方程 $kx+b=0$ 和关于 x 的不等式 $kx+b>0$，分别可以看作函数 $y=kx+b$ 中，当 $y=0$ 和 $y>0$ 时，求解对应的 x 的问题，这样在高中数学中，就把方程、不等式都归入函数范畴内，都当作函数应用的结果。为此同学们要把初中学习过的一元一次和一元二次方程、一元一次不等式做系统的巩固，并且尝试通过二次函数的图像和性质解决一元二次不等式问题，这样既可以顺利学习集合及其运算，又可以深刻体会函数思想的应用。

这里关于一元二次方程还要特别提醒同学们，由于教材降低了要求，初中阶段对"十字相乘法"和"根与系数关系"要求较低，但是在高中阶段，这是必须熟练掌握的基本知识和方法，所以在升入高中前，对此部分内容一定要做好补充和深化，例如同学们可以把分解因式的方法做系统的总结，有"提取公因式法、公式法、十字相乘法、分组分解法"等。

高一时，在运算方面，增加了幂的运算、对数运算、三角运算，对初中的乘方运算、根式运算要提前做适应性练习，熟悉基本的运算法则，提高运算能力。初中时对角的研究比较少，而且比较分散，如角的作法，在直角三角形中引入锐角三角函数等。在高中将系统地开始关于角的概念、度量、分类等的研究，采取的方法是将角与圆结合、将角放置在坐标系中研究，为此请同学们提前整合初中有关角的内容，重点是锐角三角函数，要复习圆及其性质，体会坐标系的意义和方法，为全面开始的三角函数学习奠定基础。数学来源于生活，也和其他学科有着千丝万缕的联系。高一时学习三角函数，我们还将借用到一个实现"数形统一"的有力工具——向量，希望同学们通过观察生活中的实际例子，并结合物理中的力、速度等知识的复习，深刻领会向量这一高中数学的有效武器。

三 如何学好高中数学

1. 培养良好的学习兴趣。孔子说："知之者不如好之者，好之者不如乐之者。"兴趣是最好的老师，有兴趣才能产生爱好，爱好它就要去实践它，并乐在其中，有兴趣才会形成学习的主动性和积极性。在数学学习中，我们把这种从自发的感性的乐趣出发上升为自觉的理性的"认识"过程，这自然会变为立志学好数学，成为数学学习的成功者。那么如何才能建立好的学习数学的兴趣呢？

寂静在喧嚣里低头不语，沉默在黑夜里与目光结交，于是，我们看错了世界，却说世界欺骗了我们。——泰戈尔

（1）课前预习"三到位"：通览教材、摘录要点、独立完成例习题的解答要到位。做好预习对所学内容产生知识上的准备、思维上的疑问，产生积极向上的好奇心。

（2）课中要有"三问"：知识间的联系是什么？每个问题还有其他方法吗？每道习题是在考查什么知识与方法？听课中要重点解决预习中的疑问，及时回答老师的课堂提问，培养思考与老师同步性，提高注意力，把老师对你的表现的评价，变为鞭策自己学习的内驱力。

（3）课后要"三清"：疑难问题是否清除？作业是否清零？明天要学什么是否清楚？清楚无忧，才能放松，才能全力投入后面的学习中。

（4）提升与回归：提升就是要学习"教师是如何提出问题的，解决问题的思路又有哪些"，并将这些思考带入自己对每一个问题的探索中，而且随时都要注意归纳。所有学科都是从实际问题中通过概括抽象而产生的，数学概念也要回归于现实生活，将抽象的数学知识根植于实际模型中才能切实体会"数学是有用的"这一理念。

2. 培养良好的学习数学习惯。高中数学的良好习惯应是：多质疑、勤思考、好动手、敢于问、重归纳、乐应用。同学们可以通过坚持不懈地完成一般性的学习步骤来达到良好习惯的养成，它包括制订计划、课前自学、专心上课、及时复习、独立完成作业、解决疑难、系统小结和课外学习几个方面，每个环节都有较深刻的内容，带有较强的目的性、针对性，要落实到位。坚持"两先两后一小结"（先预习后听课，先复习后做作业，写好每个单元的总结）的学习习惯。

3. 培养能力的意识。数学能力包括：逻辑推理能力、抽象思维能力、计算能力、空间想象能力和分析解决问题能力五大能力。这些能力是在不同的数学学习环境中得到培养的。

（1）在平时的学习中要注意开发不同的学习场所，参与一切有益的学习实践活动，如参加数学选修课程、数学竞赛、研究性学习、撰写小论文等活动。（2）平时注意观察，比如，空间想象能力是通过把空间中的实体高度抽象在大脑中，并在大脑中进行分析推理。其他能力的培养也都必须在学习、理解、训练、应用中得到发展。（3）坚持课堂主阵地的作用。数学能力是随着知识的发生而同时形成的，无论是形成一个概念，掌握一条法则，会做一道习题，都应该从不同的能力角度来培养和提高。课堂上教师为了培养这些能力，会精心设计"智力课"和"智力问题"，比如对习题的解答时的一题多解、举一反三的训练归类，应用模型、

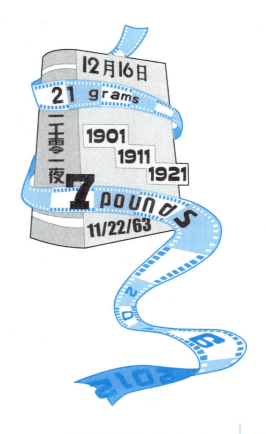

恐怖高中还是快乐高中？你的高中你做主！

电脑等多媒体教学等，都是为数学能力的培养开设的好课型。

4. 学会数学思想方法。高中数学有关的思想主要有四类：函数方程思想、数形结合思想、分类讨论思想和等价转化思想。数学方法相对较多，大体上有配方法、换元法、分析法、反证法、综合法、比较法、根的判别式法、数学归纳法、解析法、待定系数法、定义法等。数学思想方法蕴含在数学知识的发生、发展、应用的全过程。对于每种数学思想和数学方法的掌握，同学们可以在学习基础知识的过程中加以提炼。具体操作上同学们最好能结合一些典型例题，通过例题去体会其中蕴含的思想和方法。例如把分式方程化为整式方程就应用了转化思想，列方程解应用题体现了方程思想，平面直角坐标系中图像与解析式反映了数形结合思想，图形的翻折与旋转则表现了运动变换思想等。具体操作时同学们可以这样思考：①数学思想方法并不神秘，它蕴藏在题目之中；②了解一些数学思想，找到几道典型题；③解题完毕，问自己"我运用了什么数学思想方法"；④解题前问自己从什么角度去思考（方程角度、运动角度、函数角度、分类讨论角度等）；⑤请老师介绍一些数学思想方法。

5. 数学笔记法。俗话说"好记性不如烂笔头"，就是强调记笔记的重要性，我们可以采取如下方法来进行。

（1）建立知识方法笔记本。将预习过程中的数学概念、定理、法则等知识还有疑难问题提前记录下来，将教师讲解的要点和典型方法记录下来，特别是对概念理解的不同侧面和数学规律，以及教师为同学们增加的课外知识。在课后还应该对照预习问题是否已经解决，是否在教师讲解后自己又有了新的感悟，都可以记下来。

（2）建立数学纠错本。一方面把平时容易出现错误的知识或推理记下来，以防再犯。另一方面把作业、测试中出现的错题提炼出来，争取做到找错、析错、改错、防错，达到能从正、反两个方面入手深入理解概念、定理，能执果索因把错误原因弄个水落石出，以便对症下药，还要注意解答问题的完整性、推理严密性，书写是否规范等。

（3）梳理数学规律和数学小结论。坚持做小结，一般一周一次为宜，一个月再进行一次大范围的总结，反复巩固，消灭前学后忘，更重要的是学会总结归类方法，同学们可以从多个方面进行，如从数学思想、解题方法、知识应用上分类等。整理的形式可以采取表格法、图形法、联系线索法、口诀法等。例如学习完两种不同函数后，可以采取表格法对两个函数进行类比，可以用图形法来形象直观地发现两者之间的相似点和不同点，通过联系线索法找到两个函数的联系。像"纵横不变，符号看象限"九字口诀便概括

【知乎体】猪不能抬头看天。

恐怖高中还是快乐高中？你的高中你做主！

了三角函数的诱导公式。

6.排除误区，夯实基础。（1）以课本为根。有不少学生，怀着良好的学习愿望，每天都在做大量的课外习题，却常常轻视课本中的基础知识，平时不去认真演算书写，在正规作业或考试中不是演算出错就是中途"卡壳"。因此，同学们应增强自己从课本入手进行研究的意识。例如通过课本的研讨，同学们可以找到针对不同内容的学习方法：对于数学概念的学习，可以采用"分析概念本质—了解概念内涵与外延—综合应用—联想升华"的学习方法；对于数学性质及定理的学习，可以采用"定理性质的内容阐述—定理性质的证明—定理性质的作用意义—实际中的运用"的学习方法；对于用数学知识解决实际生活中的问题，可以采用"深入生活—调查了解—提出问题—探究解决"的学习方法等。同学们还可以把每条定理、每道例题都当作习题，认真地重证、重解，也可以适当加些批注，最后一定要做好书面的解题后的反思，以便推广和灵活运用。（2）落实解题技能。提高解题技能是所有学生关心的重点，有的同学爱做综合题、难题，却忽视基础题，其实我们都知道"一滴朝露也能折射出太阳的光辉"的道理，"简约而不简单"，在平常题中蕴藏着数学思维的丰富乐趣。同学们可以分如下两个层次来操作思考。首先，当解完一道习题后的做法是：①自己重做一遍例题。②问自己：为什么这样思考问题？③条件、结论换一下行吗？④有其他结论吗？⑤我能得到什么解题规律？其次，当解决完若干组习题后的做法是：①让自己花点时间整理最近解过的习题的题型与思路。②这些题和以前的某题差不多吗？③这些题的知识点我是否有所遗忘？④最近有哪几题的图形相近？能否归类？⑤某题的解题思想在以前题目中也用到了，让我把它们都找出来。

7.加强阅读，开阔视野。（1）读教材：一定要改变只做题不看书，把教材当成查公式的词典的不良倾向。阅读当天的内容或一个单元、一章的内容，都要通盘考虑，要有目标。读教材包括课前、课堂、课后三个环节。课前读教材属于了解教材内容，发现疑难问题；课堂读教材则能更深刻地理解教材内容，掌握有关知识点；课后读教材是对前面两个环节的深化和拓展，达到对教材内容的全面、系统的理解和掌握。（2）读书刊：学生应广泛阅读课外读物，不仅能使学生关心国内外大事，也能使学生关注我们日常生活中的数学，捕捉身边的数学信息，体会数学的价值，了解数学研究的动态。（3）利用网络，广泛阅读：现在已经进入"大数据"时代，充分利用网络资源，可以极大丰富数学知识，提升自己对数学的认识，找到对疑难问题的多种解法，发现数学与生活的紧密关系。在2013年亚冠决赛中，恒大队的海报就出现了一个用拉马努金恒等式与欧拉公式的一边构成的比分图案：即比分为：$\sqrt{1+2\sqrt{1+3\sqrt{1+\cdots}}}$ ： $e^{\pi i}+1$ ，同学们搜索一下就可以知道：$\sqrt{1+2\sqrt{1+3\sqrt{1+\cdots}}}=3$，$e^{\pi i}+1=0$。

在学习数学的过程中，必然会面临多重困难和挑战，而"坚韧"就是解除一切困难的钥匙。爱因斯坦说过："苦和甜来自外界，坚强则来自内心，来自一个人的自我努力。"大自然给人一分困难时，往往同时会给人添加一分智力。正像一位著名的科学家所说，当他遭遇一道似乎不可超越的难题时，他知道，自己快要有新的发现了。只要我们坚忍不拔，磨炼意志，一定能取得胜利。🌸

恐怖高中还是快乐高中？你的高中你做主！

"四勤""四多"
学好外语

□孙月芬

恐怖高中还是快乐高中？你的高中你做主！

初高中英语在教材的特点、教学要求、教学目标及教学方法等方面存在着较大的差异。因此，做好初高中英语的阶段衔接工作非常必要。它是高中英语教学的第一步，也是提高高中英语教学质量的一项基础性工作。

初中英语教学重视对我们基础语言知识和基本语言技能的培养。而高中英语教材不仅重视学生的基础语言知识和基本语言技能，更重视对我们情感与态度等非智力因素的培养；不仅要培养我们用英语进行交际的能力，更要培养我

们用英语进行思维和表达的能力。所以，高中英语教材比初中英语教材内容多、难度大。

此外，国家已经决定对高考英语进行"降级"，加大听力的分值比重，这对我们学习英语显然也有着重要影响。我们在为英语改革叫好的同时，也应注意英语"降级"不等于"英语无用论"。作为一门国际性语言，英语在当今世界仍然具有"日不落"的影响力，尤其是在科研、新闻等领域，英语文献仍处主导地位。英语减分并不表示不重视英语，而是更重视英语的应用能

力考查。

面对听力占主导的高考，我们该如何应对？

首先，在英语学习的过程中要树立自信。我们中国学生从小学到大学学了那么多年英语，但是实际上根本不敢开口讲英语，这就是对自己没有信心。一些接触过中国留学生的英国专家指出，中国留学生的语音、语调可以说是"perfect"，只是表达能力很糟糕。事实上，中国的高中毕业生所具备的词汇量就足以让他们自由地表达自己了。有这样两个数据，相信可以令同学

一苦一乐相磨炼，练极而成福者，其福始久；一疑一信相参勘，勘极而成知者，其知始真。——洪应明

们增强信心：英国的 BBC 曾经公布了这样一个数字，说一个英国农民一辈子的常用词汇不到 1000 个，但是他日常生活中所要表达的东西和一位感情丰富的伟大诗人是没有什么不同的。如果你觉得这个说服力还不够，就再给你一个数据：美国之音有一个特别英语节目，叫作 *Voice of America Special English Program*，这个节目的一大特点就是它仅用 1500 个基本词汇来表达国际舞台上所发生的任何一件事情，而且非常准确、及时。而我们普通的中国学生在高中毕业时词汇量就已经达到 1800 个左右了，所以说只要对自己充满自信，用英语表达自己的意思根本不成问题。记住："你开口，就成功。"因此，学英语，首先要对自己充满自信。

除了对自己充满信心之外，在英语学习过程中还应做到"四勤"与"四多"。

"四勤"

1. 勤背诵。积极记忆高中课本中出现的生词及词组，理解其用法，并适当运用一些正、反义词对比，相似词对比等方式加强记忆。熟背每个单元的重点文章，培养语感。这一步虽然枯燥乏味，但少了它，

学习英语就像折了翅膀的鹰，空有雄心却寸步难行。

2. 勤朗读。这是学好英语的法宝之一。朗读的内容一般说来只限于课本，并不以背诵为目的，而着重将注意力集中于自己的正确发音、连续语气等。通过朗读可以熟悉单词及其用法，体会英语的语气、语境，增强语感。每天只需半小时左右，但须持之以恒。

3. 勤练习。虽然"题海"战术不足取，但适当做一些练习，尤其是针对自己不足之处的练习是必不可少的，比如完形填空这种难度较大、考查综合能力的题型，平时就应多做一些。每次做完后，认认真真地对照答案细细抠一遍，体会这些正确选项究竟合理在什么地方，出题者的意图又是什么等。只有在不断的练习、体会中，英语水平及综合能力才会不断提高。

4. 勤总结。相对于其他学科来说，英语的知识点相当零碎，一定要在平时的收集、整理、总结上下功夫。平时听老师提到或是在参考书上看到的一些零碎的小知识都要及时记录下来，以备以后复习时用。

"四多"

1. 多听。中、高考听力

试题比重加大。其实，多听并不仅仅是为了应试，更重要的是在听的过程中可以逐步增强语感。培养敏锐的语感将有助于增强辨析力和判断力，是英语学习过程中十分重要的一环。听的范围广，指的是听力材料范围要广，不能只局限于听课文，要知道，偏"听"则暗，兼"听"则明。可以听故事、新闻、演讲、歌曲等，只要是有利于提高听力能力的材料都可以拿来听。听的形式多，指的是要听各种各样的声音来源，如电影、电视，甚至广告、地铁、公共汽车报站等，要做有心之人，一切为我所听。听的口音杂，指的是要听不同地方的不同人士的不同口音。只有了解熟悉不同的口音才能达到正确理解、顺利交流的目的。

2. 多说。口语最重要的就是要张口把英语说出来，在说英语时，会出现一些语法错误，但这是正常现象，如果在说英语时，保证语法不出错那反倒不正常了。把看到的、想到的用英语表达出来，这样时间一长口语水平会有一个质的飞跃。听说不分家，多说不仅可以增强口语能力，还能增强听力理解能力。同时通过互动，加深记忆，使学过的知识清晰地印在脑海里，不容易忘记。

恐怖高中还是快乐高中？你的高中你做主！

恐怖高中还是快乐高中？你的高中你做主！

3. 多看。英语试题的触角已伸到日常生活的各个领域。因此，从高一开始就应尽可能地扩大阅读面，广泛阅读，以求开阔视野，并在潜移默化中提高自己的英文水平。阅读量是必不可少的，而且要养成好习惯，每天坚持不少于两篇的阅读量，更不能怕看生词多的文章，要勤查词典。

4. 多练。学习英语要通过听、说、读、写、译来进行操练，不但要注意数量，更要注意质量，尤其是基本知识要掌握得准确、熟练。只有经过大量的实践，才能做到熟能生巧，运用自如。通过做大量的习题，可以增加实践经验，不至于临阵发慌，手足无措。而且，你会发现，做题也能做出规律，做出语感来。

措施

当然，学习一门语言本身也有其自身的规律，所谓"四勤""四多"也只不过是一种加强的手段。要学好英语，更重要的是从语言本身出发，深入钻研其中的奥秘，从字、词、句、章各方面逐个加强练习。

1. 首先要过好语音关。（利用 VOA 慢速英语学习发音）把每一个音标发准确，注意改正有问题的音素，特别是那些容易混淆的音素，尽早掌握国际音标，并尽量掌握一些读音规则，利用读音规则来拼单词，掌握读音规则对单词的记忆和拼写非常有用。

2. 掌握一定数量的英语单词。高中教材中英语词汇的记忆应达到熟练，词汇是构成英语的最基本的要素，如果不记忆词汇，犹如要建一栋大楼而没有砖块一样。对于学习者来说，掌握英语词汇是一道难关，学习单词要从单词的形、音、义三方面去掌握，要注意单词的一词多义，一词多类的用法，要学会一些构词法的知识，来扩展词汇量。学习单词要在语言材料中去学，要结合词组，通过句子，阅读文章来活记单词，死记的单词是记不牢的。

3. 掌握好基本语法。语法能帮助我们把握英语的基本规律，语法通常包括时态，名词、代词的数，主、谓语一致，虚拟语气，主动和被动，不定式（完成时和被动语态），分词（完成时和被动语态），独立主格结构，从句的关系代词及副词等。这些方方面面需要在平时学习时多积累，多记忆。另外有语法书可以看看。在学习教材时应注意语法方面的内容，这样日积月累，在不知不觉中你就会学习得比较好。

4. 写作方面，应坚持每周写一篇小短文，除了用简单句外，尝试用复合句。用好恰当的连接词，注意句与句之间的逻辑关系以及短文的流畅性。也可以参阅一些优秀的作文，看看别人是怎样写的，与自己比较，找出自己的不足。熟背每个单元的重点文章，培养语感，对写作大有裨益。

5. 及时复习，巩固知识很必要。学会的东西随着时间的流逝会逐渐遗忘，但学语言有遗忘现象是正常的。更不必因为有遗忘现象而影响自己学好英语的信心与决心。问题在于怎样来减轻遗忘的程度。善于类比，总结知识，把新学的知识同过去学的有关知识进行横向和纵向比较和联系。建立错误档案记录，加深印象，以避免再犯同样错误。我们大部分知识和技能是靠重复获得的，及时复习对于记忆非常必要，学英语就是要坚持每天不断地练，不断地重复基本句型、常用词汇和基本语法等。学习英语的过程也是同遗忘做斗争的过程。

总之，信心，坚持是学好英语的优良品质。天才等于99%的汗水加1%的灵感。

重视差异，多法并举，掌握物理

□ 张　晓

目前，存在这么一种现象，在初中时学习一直比较优秀的学生，升入高中后突然感到物理难学了，虽然下了很大功夫，可总不见效果。造成这一现象的主要原因是学生不明白初中物理与高中物理的区别，把初中所谓的成功经验照搬到高中物理的学习当中去，从而不适应高中物理的学习。其实，只要掌握一定的方法，用心学，学好高中物理并非高不可攀。

一、初、高中物理的差异

1. 教学内容的差异

初中教学大纲规定："初中物理的教学内容，应该是在日常生活和社会主义建设中常用的知识，是今后学习文化、科学技术和适应现代生活所需要的预备知识。"因此，初中的教学内容多属于常识性的知识，一般由生活实际、观察实验引入，通过对现象的分析得出物理规律和概念，趣味性浓，难度小，定性分析多，分析的问题形象具体，对物理规律概念的理解及数学工具应用的要求不高，老师上课内容、例题与作业联系紧密，学生容易理解接受，再加之初中的教学要求不是很高，而且中考的要求低于教学要求，致使大部分学生对物理知识的学习不够深入，理解不够深刻，这直接影响高中的学习。

高中的教学大纲中明确规定："高中物理教学必须使学生比较系统地掌握学习现代科学技术和从事社会主义建设需要的物理基础知识以及这些知识的实际应用。"因此，高中的教学内容比较系统、严密，与初中相比，深了许多。另外，由于高考，本应在高三进行的选修课内容多放在了高一、高二同步进行，这无疑加重了高一学生顺利迈上新台阶的难度。

比如重力的概念，初中课本上是这样定义的："地球上的物体由于受到地球的吸引而受到的力。"到高中后，学生认为重力就是地球对物体的万有引力，其实重力不是万有引力，大小不等于万有引力，方向与万有引力也不尽相同。再比如欧姆定律，初中讲的是 $I=\dfrac{U}{R}$，研究对象是一段

恐怖高中还是快乐高中？你的高中你做主！

导体，高中讲的是 $I=\dfrac{E}{R+r}$，研究对象是含有电源的闭合电路。再比如力的合成，初中只学习在一条直线上力的合成，学生就认为合力就是两个力的和或者差，到高中，力是矢量，合成时遵循平行四边形定则，3N 和 4N 的两个力合力可以是 5N。

下表为初高中物理的部分知识间的差异：

		初中	高中
1	合力	合力 同一直线上力的合成	力的合成与分解 平行四边形定则
2	典型运动	匀速直线运动	匀变速直线运动 匀速圆周运动 平抛运动
3	运动学公式	$s=vt$	$v_t=v_0+at$，$s=v_0t+(1/2)at^2$， $v_t^2-v_0^2=2as$，$\Delta s=aT^2$，…
4	牛顿定律	牛顿第一定律	牛顿运动三定律及应用

2. 学习目标的差异

初中阶段，对学生能力的要求相对较低，应具备"初步的观察、实验能力，初步的分析、概括能力和应用物理知识解决简单问题的能力"，这也符合初中学生的年龄和心理特点。高中阶段，对能力的要求有了质的飞跃，不仅要有"观察、实验能力，思维能力，分析和解决实际问题的能力"，而且要有正确的"科学态度和科学方法"，"独立思考"的习惯，还要有"创新精神"。思维方面，初中学生有点逻辑思维能力就基本上能应付了，而在高中，要对付那些抽象难懂的概念、规律，就需要有一定的抽象思维能力，要解决高中那些较复杂的问题就需要有较强的分析问题的能力和灵活运用知识解决实际问题的能力。虽然进入高中后，学生的年龄和心理都有了很大的发展，但高一就要求学生一下子适应高中的学习，这显然是不大可能的，只能一步一步地培养和提高学生各方面的能力，绝不能一蹴而就，急于求成。

另外，初中和高中对数学的要求也有着显著的差异，初中阶段，数学对物理的影响不是很大，但高中相对较大，高中物理要用到许多数学知识，函数的图像和极值、立体几何的空间想象及表达、平面几何关系及规律、三角函数的相关知识，等等。在物理中应用数学知识解决物理问题，比纯数学更难一些。

3. 学生学习方式的差异

初中生只要肯下功夫，依靠死记硬背再加上"经验"，以及反复多次的强化训练，在考试（包括中考）中取得比较好的成绩不是十分困难。而在高中，这种学习方法根本行不通。像质点、光

恐怖高中还是快乐高中？你的高中你做主！

【知乎体】馒头是诸葛亮发明的。

滑斜面、弹簧振子等理想物理模型，本身就很抽象，理解起来有相当大的难度，若根本不理解而去死记硬背是绝对行不通的，像牛顿三定律、动能定理、动量定理、机械能守恒定律、动量守恒定律等规律，如果不能够深刻理解，别说灵活应用，就连最简单的应用也会成问题。

4.教师教学方式的差异

由于各方面的原因，在目前的初中教学中，"填鸭式"的"满堂灌"现象依然十分普遍，应试教育的影响根深蒂固，老师"一言堂"、学生被动听，老师总是不停地说"这个要记住！""这个要记清楚！"于是，学生开始努力地背、记，至于什么原理、为什么这么做、用的是什么方法，很少有学生去思考。另外，题海战术依然在不少学校不同程度地存在着，学生每天被成堆的作业压着，只能是疲于应付，哪有时间进行消化和吸收？在实践中，我们就发现，有不少学生自己根本不会有意识、有目的地去学习、理解和掌握知识，总是习惯于听老师讲，老师说什么就是什么。学生就像一只小鸟，总是张着嘴，等着大鸟来喂食，如果大鸟不来喂食，恐怕小鸟就只有饿死了。

到高中后，学生会发现高中教师与初中教师有很大的不同，高中教师一般不再紧盯学生听讲、做作业，而是主要靠学生的自觉、主动，高中教师经常启发学生进行深入的思考和讨论，时常引发学生的争论。另外，高中阶段，学生动手的机会比初中时多很多，课堂上、实验室、课外，到处都是实验探究的机会。

5.教学进度的差异

初中的教学进度相对较慢，内容不是很多，时间又相对充裕，学生有足够的时间练习巩固，但高中的教学进度一般较快，由于高考的压力，一般高中两年就完成了全部内容，有的学校更早，所以每节课的内容都很多，课堂容量大，老师重复较少甚至没有，对于习惯了反复训练的学生来说，由于消化、吸收的时间不充分，时常有夹生饭的现象，从而造成了物理难学、成绩较差的结果。

二、如何学好高中物理

1.养成正确、良好的学习习惯

初中阶段养成的许多好习惯到高中还是很有用的，应该继续保持并发扬光大，比如上课认真听讲，认真记课堂笔记，课前预习课后复习，认真完成作业等。但高中还是有别于初中的，比如记课堂笔记，初中，一般情况下，老师在黑板上写什么，学生就在笔记本上记什么，基本不用思考；高中时，老师在黑板上写的东西、多媒体屏幕上显示的内容一般较多，很难全部记下来，这就需要学生进行总结、概括、提炼，并有所选择地进行记录，这需要一段较长时间的过程才能适应。

2.不断改善学习方式，提高学习效率

（1）改变重结果轻过程的不良学习态度

初中生往往更关注结果，对过程不是特别重视。高中应该更关注过程，比如解题，过程比结果更重要，过程对了，说明你理解了，会了，结果不对可能是数学计算错了，比较容易解决，如果过程错了，说明你的思路错了，或者题目的理解错了，或者规律原理用错了，这往往是大问题。再比如物理概念和规律的学习，高中只记住概念和规律本身往往是不够的，还要理解概念规律的由来、推导过程、适用条件、内涵和外延等。比如力学中最基本的牛顿第二定

律，如果只记住 F = ma，就很容易出错，公式中的 F 是物体所受到的合力，F、m 和 a 应该是同一个物体的合力、质量和加速度。在做题时，要学会恰当地选择研究对象，正确进行受力分析、运动分析、过程分析，养成画出受力图、运动过程图的好习惯，然后选择合适的规律、公式进行解题，一定要重视解题的过程。

（2）改变重记忆轻理解的不良学习作风

初中学生总是善于记住所学的知识，到高中后经常发现用记住的东西解决问题总是出错，从而开始怀疑自己的智商，怀疑自己的能力，这其实是学习方式不同造成的。初中的知识相对较为简单，要求也不高，一般情况下会套公式就差不多了；在高中，套公式能做对的题几乎没有，每一个概念、规律、知识都需要认真理解和领会，在实践中反复练习才能真正体会和掌握。

高中物理中有许多概念，都可以从不同的角度理解。如电流强度 I，计算时可以有多种选择：一是定义式 $I=\dfrac{Q}{t}$，一是决定式 $I=\dfrac{U}{R}$，一是微观表达式 $I=nqsv$。只有正确理解各公式的适用范围、物理意义，才有可能正确、灵活地进行选择和使用。

（3）改变重练习轻总结的不良学习习惯

在初中，总结大多是老师来做，然后告诉学生，学生记住就行了，学生几乎不需要什么总结。这在高中是不行的，我们不仅要对所学知识不断地进行总结、归纳、整理，形成知识体系、知识网络，而且需要对所做的习题进行总结，总结解题方法、解题规律、解题技巧等，总结习题的类型及各类型习题的特点、规律等，努力做到举一反三，通过做一道题学会解一类题，这样才能不断提高，不断进步，不断发展。

（4）改变重听讲轻反思的不良思维方式

在初中，学生会觉得老师的权威是毋庸置疑的，学生一般都非常尊重老师，相信老师，甚至有点过于迷信老师，"只要是老师说的，就是对的"。这样的学习和思维方式在高中时很不利于进一步学习和提高。在高中阶段，要求学生有创新能力、质疑能力，不能人云亦云，要有自己的观点、自己的看法，要有独立的意识和习惯，这样才有利于成长、提高和进一步发展。

在高中，时常发现这样一类问题，讲过的题学生能很快地解答，而再面对一道新的题目时，学生又不会做了，为什么会这样？主要是因为学生不具备独立思考、独立解答的能力，他们需要老师在旁边不断地引导，才能解答某道具体的题目，对老师有一种依赖性，在独自面对时不自信，不敢做出明确的判断，这其实就是初中养成的习惯在作怪。所以，高中时，

恐怖高中还是快乐高中？你的高中你做主！

我们要多反思，多体会，多总结，把知识内化为自己的能力，学会灵活运用所学知识分析问题、解决问题。

（5）改变重被动轻主动的不良学习方式

在高中，一定要摆脱被动学习的状况，年龄大了，懂事了，学习是自己的事，学什么、怎么学、学到什么程度，要自己做主，主动学习，主动向老师请教，向同学学习，主动发展，追求卓越，变"要我学"为"我要学"，"我的学习，我做主"，做学习的主人。

3. 注重联系实际

尽量通过实验学习，体验实验过程，总结实验规律，加深对概念、规律的理解。

加强所学知识与科技、生产、生活的联系。加强应用。

例题：汽车原来以 5m/s 的速度沿平直公路行驶，刹车后获得的加速度大小为 0.5m/s²，则汽车刹车后 12s 内滑行的距离为多少？

错误解答 1：由运动学公式 $s=v_0t+\frac{1}{2}at^2$，代入数据得：s=96m

错误解答 2：由运动学公式 $s=v_0t-\frac{1}{2}at^2$，代入数据得：s=24m

正确解答：汽车停止所需时间：$t_1=\frac{v_0}{a}=10$ s，则 $s=v_0t_1-\frac{1}{2}at_1^2=25$m

看似一道很简单的题，错误往往很多。前一种错误的原因是学生忘记了加速度是矢量，该汽车是减速运动，加速度应取负值。后一种错误的原因是学生不联系实际，汽车停止后就不动了，乱套公式造成了错误。

4. 注重掌握物理学的一些方法

物理学的思想和方法，在初中阶段涉及的不多，主要是控制变量法，在高中阶段涉及的很多，掌握这些思想和方法非常重要，如等效替代的思想、累积的思想、理想模型的思想、逐差法、伏安法、半偏法、量纲法、模拟法、油膜法、数学中求导的方法、极限的思想……

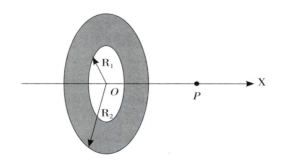

2009 年北京市高考理综试题中选择题第 20 题，就是一道考查物理学思想和方法的试题：如图所示为一个内、外半径分别为 R₁ 和 R₂ 的圆环状均匀带电平面，其单位面积带电量为 σ。取环面中心 O 为原点，以垂直于环面的轴线为 X 轴。设轴上任意点 P 到 O 点的距离为 x，P

恐怖高中还是快乐高中？你的高中你做主！

点电场强度的大小为 E。下面给出 E 的四个表达式（式中 k 为静电力常量），其中只有一个是合理的。你可能不会求解此处的场强 E，但是你可以通过一定的物理分析，对下列表达式的合理性做出判断。根据你的判断，E 的合理表达式应为

A.
$$E=2\pi k\sigma\left(\frac{R_1}{\sqrt{x^2+R_1{}^2}}-\frac{R_2}{\sqrt{x^2+R_2{}^2}}\right)x$$

B.
$$E=2\pi k\sigma\left(\frac{1}{\sqrt{x^2+R_1{}^2}}-\frac{1}{\sqrt{x^2+R_2{}^2}}\right)x$$

C.
$$E=2\pi k\sigma\left(\frac{R_1}{\sqrt{x^2+R_1{}^2}}+\frac{R_2}{\sqrt{x^2+R_2{}^2}}\right)x$$

D.
$$E=2\pi k\sigma\left(\frac{1}{\sqrt{x^2+R_1{}^2}}+\frac{1}{\sqrt{x^2+R_2{}^2}}\right)x$$

首先用量纲法进行判断，所求为场强，依据题意可知 A、C 选项结果的单位不是场强的单位，一定是错误的，应当排除，B、D 选项结果的单位是场强的单位，可能是正确的。再用特殊值可极值进一步确定正确答案。当 $x\to\infty$ 时 $E\to 0$，而 D 项中 $E\to 4\pi k\sigma$，故 D 项错误；所以正确选项只能为 B。

我们只要充分了解了初高中物理的差异，掌握了高中物理的学习方法，树立信心，努力学习，用心学习，一定能学好物理，取得优异的成绩将是一个必然的结果，必将实现自己的人生梦想。

"艺考"是指各大院校的音乐学院、美术学院，或者艺术系等进行的专业招生考试。考试合格者获得专业合格证，持此证书参加高考，高考成绩出来以后，各学校再择优录取，其文化课分数较普通考生往往低一些。"艺考"很热，其背后很大程度上是学生和家

"艺考" 如何提早准备

长在想方设法寻找升学捷径，寻找一种"曲线就学"的道路。

对艺术感兴趣，或有艺术方面的特长，仅有这些条件是不够的。究竟哪些同学适合参加艺考，不妨先看看下面这些条件和要求。如果你已确定参加艺考，最好从进入高中开始，就有所侧重地发展自己，以弥补一些方面的不足。

1.要有一定的经济实力。一名普通的艺术生学习数年，只专业培训费一项就达到几万甚至十几万。此外，还有其他各种不菲的花销，比如购买昂贵的学习用品、乐器、画笔、颜料等。比起普通的文理科专业，艺术类专业简直就是专业中的贵族专业。

2.专业出色，文化课也要出色。选择艺考，并不是使高考变得简单了，而是变得更难了。不仅专业课要过关，文化课也要符合招考学校的录取规则。所以，想要参加艺考，就必须专业课和文化课两手抓，不能顾此失彼。

3.有兴趣，更要有潜力。艺考专业虽各有特点，但无一不需要较长时间的培训才能有所收获，不是短时间的突击行为就可顺利过关的。如果想投机才决定参加艺考，往往不太现实。

4.就业率低，想好出路了吗？虽然著名艺术院校的就业率不算很低，但其他综合大学艺术专业的就业情况就远不如它们了。

时至今日微博于我是这样一种东西：我想说的几乎都不能说，我能说的几乎都无价值，我不说又觉得既有愧于人也有愧于心。——主持人孟非谈微博

我们在初中已经初步接触了化学，高中化学是必修课之一。对很多高中生来说，化学易学难懂（入门容易深入难），"学会"了知识做题难，做题容易得分难，等等。这是为什么呢？哪些初中化学知识对高中化学学习有重要基础作用呢？应该怎样学习高中化学呢？如何理论联系实际呢？如何解题呢？考试时如何得高分呢？等等。我们就一系列的问题展开探讨。

一、初、高中化学知识层次要求不同

初中化学课程以提高学生的科学素养为主旨，激发学生学习化学的兴趣，帮助学生了解科学探究的基本过程和方法，培养学生的科学探究能力，使学生获得进一步学习和发展所需要的化学基础知识和基本技能；引导学生认识化学在促进社会发展和提高人类生活质量方面的重要作用，通过化学学习培养学生的合作精神和社会责任感，提高未来公民适应现代社会生活的能力。从课程标准来看，主要重视学生化学启蒙教育，以培养学生兴趣为主。在教学中偏重与社会生产生活的联系，教师引导学生对日常遇到的一些化学现象进行学习与探究，通过化学实验手段使学生进行化学基础知识的学习，对化学世界有一个初步认识，学生的知识层次主要停留在"知其然"。

高中化学课程在九年义务教育的基础上，以进一步提高学生的科学素养为宗旨，激发学生学习化学的兴趣，尊重和促进学生的个性发展；帮助学生获得未来发展所必需的化学知识、技能和方法，提高学生的科学探究能力；在实践中增强学生的社会责任感，培养学生热爱祖国、热爱生活、热爱集体的情操；引导学生认识化学对促进社会进步和提高人类生活质量方面的重要影响，理解科学、技术与社会的相互

作用，形成科学的价值观和实事求是的科学态度；培养学生的合作精神，激发学生的创新潜能，提高学生的实践能力。必修课程的设计，注重学生科学探究能力的培养，重视化学基本概念和化学实验，体现绿色化学思想，突出化学对生活、社会发展和科技进步的重要作用。选修课程旨在引导学生运用实验探究、调查访问、查阅资料、交流讨论等方式，进一步学习化学科学的基础知识、基本技能和研究方法，更深刻地了解化学与人类生活、科学技术进步和社会发展的关系，以提高化学科学素养，为

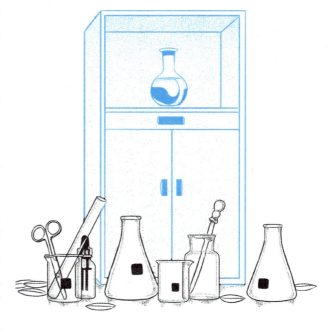

既"勤"且"巧"，化学学好

□姚新平

恐怖高中还是快乐高中？你的高中你做主！

具有不同潜能和特长的学生未来的发展打下良好基础。从课程标准来看，以实验为基础，以基础化学理论为指导，加强对化学知识体系的构建，探究化学的基本规律与方法，加强化学知识的内在联系。同时，密切联系生产、生活，寻求解决实际生产、生活中的化学问题的方法。随着教学的深入，化学知识逐渐向系统化、理论化靠近。同时着重于从"生活实际→化学实验→化学原理→问题探究方法→化学规律"来构建高中化学知识体系。学生的知识层次由"知其然"逐步过渡到"知其所以然""怎样知其然"。

二、有些知识高中要深化，需要良好的初中知识基础

有些初中知识是高中的基础，即在初中的基础上"继续生长"。如果初中基础不好，则影响高中学习；由于现行初中课本降低难度，降低知识的系统性，跟高中课本的衔接出现了一定的问题，即使你初中化学考的分很高，高中化学的学习仍存在困难。

所以，要明确这些知识及高中对其需求，假期适当补充、系统、深化，对高中化学的学习大有益处！

（一）初、高中物质结构知识点对照及衔接

内容对照：

初中化学　　　　　　　　　　　高中化学

宏观
组成

```
        元素
      组成    组成
  化合物        单质
```

高中化学（宏观）：
（1）同位素、核素概念
（2）元素电离能、电负性
（3）晶体结构
（4）同分异构现象

微观
构成　构成　构成　构成

```
  离子 ← 原子 → 分子
  形成      形成
```

原子结构示意图

原子核　核外电子

质子　中子

粒子电性、质量关系

高中化学（微观）：
（1）电子式，用电子式表示化合物的形成过程
（2）核外电子的运动状态、原子核外电子排布规律、电子能级分布、原子核外电子排布式、核外电子跃迁
（3）元素周期表、元素周期律
（4）化合价与电子得失或偏移的关系
（5）化学键、分子间作用力、氢键

内容强化或补充：

1. 原子结构示意图。初三只举例介绍原子核外电子的分层排布情况。学生只能识别，不会绘画，可适当补充核外电子排布的三条规律，绘制 1 ~ 18 号元素的原子结构示意图。

2. 化合价：学生能说出几种常见元素化合价。原子团只了解硫酸根、碳酸根、硝酸根、氢氧根、铵根。对原子团中各元素化合价不熟悉，教学中要进行化合价的练习，可适当补充磷酸根等原子团。

（二）初、高中物质分类知识点对照及衔接

内容对照：

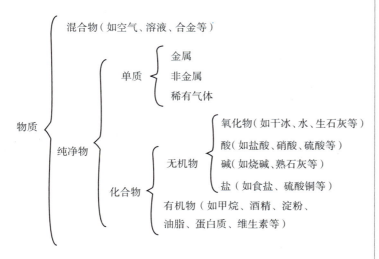

初中化学

物质
- 混合物（如空气、溶液、合金等）
- 纯净物
  - 单质
    - 金属
    - 非金属
    - 稀有气体
  - 化合物
    - 无机物
      - 氧化物（如干冰、水、生石灰等）
      - 酸（如盐酸、硝酸、硫酸等）
      - 碱（如烧碱、熟石灰等）
      - 盐（如食盐、硫酸铜等）
    - 有机物（如甲烷、酒精、淀粉、油脂、蛋白质、维生素等）

高中化学

分散系（溶液、胶体、浊液）

两性氧化物

过氧化物 —— H_2O_2 / Na_2O_2

强酸 / 弱酸 / 弱碱 / 强碱
- 弱酸、弱碱电离平衡
- 酸碱反应
- 指示剂
- 溶液 pH 值

复盐
盐类的分解
物质的树形分类法、交叉分类法

内容强化或补充：

1. 氧化物分类

氧化物
- 非金属氧化物：一般是酸性氧化物（SO_2、CO_2、HCl 等）
- 金属氧化物：一般是碱性氧化物（CuO、Fe_2O_3、MgO 等）
- （常见的中性氧化物：O_2、H_2、N_2、CO 等）

氧化物
- 酸性氧化物：能与碱反应生成盐和水的氧化物
- 碱性氧化物：能与酸反应生成盐和水的氧化物

2. 酸分类

$$
酸\begin{cases}
含氧与否\begin{cases}含氧酸 & 例：H_2SO_4、HNO_3 \\ 无氧酸 & 例：HCl、H_2S\end{cases} \\
含氧原子个数\begin{cases}一元酸 & 例：HNO_3、HCl \\ 二元酸 & 例：H_2SO_4、H_2S \\ 三元酸 & 例：H_3PO_4\end{cases}
\end{cases}
$$

3. 碱分类

$$
碱\begin{cases}
溶水与否\begin{cases}可溶性碱 & 例：NaOH、Ba(OH)_2 \\ 不可溶性碱 & 例：Cu(OH)_2、Fe(OH)_3\end{cases} \\
含OH^-个数\begin{cases}一元碱 & 例：KOH、NaOH \\ 二元碱 & 例：Ca(OH)_2、Ba(OH)_2 \\ 多元碱 & 例：Al(OH)_3、Fe(OH)_3\end{cases}
\end{cases}
$$

4. 盐分类

$$
盐\begin{cases}
按中和程度\begin{cases}正盐 & 例：NaCl、Na_2SO_4 \\ 酸式盐 & 例：NaHCO_3 \\ 碱式盐 & 例：Cu_2(OH)_2CO_3\end{cases} \\
按组成\begin{cases}硫酸盐 & 例：K_2SO_4、Al_2(SO)_4 \\ 硝酸盐 & 例：KNO_3、NH_4NO_3 \\ 钾盐 & 例：KCl、KNO_3 \\ 钠盐 & 例：NaCl、Na_2CO_3\end{cases}
\end{cases}
$$

（三）初、高中物质性质、反应规律知识点对照及衔接

内容对照：

初中化学	高中化学
（1）金属活动顺序和置换反应规律 （2）复分解反应规律	（1）氧化还原反应规律 （2）离子的放电顺序规律（电化学） （3）元素的构、位、性（物质结构） （4）强制弱规律 （5）相似相溶规律（物质结构） （6）非金属活动性强弱（元素）化合物 （7）等效平衡规律（化学平衡） （8）等电子体及其性质（物质结构） （9）燃烧规律及其计算 （10）有机反应及其规律（有机化学）

内容强化或补充：

1. 物理性质

酸、碱、盐的溶解性

钾钠铵硝皆可溶，盐酸盐不溶银亚汞；

硫酸盐不溶钡和铅，碳磷酸盐多不溶。

多数酸溶碱少溶，只有钾钠铵钡溶。

初中只要求会查图。应适当要求学生记忆，为离子反应、离子方程式的书写打基础。

2. 化学性质

（1）金属的化学性质（复习，置换反应规律）

① 与非金属反应：$2Mg+O_2=2MgO$

② 与酸反应：$Mg+2HCl=MgCl_2+H_2$

③ 与盐溶液反应：$2Al+3CuSO_4=Al_2(SO_4)_3+3Cu$

（2）碱性氧化物通性（补充）

① 与酸反应：$Na_2O + 2HCl = 2NaCl + H_2O$

② 与水反应：$CaO + H_2O = Ca(OH)_2$

③ 与酸性氧化物反应：$Na_2O + CO_2 = Na_2CO_3$

注意：一般可溶性的碱对应的碱性氧化物才能与水反应

（常见的有：Na_2O、K_2O、CaO、BaO）

（3）酸性氧化物通性（补充）

① 与碱反应：$CO_2 + Ca(OH)_2 = CaCO_3 + H_2O$

② 与水反应：$CO_2 + H_2O = H_2CO_3$

③ 与碱性氧化物反应：$K_2O + CO_2 = K_2CO_3$

（4）酸的通性（补充酸的定义，归纳酸的通性）

酸：电离产生的阳离子全都是氢离子

① 酸碱指示剂　　石蕊变红、酚酞不变色

② 与金属反应　　生成盐 + 氢气

③ 与碱性氧化物反应　生成盐 + 水

④ 与碱反应　　　生成盐 + 水

⑤ 与盐反应　　　生成新盐 + 新酸

（5）碱的通性（补充碱的定义，归纳碱的通性）

碱：电离产生的阴离子全都是氢氧根离子

① 酸碱指示剂　　石蕊变蓝、酚酞变红

② 与酸性氧化物反应　生成盐 + 水

③ 与酸反应　　　生成盐 + 水

④ 与盐反应　　　生成新盐 + 新碱

（6）盐的通性（补充）

① 与酸反应

酸与盐反应的一般规律：

强酸 + 弱酸盐 = 强酸盐 + 弱酸

② 与碱反应

注意：碱和盐反应不仅要求生成物中有沉淀、气体、水三者之一，还要求反应物均溶于水。

③ 与盐反应

注意：盐和盐反应不仅要求生成物中有沉淀、气体、水三者之一，还要求反应物均溶于水。

④ 与金属反应

（四）初、高中反应类型知识点对照及衔接

内容对照

初中化学	
四种反应基本类型	表达式
化合反应	A+B=AB
分解反应	AB= A+B
置换反应	A+BC=AC+B
复分解反应	AB+CD=AD+BC
高中化学	
氧化还原反应与非氧化还原反应	
氧化还原反应与四种基本反应类型关系	
氧化还原反应方程式配平	
离子反应	
离子方程式	
化学反应中能量变化与热化学方程式	

恐怖高中还是快乐高中？你的高中你做主！

内容强化或补充：

1. 初中课本中，只要求"认识"氧气能跟许多物质发生氧化反应，物质和氧发生的反应属于氧化反应，一氧化碳还原氧化铁中，介绍了还原反应：含氧化合物里的氧被夺去的反应叫作还原反应。学生不具有从得氧、失氧的角度了解氧化反应、还原反应的能力。同时学生对于氧化反应、还原反应统一性没有认识。

2. 初中没有化合价概念，学生不知道化合价的升价与电子得失或偏移有密切关系，课堂上需要补充强化。

3. 学生只是了解复分解反应发生的条件，不会判断是否能发生复分解反应。离子反应教学前要补充相关练习。

（五）初、高中化学计算知识点对照及衔接

内容对照：

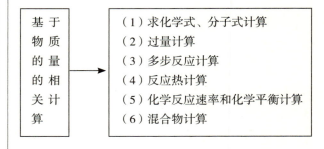

内容强化或补充：

整体上来说初中降低了对计算的要求，学生主要停留在简单计算上，高中常用计算方法，初中都很少涉及或有所涉及，但学生并不熟练。这一块内容应该逐步渗透，最后做专题讲解。

（1）有关溶解度的计算　初中只要求了解一定温度下饱和溶液中溶质质量、溶剂质量、溶解

生活就要像疯子一样地过，才能忘记生命给我们的颠簸。

度三者之间的换算。

（2）"差量"法的应用　此法在中学基础计算中应用较广，初中阶段不要求学生掌握，在高一可结合有关内容补充讲解并使学生逐步掌握。

（六）初、高中化学实验知识点对照及衔接

内容对照

内容强化或补充：

初中整体上加强了实验教学，尤其是探究性实验教学，特别强化了探究某物质成分及位置生成物种类的能力。学生视野比较开阔，探究兴趣、获取与加工信息的能力有所加强，有小组合作学习的习惯。重视、熟悉化学知识间与已有经验、生产生活实际的联系，运用化学知识解决生活实际问题的能力相对较强。知道根据已有经验和知识对简单的化学问题进行探究，提出假设或猜想，并能设计实验进行验证，完成自己设计的实验报告。动手能力增强，但实验规范欠缺，基本操作能力水平参差不齐。同时，在初中教学中，降低了装置连接、验纯、除杂、分离、误差分析等要求，高中对这部分内容要适当加强。

恐怖高中还是快乐高中？你的高中你做主！

三、怎样才能学好高中化学

1.坚持课前预习，积极主动学习

课前预习的方法：阅读新课、找出难点、温习基础。

（1）阅读新课：了解教材的基本内容。

（2）找出难点：对不理解的地方做上标记。

（3）温习基础：作为学习新课的知识铺垫。

2.讲究课内学习，提高课堂效率

课内学习的方法：认真听课；记好笔记。

（1）认真听课：注意力集中，积极主动地学习。当老师引入新知识的时候，同学们应该注意听听老师是怎样提出新问题的。当老师在讲授新知识的时候，同学们应该跟着想想老师是怎样分析问题的。当老师在演示实验的时候，同学们应该认真看看老师是怎样进行操作的。当老师在对本节课进行小结的时候，同学们应该有意学学老师是怎样提炼教材要点的。

（2）记好笔记：详略得当，抓住要领来记。有的同学没有记笔记的习惯；有的同学记多少算多少；有的同学只顾记，不思考，这些都不好。对于新课，主要记下老师讲课的提纲、要点以及老师深入浅出、富有启发性的分析。对于复习课，主要记下老师引导提炼的知识主线。对于习题讲评课，主要记下老师指出的属于自己的错误，或对自己有启迪的内容，或在书的空白处或直接在书上画出重点、做上标记等，有利于腾出时间听老师讲课。此外，对于课堂所学知识有疑问或有独到的见解要做上标记，便于课后继续研究学习。

课内学习是搞好学习的关键。同学们在学校学习最主要的时间是课内。在这学习的最主要时间里，有些同学没有集中精力学习，有些同学学习方法不讲究，都会在很大程度上制约学习水平的发挥。

3.落实课后复习，巩固课堂所学

课后复习是巩固知识的需要。常有同学这样说：课内基本上听懂了，可是做起作业时总不能得心应手。原因在于对知识的内涵和外延还没有真正或全部理解。这正是课后复习的意义所在。

课后复习的方法如下：

（1）再阅读：上完新课再次阅读教材，能够"学新悟旧"，自我提高。

（2）"后"作业：阅读教材之后才做作业事半功倍。有些同学做作业之前没有阅读教材，于是生搬硬套公式或例题来做作业，事倍功半。

（3）常回忆：常用回忆方式，让头脑再现教材的知识主线，发现遗忘的知识点，及时翻阅教材相关内容，针对性强，效果很好。

（4）多质疑：对知识的重点和难点多问些为什么，能够引起再学习、再思考，不断提高对知识的认识水平。

（5）有计划：把每天的课外时间加以安排；对前段学习的内容加以复习，能够提高学习的效率。

4.有心有意识记，系统掌握知识

有意识记的方法：深刻理解，自然识记；归纳口诀，有利识记；比较异同，简化识记；读写结合，加深识记。

有意识记是系统掌握科学知识的途径。有意识记的方法因人而异、不拘一格。形成适合自己的有意识记忆方法，从而系统掌握科学知识。

5.增加课外阅读，适应信息时代

课外阅读是了解外面世界的窗口。外面的世界真精彩，同学们应该增加课外阅读，不断拓宽知识领域，以适应当今的信息时代。

课外阅读的方法：选择阅读；上网查找；

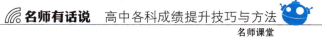

注意摘录。

6. 科学归纳

知识学习的完整过程分为三个阶段，即知识的获得、保持和再现。

归纳方法之一是点线网络法。这个方法在总结元素的单质和化合物相互转换关系法时最常使用。如"硫"的一章就以 $H_2S \rightarrow S \rightarrow SO_2 \rightarrow SO_3 \rightarrow H_2SO_4$。归纳方法之二是列表对比法。对比的方法常用于辨析相近的概念，对比的方法也最常用于元素化合物性质的学习。通过对比，找到新旧知识的共性与联系。归纳方法之三是键线递进法。高中化学基本概念多，一些重要概念又是根据学生认识规律分散在各个章节之中。这就要求我们及时集中整理相关概念，按照一定的理论体系，弄清基本概念之间的从属或平行关系，在归纳整理中，可以牺牲一些具体细节，突出主要内容。"勤"和"巧"是到达知识彼岸的一叶扁舟。这个"巧"字就是善于总结。

高中要知道

文理兼修，究竟多重要

文理分科是我们学习苏联教育制度的产物。从某种意义上说，对培养专业人才起过积极作用。但从文理分科若干年来的实施状况看，其带来的问题已暴露无遗。

首先，文理分科，大大削弱了文科的水平和地位。由于理科的高难度，很多学生理科学不下去才去学文科，学习文科不是出于兴趣、热爱，而是无奈的选择。这样，学习文科的人本身就成了"二等公民"，是失败者的象征。如此，人文精神大幅度丧失就自然而然了。

其次，文理分科会降低民族的整体素质。过早地文理分科，理科生不再学历史、地理，不再读文学经典，必会知识面狭窄；而文科生远离物理、化学，不熟悉基本的自然科学知识，对科学思维与科学精神的领悟自然不够。这样，人的全面发展就成了一句空话，我们可能将损失一大批像苏步青、钱伟长那样文理兼容的大师。

1959 年，英国人查尔斯·斯诺在剑桥大学做了一个《两种文化与科学革命》的著名演讲，主要内容为：由于教育背景、知识背景、历史传统、哲学倾向和工作方式的诸多不同，两个文化群体——科学家群体与人文学者之间往往互不理解、互不交往。久而久之，或者大家老死不相往来，或者相互瞧不起，相互攻击，最后必然导致"人文学者对科学的傲慢，科学家对人文的无知"。斯诺的忧虑现在似乎仍然值得关注。

恐怖高中还是快乐高中？你的高中你做主！

【知乎体】海狮的胡子比耳朵还要灵，能辨别几十海里外的声音。

当进入高中的大门时，一门新的学科——生物就走进了我们的视野，生物对于很多同学来说既熟悉又陌生。熟悉是因为我们初一、初二时曾经学习过这门课程，有一种似曾相识的感觉，陌生是由于中考不考生物，经过长时间的放置，所学的知识渐渐淡出了我们的记忆。然而高中生物是一门很重要的学科，是必修科目，在高考中占有很重要的位置，我们必须把这门课程学好。此时，可能很多同学会问，目前这种现状，我们如何做好初高中知识的衔接呢？我们如何才能学好生物呢？

□张立静

转变观念，构建模型，学好生物

如何做好初高中生物的衔接

首先对初中所学的生物知识回忆反思，结合高中生物课本，做一个全面的梳理，总结归纳，做到心中有数。这种知识点的梳理，不是初中知识点的重现，而是与高中教学内容有关的内容，如果把这些知识点掌握了，就对高中的学习起到了很好的铺垫作用。下面是与高中阶段联系紧密的所有的初中生物知识点：

模块	初高中知识衔接点
	生物的特征
	生物圈为生物的生存提供的基本条件：营养物质、阳光、空气和水、适宜的温度和一定的生存空间
	细胞是生物生命活动的基本结构和功能单位
分子与细胞	人体的结构层次、植物体的结构层次
	细菌的形态结构和生殖方式
	绿色开花植物的六大器官
	只有一个细胞的生物体
	病毒的形态结构和生命活动的特点；细菌和真菌的区别：细菌体内没有成形细胞核；真菌的细胞内有真正的细胞核
	植物细胞特有的结构：细胞壁、叶绿体和液泡
	细胞核在生物遗传中的作用

男人一直无法做到的一件事，微博做到了，那就是让女人的唠叨止于140个字。——微博时代

	线粒体和叶绿体是细胞里的能量转换器
	细胞膜的功能
	口腔上皮细胞装片的制作和观察、洋葱表皮细胞装片的制作和观察
	细胞通过分裂产生新细胞
	细胞分化形成组织
	根适于吸水的特点
	蒸腾作用、光合作用、植物的呼吸作用
	霉菌和蘑菇的营养方式：细胞内没有叶绿体，利用现成有机物，从中获得生命活动所需要的物质和能量
遗传与进化	遗传是指亲子间的相似性，变异是指亲子间以及子代间的差异。生物的遗传和变异是通过生殖和发育而实现的
	基因控制生物的性状
	生物遗传下来的是基因而不是性状
	染色体、DNA 和基因的关系
	人类的性别，一般是由性染色体决定的
	生物性状的变异是普遍存在的
	人类应用遗传变异原理培育新品种例子
	达尔文的自然选择学说
	男性和女性生殖系统的结构和功能
	人体泌尿系统的组成
	神经系统的组成和功能
	激素：由内分泌腺的腺细胞所分泌的，对身体有特殊调节作用的微量化学物质
	人体内几种激素的作用
	甲状腺激素，生长激素，胰岛素
	免疫：人体的三道防线
	抗体：病原体侵入人体后，刺激淋巴细胞产生的一种抵抗该病原体的特殊蛋白质
	抗原：引起人体产生抗体的物质（如病原体等）
	特异性免疫与非特异性免疫
	非特异性免疫（先天性免疫）：生来就有的，对多种病原体发挥作用，如人体第一、二道防线；特异性免疫（后天性免疫）：生活中逐渐建立的，针对某种特定病原体发挥作用，如人体第三道防线
	免疫的功能：识别、监视、自我稳定
	生物对环境的适应和影响

恐怖高中还是快乐高中？你的高中你做主！

近日闭关工作，拒接电话，感觉人生变得清爽多了，准备逐步将手机废掉。越来越觉得，人这一辈子没有那么多必要的联系，也没有什么不能错过的错过。——作家胡淑芬

	生态系统的概念和组成、列举不同的生态系统
稳态与环境	食物链和食物网
	人类活动对生物的影响：（1）乱砍滥伐，开垦草原，使生态环境遭受破坏，水土流失加重，还会引起沙尘暴。（2）空气污染会形成酸雨。（3）水污染会破坏水域生态系统。（4）外来物种入侵会严重危害本地生物。（5）人类活动也会改善生态环境。
	毒品的危害：会损害人的神经系统，降低人体免疫功能，使心肺受损，呼吸麻痹，甚至死亡
	生物多样性面临威胁的原因
	细菌和真菌在物质循环中的作用
	生物的多样性包括生物种类的多样性、基因的多样性
	吸烟对人体健康的危害：烟草燃烧时，烟雾中的有害物质如尼古丁、焦油等进入人体，对人体的神经系统造成损害，使人的记忆力和注意力降低，同时会诱发多种呼吸系统疾病，如慢性支气管炎、肺癌等
	保护生物的栖息环境，保护生态系统的多样性，是保护生物多样性的根本措施 建立自然保护区是保护生物多样性最为有效的措施

恐怖高中还是快乐高中？你的高中你做主！

我们在学习高中生物之前，一定要把这些知识进一步展开，对这些知识点所涉及的全部内容要熟记，找到它们的共同点、不同点，通过对比、归纳，不断加强记忆、理解，这就为高中的生物学习奠定了坚实的基础。在记忆的同时，总结初中生物的学习方法，优化更新，总结经验。如果能够做到这一点，你就成功了一半。

其次要转变观念。初中生物只要死记硬背课本便可轻松得到八九十分，但在高中，这种学习方法是不可取的，一定要在记忆中理解，要先认真记每个知识点，记下后要进一步地理解，了解概念的内涵、外延及变式，只有这样才能做到融会贯通，才能提高分析问题与解决问题的能力。

做好初高中知识的衔接是学好高中生物的第一步，那么我们应该如何做才能学好这门课程呢？

前提是要提高学习生物学的兴趣，兴趣是最好的老师，这也是入门的第一关，我们一定要把学习生物当成看科普小说，要沿着科学家的足迹，学科学、做科学，要有一种身临其境的感觉。

学好生物的关键是课前预习，筛选难点、疑点、重点，对于一些重点和难点知识，要深刻理解。如何才能深刻理解呢？预习时我们要时时思考以下几个方面的内容：

谁是什么结构，发生了什么变化，怎样发生的，什么时间、在什么场所或结构中发生的，为什么会发生这样的变化。如果我们经常思考这几方面内容肯定能筛选出重点知识、难点知识，会有很大的收获。

学好生物的核心是熟记基础知识

对基础知识的熟练记忆，是进一步理解

　大多数人对初恋释怀的原因是：对方越长越难看了。——谁说爱情不会以貌取人

的前提，如果没有记忆又如何谈能力？然而高中生物知识繁杂凌乱，如何能够做到熟练记忆呢？当然要掌握正确的记忆方法。在学习中依据不同知识的特点，配以正确的记忆方法，可以有效地提高学习效率。

记忆方法很多，下面列举生物学习中最常见的几种。

（1）口诀记忆法：即通过分析教材，找出要点，将知识简化成有规律的几个字来帮助记忆。例如，细胞有丝分裂前期的特点可以总结为"两失两现一散乱"。即核膜、核仁消失，染色体、纺锤体出现，染色体散乱地分布在细胞中央。

（2）联想记忆法：即根据教材内容，巧妙地利用联想帮助记忆。例如，记细胞中的微量元素：铁锰硼锌钼铜这六种元素，可以用谐音记忆：铁猛碰新木桶，这样就记住了，而且不容易遗忘。

（3）对比记忆法：在生物学习中，有很多相近的名词易混淆、难记忆。对于这样的内容，可以运用对比法记忆。对比法即将有关的名词单独列出，然后从范围、内涵、外延乃至文字等方面进行比较，存同求异，找出不同点。这样反差明显，容易记忆。例如同化作用与异化作用、有氧呼吸与无氧呼吸、激素调节与神经调节、胰岛素与胰高血糖素等。

（4）网络记忆法：此法是以某一重要的知识点为核心，通过思维的发散过程，把与之有关的其他知识尽可能多地建立起联系，形成一个庞大的知识网络。这种方法多用于章节知识的总结或复习，也可用于将分散在各章节中的相关知识联系在一起。

生物是一门很形象的学科，所以在记忆诸如细胞器等相关知识时，脑海中应有相对的图像，这样的记忆是生动的，是有生命的，从而能避免死板记忆带来的"记不准记不住"。

学好生物的中心是对实验进行细致的分析

生物是一门实验学科，一定要对实验给予足够的重视，像实验原理、实验步骤、实验现象都要记熟、记准、理解透，尤其是对实验结果的误差分析必须到位，只有这样，才能掌握实验的内涵与外延。误差分析法是对实验结果进行分析的最常用方法，那么如何做好误差分析呢？

有的学生实验产生误差，往往是取材不正确引起的，因而在实验分析时，要首先考虑取材是否正确。例如，"观察植物细胞的有丝分裂"的实验中，准确切取洋葱根尖分生区，是实验成功的前提。一些学生制成的装片中往往看不到或看到很少的分裂相细胞，就是因为切取部位不正确导致的。此外，还可以从药品与试剂的量、浓度、空气中的物质、材料的生命力等因素去分析，从而找到产生误差的原因。

实验步骤操作是否正确也是影响实验结果的主要因素，故应重点分析，主要有以下情况：

一是漏做某个实验步骤。实验步骤不能少，如观察有丝分裂的实验中，根尖用10%的盐酸解离后，若不经漂洗直接染色，则染色效果极差，因为根尖上附着的盐酸将和碱性染料起中和反应，从而影响着色；制片时，要用镊子尖把根尖弄碎，这一步也易漏掉。

二是操作方法错误。在具体操作某个步骤时，没有按规定的操作方法做，肯定会影响实验结果。如临时装片制作时，有的学生将盖玻片直接放在清水滴上，这样制成的装片中，气泡较多，严重影响观察。在质壁分离实验中应

用镊子撕取洋葱表皮，而不少学生是用刀片削或挖，以致取出的表皮较厚，这样在显微镜下也就看不到单层细胞。

三是操作不严格。如解离、染色时间不够，漂洗的时间或次数不足。制作洋葱表皮临时装片时，未将清水滴中卷起的表皮平展开来；做质壁分离复原实验时，滴入清水的次数少，滤液细线画得不细不齐都会对实验结果产生一定的影响。

学好生物的落脚点是学会构建生物模型

自然界中生物种类繁多、运动错综复杂，通过建构模型能够舍弃次要因素和无关因素，突出反映事物的本质特征，从而使生命现象或过程得到简化、纯化和理想化，因此，在生物学习中适当利用模型往往能够达到事半功倍的效果。生物教学中所涉及的模型一般分为物理模型、数学模型、概念模型三大类：

1. **数学模型**：数学模型就是对于一个特定的事物为了一个特定目标，根据特有的内在规律，做出一些必要的简化假设，运用适当的数学工具，得到的一个数学结构。数学结构可以是数学公式，算法、表格、图示等。如果其变量中不含时间因素，则为静态模型；如与时间有关，则为动态模型。教材中出现的数学模型主要有柱状图、曲线图、数学公式等。

柱状图，可以用真实的数据反映，也可以用物质之间的比例表示。可以静态地比较某种物质的分布，如在细胞增殖过程中，染色体、DNA、染色单体之间的变化比。

曲线图，可以进行定性或定量统计，其特点是所研究的事物特征具有一定的连续性和动态性，展现在面前的是比较直观的情况。棋盘图，必修2《遗传与进化》黄色圆粒豌豆与绿色皱粒豌豆的杂交实验分析图解中采取了棋盘图的方式，这种方式比较直接明了，学生容易理解和掌握。

数学公式，在必修2中有关基因频率的计算可以用公式表示为某基因频率＝某基因／全部等位基因，再如必修3中的"J"形增长曲线的模型 $N_t = N_0 \lambda^t$。

2. **物理模型**：物理模型是在抓住主要因素忽略次要因素的基础上建立起来的，它能具体、形象、生动、深刻地反映事物的本质和主流。建立和正确使用物理模型有利于学生将复杂问题简单化、明了化，使抽象的物理问题更直观、具体、形象、鲜明，突出事物间的主要矛盾。对学生的思维发展、解题能力的提高起着重要的作用，可以把复杂隐含的问题化繁为简、化难为易，达到事半功倍的效果。如必修1建立真核细胞的模型、模拟实验探究生物膜的结构，必修2中的DNA双螺旋模型的建构、T_2噬菌体的模型，教材中学生动手构建的减数分裂中染色体变化的模型、血糖调节的模型，物质进出细胞的方式，分泌蛋白的合成和运输过程等，就是动态的物理模型。通过这样的物理模型学生可以把复杂的知识简化，可以把抽象的知识形象化，真正做到理解和掌握。

3. **概念模型**：概念模型一般用图示、文字、符号等组成的流程图形式对事物的生命活动规律、机理进行描述、阐明。例如血糖平衡的调节，动植物细胞的有丝分裂、减数分裂图解、光合作用示意图、中心法则图解、反馈调节、反射弧等。概念模型的特点是图示比较直观化、模式化，由箭头等符号连接起来的文字、关键词

恐怖高中还是快乐高中？你的高中你做主！

一个人只拥有此生此世是不够的，他还应该拥有诗意的世界。——王小波

比较简明、清楚，它们既能揭示事物的主要特征、本质，又直观形象、通俗易懂。

无论在科学研究还是在学习科学的过程中，模型和模型方法都起着十分重要的作用。但模型的建立不是一蹴而就的，需要学生有严谨、诚实的科学态度和坚韧不拔的意志。在生物学习过程中，模型本身和模型的构建过程都能够帮助学生使知识系统化、规律化、形象化。

另外，在学习时要有对错题的总结归类，学生错题也是有遗传性的，一定要把错题整理好，要不断地抽出时间来进行反复琢磨，一定要攻克难点、易错点，避免自己总犯相同的错误。课上集中精力，听自己预习时不懂的部分，做到有的放矢；课下要认真完成作业，兼顾及时复习；要经常翻阅相关辅导资料，查漏补缺。

当今中国大学的主要功能是为劳动力市场提供"专业"生产者，也就是所谓的专门职业者，许多本来属于职业训练的学习由于进入了大学而变成"高等教育"，这使得高等教育的含义发生了异变。"职业教育"原本是一种中等教育，由于职业的积累和高科技化，职业教育向大学转移本未尝不

"高等教育" 因何 "高等"

可。但问题是，大学里的职业教育与一般中等的职业教育究竟有什么样的特征区别，才能成为一种比较而言是"高等"的教育呢？

"高等教育"的特征应该是在职业知识传授之外的人文教育，即那种可以被称作"人的自由教育"的人文教育。远在 11 世纪出现"大学"这个体制之前，人类已经有了高等教育的原初概念。在高等教育中，人接受的是"成人"教育，不仅是年龄上的成人，而且是个人与社会关系中的成"人"。

成"人"涉及的是关于什么是人的德行、什么是人的幸福、什么是人的价值的知识。人的自由的、有意义的存在取决于，也体现在对人文知识的探求之中。这种人文知识是未成年者难以把握的，需要等到一定的年龄和其他知识准备后方能习得。延续到今天，这就是我们所说的人文教育。人文教育的原意至今仍然是，也必须是人的自由教育。

现代社会中的职业和职业结构与古代已经完全不相同了。好的皮革师傅、酿酒师是轻工业学院的毕业生，好的造船匠和专业捕鱼人是航海学院毕业的，做买卖的更是拥有硕士学位。这是因为现代社会是一个"以知识为基础"的社会。而问题恰恰就出在这里，尽管上大学的学生可能接受了丰富的专门职业知识，却可能因为"人文教育"的缺失而并未真正受到高等教育。

恐怖高中还是快乐高中？你的高中你做主！

相对于初中思想品德来说，高中政治更具有学科化的特点，每一年级都是一个学科，因此相对增加了一定的难度，但如果你肯下功夫，并且方法得当的话，一定能取得很不错的学习效果。

关注时事巧答题，事半而功倍学政治

□陈艳华

一、关于知识的识记和理解

首先是要处理好"死"与"活"的关系，"死"指的是基本概念和基本原理，一定要准确全面把握，不留死角；"活"指要能够联系实际，进行活学活用，这就要求我们要走出教材课堂的小圈

子，尽一切可能将所学原理和现实生活相联系，其实经济学、政治学、文学、哲学就广泛地存在于现实生活中，关键还是要做个有心人，充满兴趣，主动地去感知政治、研究政治，而不是被动地去背政治。相信在获得知识的同时，乐趣也会相伴随行。

其次，要学会读书。正因为政治注重能力的培养，但又作为高考的一个科目，因此我们在学政治的时候要学会读书，把厚书读薄。在读书的过程中掌握"不动笔墨不读书，不记忆不读书"两个基本原则，二者合而为一，具体体现在勾画书本上。凡是勾了的知识就背，不勾的就不背，就这样把范围缩小，提高学习效率。

最后，同学们在课堂上学习要学会做笔记。正所谓"好记性不如烂笔头"。我们不仅要记板书，还要记老师口头上说的重要的话，而要留有余地，供今后补充，做到在学习中既动脑又动手。

二、关于知识的灵活运用

在高中阶段，大部分题都是要求运用课本上的原理去分析时事材料。要想成功得分，首先要具备准确的教材知识，必须把课本上的每一条原理都记清楚，原理后面的阐述和举例也很重要。各个不同的例子是对应哪个原理的要分清楚，这在选择题中很可能会用上。经济学相对比较简单，只要准确掌握重要原理，把分析题的基本思路记清楚就行。政治学要特别注意不同术语间的区别，记的时候尤其要强调准确，因为有可能差一个字这个说法就完全不同了。学习哲学需要多想和多理解。对于我们来说，最主要的是要把不同的哲理分清，既要准

恐怖高中还是快乐高中？你的高中你做主！

当善良袖手旁观时，就成全了邪恶的胜利。——爱德蒙·伯克

确理解识记具体微观的具体哲理，还要准确记忆教材上的不同章节的名称或者传统的马克思主义哲学板块的划分，因为考试中常常会遇到限定知识范围的题目。学哲学尤其要注意和时事结合起来。平时看到一则新闻就可以想想，它可以体现怎样的哲学观点或者是可以用什么观点去分析，经常这样问自己，做题时下手就会快得多，角度也比较准确。

其次，要关注时事。掌握时事有许多渠道，可以听新闻、看报纸或者听老师的讲解。高三总复习阶段对政治来说是很关键的，即使你以前有什么掌握得不够好的知识也可在这段时间补上。这时尤其要注意关注时事。可以买一本讲解时事的书，把原理先列在一个本子上，再把可以用该原理分析的时事内容，写在原理下面，复习的时候再看一下，效果很好。

下面再结合高考政治试卷来介绍如何培养解答高中政治题目的能力。

1.总体要求：通过做大量的或一定量的练习，达到懂、记、会的目的。练的环节很重要，不练心中无数，不练等于没学。练习题目包括符合年级学业水平的同步基础题目，也包括新课标高考以来的真题、名校模拟题、原创题等。除了要练习没有做过的题目，还要练习已考试题。有相当多的同学忽视做已考试题，这是一个很大的误区，也是得高分的一道大障碍。练已考试题有几个作用：①掌握内容；②检测水平；③掌握考试重点；④了解试题特点；⑤通过练习达到进一步巩固内容、增强能力、把握方向、明确重点、有的放矢的目的。懂、记、练、会四者不可分割，懂是基础、记是核心、练是关键、会是目的。四者紧密结合，就能确保得高分。

2.具体方法：高考政治试题分为选择和非选择题两大类型。对于选择题，最重要的是审清题目，主要审三项——主体、设问及隐藏于其后的命题意图（比如题目要求的角度，是政治常识还是经济常识）。另外做题时要结合题肢，有三个步骤：排除（错误项）、去除（不合题意的项）、比较（既合题意，表述又无误的项）。其实开始时这些步骤需要严格的训练，但用熟以后就不必拘泥了。

非选择题一般都是综合能力要求较高的材料题，审题要划分材料说了几层意思，然后综合材料的核心思想，看清设问的角度到底是经济、政治、文化还是哲学。需要指出的是，一般三条都写才能保证不失分。答案往往来源于四方面——课本原理及方法论、材料中的信息、自己平常见到分析某类问题时常用的语言和知识点（比如"培育新的经济增长点"一语，书上没见过，但在分析新的经济现象时常用到）、时事性的语言（往往成为加分的条件）。要想获得考试加分，除了平时基础扎实之外，还要广闻博见，思维活跃，善于提出创造性观点以及跨学科组织答案，准确、恰当地使用新近被人们所认识和接受的新观念、新知识、新名词。

（1）选择题的做法：随着考试制度的改革，高考政治尤其是文科综合政治部分选择题，从类型上看大多以"组题"的形式出现，即一则材料设计多道试题，最多可达到5个试题；从形式上看由两部分构成：题干、题肢；从内容上看由三部分构成：立意、情景、问题设置。具体做法：

①抓住立意。每道选择题只有一个立意，即一个中心思想。因而，看到试题后，认真阅读，并要很快找到它的中心思想，最好用一句话的形式提取出立意。然后，再看题肢的设问，这样就能很快找到答案。当然，对于简单的试

恐怖高中还是快乐高中？你的高中你做主！

题来讲，读完也就应该做完。

②找关键词。一般来说，每道选择题的关键词大多在题干的最后一句话中，如"范围关键词"：经济学道理……、哲学道理……等。"内容关键词"：措施是……、制度是……等。"形容词关键词"：根本……、主要……等。"动词关键词"：表明……、说明……、体现……等。立意和关键词相结合，对做难度稍大的题目有较大的帮助。

③排查误项。高考试题中有一部分是难度大的题目，甚至有些题肢的设置一时难以理解，在这种情况下，最好用排查法，先把明显错误的选项去掉，然后进一步缩小范围。

④不得已猜。对于实在拿不准的题目，千万不要放弃猜答案的机会，可用猜测法。如果此题大多数人都不会，每一个人都有猜测得分的机会。

（2）非选择题解题的思路及步骤：高考政治卷非选择题一般包括简答、辨析、论述三类，部分省市试卷还包括分析简析题和综合探究试题等。具体做法：

①认真读题，弄清题意，明确中心及分论点，确定论据。在读题时，首先要抓住试题提供的解题要求和条件。其次要明确中心，只有围绕中心答题，才能与题意的口径相符。再次将中心论点按题意分成几个有机联系的分论点。最后要确定用来分析说明中心论点或是分论

点的根据，包括政策根据、事实根据和数字根据。

②归类对号，落实课、节、框。试题虽然千变万化，但都离不开用教材中的内容来解答。读题时，必须判明答题要用教材的哪些章、节、框的内容。这样就缩小了思考范围，然后胸有成竹，根据题目的要求恰如其分地引用、组织某方面的知识。

③规范化答题的一般步骤。第一步：先归纳题目观点，表明自己的态度。第二步：讲清分析说明问题的理论依据。第三步：运用概念、原理、观点分析问题。这是答案的主体，理论联系实际。第四步：用事实证明（包括史实、事实、数据等）。答题不仅要有理，而且要有据。新教材特别注重由基本事实引出基本观点。不论正面论述还是驳斥题都要用"事实（实践）证明"。"事实证明"往往和作用、意义、结论紧密相连。第五步：反面论证。在正面论述之后，一般还应联系反面观点，指出观点的错误所在，以加深对正面的理解。这一步通常用"如果说……""假如……"这样的句式来展开。第六步：表明态度或简述自己的认识体会。表态既要联系实际，又要紧扣题意，不要空喊口号。

④答案规范化。答题时一定要使用教材书面用语，而不能使用自己创造的语言、概念及社会、家庭流行的俗语。只有教材书面用语，才能做到表述规范、准确、科学、简洁，才能和阅卷老师沟通思想、交流信息、达成共识、减少误解。❀

世界上最美妙的一件事是，当你拥抱一个你爱的人，他竟然把你抱得更紧。

恐怖高中还是快乐高中？你的高中你做主！

激发兴趣，
把握联系，提高历史成绩

□卢　薇

历史课程标准指出："普通高中历史课程在体系的构建上，既注意与初中课程的衔接，又避免简单重复。"那么初高中历史究竟有什么区别和联系呢？

一、课程理念的联系与区别

初高中的历史课程基本理念都包括"培养和提高学生的历史意识、文化素质和人文素养；面向全体学生；倡导学生学习方式的转变和教师教学方式的转变；形成对学生综合素质为目标的评价体系"四个方面。但是初中的历史课程以普及历史常识为基础，使学生掌握中外历史的基本知识，初步具备学习历史的基本方法和基本技能。高中历史课程标准在内容的选择上坚持基础性、时代性，密切与现实生活和社会发展的联系。体现多样性，多视角、多层次、多类型、多形式地为学生学习历史提供更多的选择空间，有助于学生个性的健康发展。

二、课程设计思路的联系和区别

无论初中还是高中历史教学的主要内容都是中国历史和世界历史。初中主要以主题的形式，按照历史发展的线索，分为中国古代史、中国近代史、中国现代史、世界古代史、世界近代史、世界现代史六个学习板块。在每个板块内容设计上，采用"点—线"结合的呈现方式。"点"是具体、生动的历史事实；"线"是历史发展的基本线索。通过"点"与"点"之间的联系来理解"线"，使学生在掌握历史事实的基础上理解历史发展的过程。

高中课程内容对历史知识的体系进行了重新组合，以专题的形式构建了必修和选修两部分内容。其中必修包括3大模块（共25个专题），主要涉及政治文明历程（9个专题）、经济文明历程（8个专题）、文化发展历程（8个专题）；选修共6个模块，包括历史上重大的改革、近

恐怖高中还是快乐高中？你的高中你做主！

代社会的民主思想与时间、20 世纪的战争与和平、中外历史人物评说、探索历史的奥秘、世界文化遗产。这样，避免了初中和高中历史知识的简单重复，更有利于高中学生综合分析问题能力的提高。

三、课程目标的联系与区别

1. 知识方面，初中主要从宏观角度入手，兼顾了历史知识的时序性和系统性。高中则选取微观和宏观两方面纵深发展的知识，更强调历史知识的专题性。在能力方面，初中主要在于识记、理解，尤其是识记层面；而高中要求则更多的在于理解和应用层面。

初、高中课标能力要求对照：

初中课标的能力要求	高中课标的能力要求
正确计算历史年代、识别和使用历史图表等基本技能、处理历史信息的能力、陈述历史问题的表达能力、历史想象能力、知识迁移能力和在此基础上形成一定的归纳、分析和判断的能力。	高中除了进一步培养学生通过各种方法获取历史信息的能力之外，主要通过对历史事实的分析、综合、比较、归纳、概括等认知活动培养历史思维和解决问题的能力。

2. 在"过程与方法"方面，初中主要要求学生在探究与合作学习和积累历史知识的同时，感知历史、对历史的发展形成初步的认识。高中则重点强调掌握历史学习的基本方法，主要包括：历史唯物主义的基本方法、探究的方法、独立思考的学习习惯、同他人合作和交流学习。

3. 在"情感态度价值观"方面，课程标准都把培养学生的爱国主义情感放在了首位。在初中，主要让学生形成健全的人格、科学的态度和一定的国际意识；高中则强调了对人文主义精神的理解和历史意识的培养。

四、课程内容的联系与区别

初中历史课程的知识内容，在高中课程中大都进行了相应的链接与拓展。但高中历史不是对初中历史的简单重复。在学习内容的编制上，初中历史课程从学生的认知水平出发，精选最基本的史实，展现人类社会在政治、经济和文化等方面发展的基本进程，使学习内容更贴近时代、贴近社会、贴近生活，有利于学生积极、主动地学习。此外，在突出义务教育阶段历史教学特点的基础上，注意与高中历史教学的衔接，为学生在高中阶段的历史学习打好基础。此外，初中课程重中国史，轻世界史，高中中外历史权重大致相当。初中历史课程重政治史，经济史、思想文化史相对薄弱。高中历史课标政治史、经济史、思想文化史三足鼎立。

总之，高中历史教学内容与初中相比，知识容量和难度增大，系统性综合性增强，能力要求

为他人服务，其实就是交付居住在地球上的租金。

恐怖高中还是快乐高中？你的高中你做主！

大大提高。老师在课堂上要把教材深化延伸，更多的是对学生学科能力的培养，很多知识不可能讲得面面俱到，需要学生有自主学习、自我消化的能力。

那么怎样才能学好高中历史呢？同学们要从以下几方面着手：

（一）努力培养对历史学科的兴趣

初中历史比较浅显易懂，故事性强，考试前突击式地背背书就能拿高分。而高中历史难度明显加大，很努力地去学了，考试却不一定能拿到高分，可能同学们渐渐地就失去了学习历史的兴趣，因此努力培养对历史学科的兴趣是学好高中历史的关键。著名教育家、科学家杨叔子说："一个国家，一个民族，没有现代科学，没有先进技术，就是落后，一打就垮，痛苦受人宰割；一个国家，一个民族，没有民族精神，没有民族文化，就会异化，不打自垮，甘愿受人奴役。"这说明，民族振兴，科技和人文缺一不可。但凡伟大的政治家都非常善于从历史中汲取有益的营养。毛泽东就对历史非常有研究，阅读并点评过二十五史。在20世纪40年代初，近代著名历史学家范文澜曾担任过毛泽东的政史秘书，史学家翦伯赞在重庆期间在周恩来的直接领导下工作。因此明确学习目的是培养学习兴趣的根本。

（二）培养良好的阅读习惯

教材中的目录是全书的纲领线索，导言是章节的宏观概述，大字是教材的主干知识，小字则是对大字的延伸补充，表格图文是历史的重要材料，所有这些都应该是我们阅读的内容。在阅读的过程中，首先要掌握"粗读、细读、精读"三种方法并理解其含义。所谓"粗读"就是浏览教材，知其大意；所谓"细读"，就是要逐字逐句地读，掌握时间、地点、人物等基础知识；所谓"精读"就是对重点内容进行分析概括、归纳成要点。其次，在具体的学习中，要通过读目录来构建知识体系；读导语来了解教材的重点；读正文来把握主体知识；读平面地图和形象插图来掌握历史活动空间和强化学习的直观效果；读知识链接、补充材料来拓宽历史知识；读大事纪年表来理清繁杂的历史头绪，形成完整的时空概念。阅读的同时还要积极思考以理解知识，多问几个为什么。理解了知识才便于记忆历史知识。

（三）采用正确的学习方法

1.学会预习，有的放矢

预习是学习的重要环节。通过预习，可以对自己将要学习的内容有初步的了解，从而有重点、有目的地去听课，极大地提高学习效率。具体操作步骤是：

（1）通览教材，初步理解教材的基本内容和思路。（2）自学时如发现与新课相联系的旧知识掌握得不好，就查阅和补习旧知识，为学习新知识打好牢固的基础。（3）在阅读新教材过程中，要注意发现自己难以掌握和理解的地方，以便在听课时特别注意。

2.学会听课，保证效率

其实学生学习成绩的差别主要在于上课是否认真去听课了。听课时应做到以下几点：

（1）听课要抬头，眼睛盯着老师的一举一动，专心致志聆听老师的每一句话。要紧紧抓住老师的思路，注意老师叙述问题的逻辑性，问题是怎样提出来的，以及分析问题和解决问题的方法步骤。（2）养成边听边思考、边总结边记忆的习惯，力争当堂消化、巩固知识。（3）养成记笔记的好习惯。最好是一边听一边记，当听与记发生矛盾时，以听为主，下课后再补上笔记。记笔记要有重点，要把老师板

恐怖高中还是快乐高中？你的高中你做主！

书的知识提纲、教学课件中的知识体系、老师补充的课外知识记录下来，供课后复习时参考。

3.综合归纳，构建体系

（1）历史知识浩瀚庞杂，可以用提纲挈领法把细碎的知识浓缩、概括、提炼成要点明确的知识点，既能有效地掌握教材，又便于记忆知识。如在学习岳麓版必修1《渐进的制度创新》一课时，可以用"一条主线"（英国资产阶级民主政治的确立、发展和完善）、"两个趋势"（国王的权力逐渐削弱，议会的权力不断增强）、"三个转移"（立法权由国王转移到议会；行政权由国王转移到内阁；民主权利由贵族转移到工业资产阶级，并下移到公民）来掌握英国君主立宪制的确立。在学习岳麓版必修2《农耕时代的手工业》一课时，可以归纳成两个"三"，即三种经营形态（官营、民营和家庭手工业）和三大主要部门（冶铸业、制瓷业、纺织业）。在学习岳麓版必修2《经济全球化的趋势》这一单元的时候可以抓住两个"体系"（世界金融体系和世界贸易体系）、两个"趋势"（经济区域集团化趋势和经济全球化趋势）来学习。

（2）用图示的方式来组织知识。如岳麓版必修1《艰难的法兰西共和之路》一课，法国政权更迭频繁，容易造成知识混乱，那么用下面的图示来表示就一目了然了：

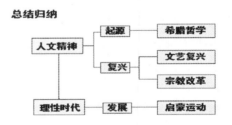

（3）用归纳法构建知识结构。每学完一课可以构建知识结构，每学完一个专题也可以构建专题知识结构。如在学习岳麓版必修2《大萧条与罗斯福新政》一课时，可根据教材的四个子目录构建如下知识结构：

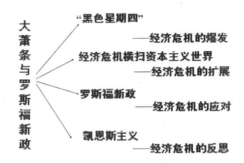

又如在学习岳麓版必修3《从人文精神之源到科学理性时代》这一单元后可以将知识结构归纳如下：

（4）以时间为序来归纳知识。如岳麓版必修3第一单元儒家思想的发展演变历程可按照时期归纳如下：春秋时期为儒学的创立时期，战国时期为儒学的发展时期，秦朝儒学遭受重创，汉代儒学取得独尊地位，魏晋南北朝时期儒学受到佛教和道教的冲击出现了危机，隋唐时期"三教合一"潮流弥漫，两宋时期儒学从佛教、道教中吸取有益内容形成理学，明清时期思想家对儒学批判继承，构建起具有时代特色的思想体系。

4. 及时复习，巩固知识

根据艾宾浩斯遗忘曲线，人们在记忆的时候，第一天记住的东西，第二天就忘了一半，第七天差不多全忘了。它提示我们学习应该做到及时复习巩固。复习的途径和方法有很多，整理课堂笔记，阅读教材，背诵重要内容，做练习，与老师、同学相互讨论某些问题，归纳知识体系，重点突破某个知识点等都是复习的形式。同时复习时争取利用好最佳记忆时间。一般认为，人的最佳记忆时间是9：00—11：00、15：00—16：00和19：00—21：00。当然，人的最佳记忆生理时间可能还有所不同。大家可以尝试着找出自己最佳的记忆时间，将会收到事半功倍的效果。复习分为三种：平时复习、阶段复习和总复习。不同的复习有不同的目的与要求。

（1）平时复习，其目的主要是巩固课堂所学的新知识，因此平时复习必须做到及时，当天学的知识一定要当天复习。整理、修改、补充课堂笔记的过程就是深化和巩固对新知识的理解、记忆的过程。对重要的知识，要经常复习，牢固掌握。而且要动笔，把认为已经看会了的知识动笔默写下来才算真正掌握了。

（2）阶段复习的主要目的是使知识条理化、结构化。对单元、章节知识的复习巩固，复习时要进行知识归类，把握重点，新旧联系，融会贯通，在阶段复习时要注意培养运用所学知识解决实际问题的能力。

（3）总复习的目的是对一个学期、一个学年所学的知识全面复习巩固，因此复习时要对照课标要求，根据复习时间制订好切实可行的复习计划，对已学的知识进行系统梳理。尤其要注

意构建三个知识体系，即每一课的知识体系、每一单元的知识体系、每一本书的知识体系。

5. 注重反思，建错题集

每次考试后不要仅仅关注分数本身，还要注意从考试中吸取经验教训，反思自己在前一阶段的学习中存在的不足。考试后的试卷讲评和试卷分析十分重要。要建立错题集，把学习过程中所出现的课堂练习、作业中的典型错题、单元检测、期中和期末考试中的错题、考试中知识空白点的错题进行整理，并按知识类型进行归类。每道错题整理时要有错因分析和正确答案的解析，这样不仅能查漏补缺，准确找到疏漏的知识点，便于及时弥补，同时还能找到错误的原因，便于对症下药，避免重复犯错，也能培养良好的学习态度和习惯，便于今后更好地学习。

6. 培养学科能力，提高应试技巧

历史学科的能力是多方面的，就高考而言，除了再认再现历史知识的能力外，还有好多方面的能力，能力的培养不是一朝一夕的事，这需要教师在课堂上渗透，更需要同学们在平时做题的过程中去感悟。在这里就三方面能力的培养做个简单的介绍：

（1）时序思维能力

历史考试一定重视时序性，考查阶段特征，这是学科特点。阶段特征的把握是历史学习的关键。如果缺少阶段特征就会对历史现象和历史事件缺少宏观的认识和高度的理解。因此，把基础的知识点纳入历史阶段里去把握，是提高历史复习效率的主要手段。现在的高中历史教材最大的弊端是时序性不明显，这就要求我们要有通史意识。如中国现代史部分过渡时期

恐怖高中还是快乐高中？你的高中你做主！

（1949—1956 年）的阶段特征和通史概览。

　　阶段特征：指从 1949 年新中国成立，到 1956 年三大改造基本完成时期。这一时期是中国共产党领导全国人民克服困难，巩固政权，恢复和发展经济时期，也是新中国由新民主主义社会向社会主义社会的过渡时期。

政治上	1949 年中国人民政治协商会议召开，中心议题是讨论新中国的成立问题。会议通过了起着临时宪法作用的《共同纲领》。1954 年一届人大召开，通过了新中国第一部社会主义类型的宪法《中华人民共和国宪法》。人民代表大会制度、中国共产党领导的多党合作和政治协商制度、民族区域自治制度确立，构成了新中国政治制度的基石。
经济上	1953 年，中共中央在过渡时期总路线中提出了逐步实现社会主义工业化的主张，同时对农业、手工业、资本主义工商业进行社会主义改造。在总路线精神的指引下，"一五"计划和三大改造同步进行，社会主义工业化起步、社会主义制度确立。
外交上	新中国确立了独立自主的和平外交方针。实行"另起炉灶""打扫干净屋子再请客""一边倒"的三大外交政策，新中国步入国际外交舞台。50 年代，和平共处五项原则的提出，标志着新中国外交政策的成熟，成为解决国与国之间问题的基本准则。1954 年新中国第一次以世界五大国之一的身份参加了日内瓦会议，1955 年的亚非会议上周恩来提出了"求同存异"的方针。
思想文化上	毛泽东思想继续发展，主要探讨中国社会主义革命和社会主义建设道路问题；新中国人民教育初步奠基。

　　（2）获取和解读信息的能力

　　一般而言，史料有不同的形式，既可以是文献资料，也可以是实物资料（如遗迹、遗物、遗址）；既可以是文字资料，也可以是音像、图片资料。其中以图表（尤其是实物图片）最为突出，历史图表包含历史地图、图片、漫画、数据、文字材料和各种数据统计表等。图表的运用可以使学生直观地感知历史，增强历史的时空感，考查学生获取、分析历史信息的能力，从而激活学生的思维。如何从史料中获取和解读信息呢？

恐怖高中还是快乐高中？你的高中你做主！

第一，要学会解读和获取"设问"信息。考生在做题时首先应当解读并获取的是题目的"设问"信息，在这个基础上再去解读并获取试题的文字资料、图表、各种数据，画面、符号等材料或"情境"信息，切莫将解读和获取"设问"与"情境"信息的顺序倒置，因为在解读"设问"之前，你对材料或"情境"的阅读是毫无目的的。

第二，要充分发掘、解读题目所给的"情境"材料，即"最大限度地获取有效信息"。

第三，要将试题的"情境"和"设问"信息与所学知识建立起正确有效的联系。

第四，在对"设问"信息进行解读时，有的可以直接用所学知识回答，有的可以将"情境"信息转化为自己的语言进行表达，还有的则要运用相关的史学观点来进行阐释，如对"启示"类的"设问"信息的回答等。

（3）准确审题和有效表述的能力

这种能力往往是复习备考中的薄弱环节，不被学生所重视。由于缺乏审题和表述能力，考生作答时往往下笔千言，离题万里，或张冠李戴，答非所问。提高审题能力要靠平时多练多想，同时取决于个人文学修养的高低和掌握学科知识的好坏。

高中要知道

美国"高考"怎么考

我国每年高考，都会冒出一些黑马。这些黑马，平时学习成绩可能一般，但由于高考那几天发挥好，一下子跃上头几名。相反，也有一些平时学习成绩很好的学生，高考那几天处于低潮，最终也只能与自己心仪的学校失之交臂。

在美国，这样的现象不大容易出现，因为美国高校非常看重学生的一项指标：GPA。GPA的全称是Grade Point Average，意思是"平均成绩点数"。GPA很清楚地表明了学生的平时成绩，这一成绩会成为学生申请学校的重要依据。一般来说，美国学生一进入高中，一轮一轮的考试就算正式开始了。每门课的考试成绩都决定着你的GPA，不长期努力是很难有好成绩的。每年录取季，美国的大学差不多都会在招生简章上明确告知学生，他们要求学生的GPA达到什么程度。通常情况下，学生的GPA是硬性标准。

除此之外，美国高校录取学生还有一个重要参考，那就是被称为"美国高考"的SAT考试，也就是学术能力和学术水平测试。但这种考试，并非像中国高考那样侧重纯知识的考查。SAT考试中，很重要的部分是小论文，从学生的文章中可以看出他的知识面、阅读能力、表达能力等素质。SAT考试每年考7次，学生可以根据自己的时间和状态来安排参加考试的时间。理论上，考生上高中就可以参加SAT考试，这次考的分数不高，下次可以再考，直到考出比较满意的成绩。

恐怖高中还是快乐高中？你的高中你做主！

【知乎体】海豚是两个半脑交替休息，每次只闭上一只眼睛，所以睡觉的时候也在游动。

善用图表，融会贯通，地理会更好

□杨林华

◀ 一、高瞻远瞩，了解地理学科特点 ▶

很多学生对地理学科特点缺乏了解，由此对地理学科产生了一些误解。

误解之一：认为地理是一门背记的学科，只需考试前突击背书即可考得高分。这点已被事实证明是行不通的。

误解之二：认为地理是一门文科学科，不少同学用学习语文、历史、政治学科的方法来学习地理，结果表明效果也是不理想的。

高中地理的学科特点主要可概括如下：

与初中地理的区别	学习侧重点	初中地理	"在什么地方""有什么样的事物""有什么特点"
		高中地理	"有什么规律""为什么""怎么办"的问题，涉及大量的记忆性的内容
	解决方法	初中地理	解决怎样科学地、高效地记忆这些地理事实材料
		高中地理	应该采用偏重理科的学习方法，强调理解重于记忆，以会用为目的，侧重于对地理原理、地理规律的理解运用。平时多做练习，重视解题思路，特别是多画图，以加深理解和巩固所学知识
主线			以人地关系为主线，几乎所有的地理问题都跟人类的生产、生活有着密切的关系
跨学科			自然地理部分主要与数学、物理、生物学科联系较多；人文地理主要与政治联系较多

恐怖高中还是快乐高中？你的高中你做主！

◣ 二、善用图表，掌握地理的第二语言 ◢

地理图表主要可分为等值线图、光照图、地理坐标图、地理结构图、地理示意图、地理

剖面图、地理景观图、地理数据表格等。对于每一类图表，要掌握其图表特征，然后明确读图要领，掌握答题技巧，在图中获取有效信息，并加以解读，从而做到图文转化，灵活运用。

1.理解三个概念：晨昏线；日界线；太阳高度。
2.找准三个点：太阳直射点；晨昏线与赤道的交点；晨昏线与某纬线的切点。
3.确定三条线：晨昏线；0时线；180°经线。
4.掌握三个规律：地球自转运动规律；地球公转运动规律；太阳直射点移动规律。
5.理顺三个关系：直射点与正午太阳高度的关系；直射点与昼夜长短的关系；直射点与时间、日期的关系。
6.进行三种计算：地方时的计算；昼夜长短及日出、日落时间的计算；正午太阳高度的计算。

光照图作为考查地理空间想象能力、地理思维能力和地理计算能力的地理图像，能较好地体现高考"能力立意"的命题思想。光照图的判读分析是文科综合能力测试的重中之重，它将经纬网图和地球运动的相关知识紧密结合，综合考查区时、地方时、北京时间、日界线等知识，以及运用于分析地球运动所形成的地理现象。命题的着眼于在于集中考查学生的空间概念、空间想象、空间思维能力、识图、读图、作图能力等。光照图的变式多、变化大、难度大，有很好的区分度，往往成为地理高考试题中的"亮点题"。

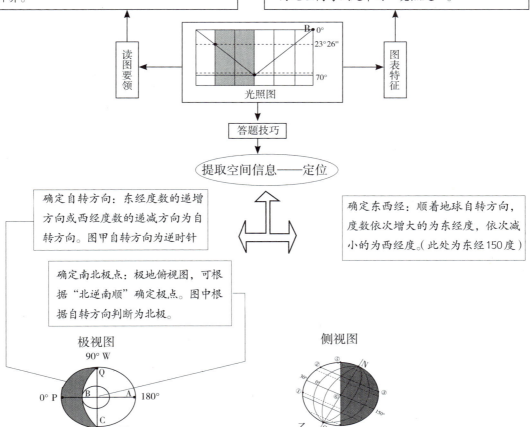

最大的孤独，是你的热情掉进周围的寂寞世界。你说什么，你唱什么，你呐喊什么，你即使自寻短见，都是你一个人。大地无动于衷。——江觉迟《酥油》

恐怖高中还是快乐高中？你的高中你做主！

太阳光照图上重要的七个时间点

太阳直射点：12时（图乙①点）

昼弧中点：12时（图甲A点，图乙①②⑤点）

夜弧中点：0点或24点（图甲P点，图乙③点）

极昼切点：0时（图甲B点，图乙④点）

极夜切点：12时（图乙⑤点）

晨赤交点：6时（图甲C点）

昏赤交点：18时（图甲Q点）

提取空间信息——定位

◄ 三、宏观把握，明确地理重点内容 ►

（1）地理基本概念

①能说明某种特点地理现象的特定概念。如太阳高度、正午太阳高度，低气压、高气压，地球的自转、公转等。

②反映某种地理事物类别的特定概念，对这类概念特别要注意概念的内涵与外延的分析。

（2）地理基本规律与基本原理：地理事物的时空分布规律及其成因分析。

（3）地理基本技能。如等值线的分析应用、各类经济图表的绘制与判读、各种地理示意图的绘制与判读、图文转换与图图转换能力等。

（4）地理内容的文字逻辑表达能力。如建立综合题答题模板规范答题。

（5）收集、整理地理资料的能力。

◄ 四、方法不同，自然、人文区别对待 ►

（一）用理科思维方式学习自然地理

①充分运用图解法，用数学的思维从三维空间的角度理解基本概念、基本规律和基本原理。例：黄赤交角的形成及其变化带来的影响。

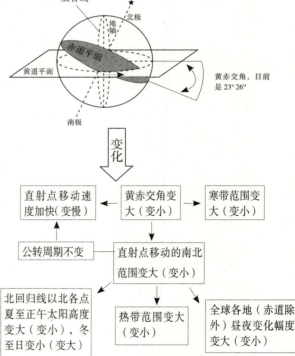

【知乎体】枇杷膏是用枇杷叶做的，而非枇杷。

②用物理中气压分布知识及图表法理解"冷热不均引起的热力环流"形成的原理和近地面高低压中心形成的过程：

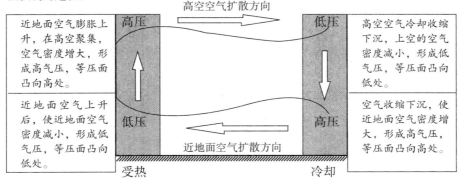

③在近地面风向形成图上，运用力的分解知识理解气旋与反气旋的近地面风向（以北半球为例）：

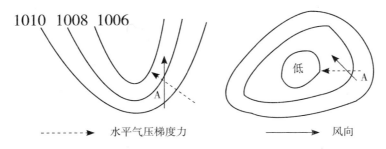

④在亚洲季风图上，运用画示意图和数学中画辅助线的思想，理解季风的风向形成：

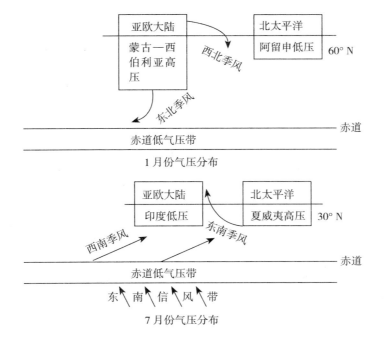

恐怖高中还是快乐高中？你的高中你做主！

此外，等值线的判读：脊、槽的判断及其暖流、寒流、冷锋、暖锋位置的判定等都要用到多学科的知识来解决地理问题。

（二）用文科思维方式学习人文地理

人文地理内容的学习与自然地理的学习有较大的差异，它所涉及的内容主要是社会生产活动，从历史的角度分析各社会生产部门是怎样发展起来的，为什么会沿着这样的轨迹发展，人类目前面临着怎样的可持续发展问题；从经济的角度多因素地分析各社会生产部门布局的合理性、科学性，这部分可能与政治课的内容有较多的联系，同学们应该把政治课上学到的知识运用到地理学习上来。

下面以《农业的区位选择》为例，谈谈怎样学习人文地理。

①怎样预习

首先要确定预习的几个主要环节。

第一，将教材浏览一遍，抓住基本概念重点理解。

本部分教材的基本概念主要有：区位、自然因素、社会经济因素三个。先看教材的经典解释，再用自己的话加以概括重述，试着延伸其外延。

如区位，教材上说"区位包括两层含义：一方面指该事物的位置；另一方面指该事物与其他事物的空间联系"。

试问自己："该事物的位置"是指什么位置？是自然地理位置，还是经济地理位置？还是兼而有之？设想，农业的发展能离开自然地理条件或是经济条件吗？显然，农作物的生长需要适合的气候、土壤、地形等自然条件，收获的农产品要实现其商品的价值必须通过市场来进行，而实现的程度（能卖多少钱）又显然受到运输条件、价格、税收政策等的影响，因此，

这里讲的位置绝不仅是经纬度位置，而应包括自然、经济因素在内的位置。于是，我们可以认为区位，实际上是指某事物的自然地理和经济地理的位置。农业有区位，工业有吗？城市有吗？学校有吗？显然都有。这就是对区位这个概念外延的拓展理解。这样，将来学习工业、交通、城市等章节时，区位这个概念就不再需要重点去学习了。

第二，抓住重点的基本原理去思考、理解。

本部分教材中需要思考的基本原理主要是：农业区位因素中哪些是自然因素、哪些是社会经济因素？哪个具体区位因素决定了农业区位选择的必要性？哪些区位因素则决定了这种区位选择的可能性？哪些区位因素是动态可变的？这种可变性是否是有条件的？对这些问题进行思考，尽可能地在教材和配套的地图册中寻找答案。然后结合前面所学知识自己提出一些问题问自己。如蔬菜基地的区位选择在交通发达的国家与交通不发达的国家是否有不同？为什么？如果这些问题中有些不能找到答案，就把问题带到课堂上去听讲。

第三，尝试做课后练习。

把在练习中遇到的难题带到课堂上去解决。这样做，似乎很费时间，但只要你坚持做一段时间，你的听课效率将惊人地提高，你的课后作业所需要的时间将比你原先预计的少得多，你的学习就会在探索中进行，学习就会变得有意思，兴趣就会越来越大，慢慢地，你将只需做预习工作而无须做复习工作，这将是你学习的最高境界。

②怎样听课

经过充分的预习，你进入课堂是带着许多困惑和问题来听课的，一节课45分钟（有的是40分钟）中，你只需要集中精力听老师讲解你所带来的问题，参与同学讨论你所困惑的问题，听课效率必然大大提高。上课做笔记，关键是

记下老师讲解基本概念、基本原理时与你预习时所思考的不一致的内容，或是你感觉没有预习到的内容；记下老师或同学提出的你认为对你有价值的内容。千万不要去抄老师黑板上的大、小等无用的信息，要知道，老师写的那些板书提纲主要目的是告诉同学我现在讲到哪里了，别无其他价值。要注意记下老师为了说明某个问题而设计的板画，这样可以帮助你理解难点和重点。

③怎样用好图表

除了按上述预习方法阅读教材外，还要特别注意阅读教材中的各种插图和配套地图册中的各种图表，因为许多地理概念、原理是用地图语言来表达的。如地图册中的《主要农作物生理活动的基本温度范围》将使我们加深自然区位因素对农业区位选择的重要性；《上海郊区农业分布与市场的关系》将加深我们对各种农业部门的区位选择的理解，这些图表既直观又具体，千万不可忽视。

主要农作物生理活动的基本温度范围（℃）

作物种类	最低气温	最适气温	最高气温
小麦	3～4.5	20～22	30～32
玉米	8～10	30～32	40～44
水稻	10～12	30～32	36～38
棉花	13～14	28	35
油菜	4～5	20～25	30～32

④怎样做练习

少做练习多思考是做练习的重要原则。有的同学学习地理热情很高，搜罗了很多练习来做，认为多做几题将来就能考得更好。其实不然，我们主张题目不在于多做，而在于多思考。即每做一道题，都想想为什么这样做？还有没有别的做法？如果题目的条件改一下，该怎样做？这就是反思。我们应逐步养成反思的良好学习习惯。

◀ 五、建立框架，构建知识体系 ▶

通过构建知识体系，明确各知识在知识体系中的地位以及不同知识之间的联系，形成知识树。如大气单元的知识体系。

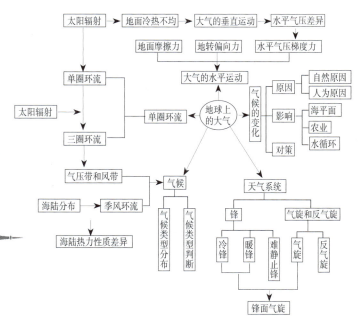

恐怖高中还是快乐高中？你的高中你做主！

◀━━ 六、规范答题，养成模板意识 ━━▶

如综合题答题模板，可以分为特征分析类、分布类、评价类、意义类、措施类、成因分析类、对比分析类等类型。对于每一类型，首先明确题型特征，然后建立答题模板，做到规范答题。如措施类综合题：

先找出造成问题的自然原因和人为原因，然后针对原因或不足，提出合理的治理措施。

解题时要注意两点：

（1）自然原因一般不易改变，主要应从改变人类不合理的活动方面寻找措施。

（2）治理措施是多方面、综合性的，一般应包括工程措施、生物措施、管理措施等。要点要尽量全面，而且要有针对性、合理性和可操作性。

基本思路 ← 答题模板 → 答题要素

题型特征 ← 措施类

常见设问词有"措施""治理方法""建设""发展方向"等，常见问题有环境问题、自然灾害的治理措施，人口、城市化问题的解决措施，区域生态环境的治理措施，区域自然资源综合开发利用及区域经济发展带来的问题的解决措施，区域可持续发展的方向等。

解决水资源短缺的措施	开源：修建水库、跨流域调水，解决水资源跨时空分布不均问题；植树造林、涵养水源；海水淡化，人工增雨 节流：节约用水，减少水资源的浪费；防止和治理水污染；加强水资源的管理
水土流失的防治措施	生物措施：植树种草等 工程措施：修筑梯田、打坝淤地等 技术措施：调整农业结构
土壤次生盐碱化的治理措施	生物措施：农田覆盖 工程措施：井排井灌、引淡淋盐等 技术措施：合理的灌溉，采取滴灌、喷灌技术
河流的治理措施	上游：治理原则是防洪，做法是植树造林、修水库 中游：原则是分洪、蓄洪，做法是修水库，修分洪、蓄洪工程 下游：治理原则是泄洪、蓄水，做法是加固大堤、清淤、开挖河道等
老工业区综合整治的措施	调整产业结构，大力发展第三产业和高新技术产业；调整工业布局；发展交通；治理环境

◀━━ 七、关注热点，理论联系实际 ━━▶

地理知识内容十分丰富，实践性强，应用性广，学习时要紧密结合、密切联系周围的事物和现象、当地和国家的经济发展、国内外的时事热点等，使自己更贴近生活实际，更为鲜活有趣。

例如，我们可以利用学过的农业区位选择的知识分析家庭农场的积极影响，如提高土地利用率（改变土地撂荒问题）、提高农业生产力水平（机械化、专业化、商品化）、增加农民收入（改善农民生活）、提高城镇化水平（有利于产业结构升级）。

还要尽可能地走进大自然、走入社会，亲身感受生活中的地理知识和现象，让从书本、课堂上学到的知识和能力在野外观察和社会活动中得到应用，培养观察分析、活学活用、理论联系实际解决具体问题的能力以及交流合作、实践创新的能力。🌱

（1）知识细化、深化。每一册课本，尤其是选修是一个独立的模块。

（2）初中，学生的知识层次主要停留在"知其然"。而高中学生的知识层次由"知其然"要逐步过渡到"知其所以然""怎样知其然"。

（3）要求的思维品质更高。思维是素质的灵魂。高中学习更强调思维能力的培养，不注意培养良好的思维能力，只是简单停留在是什么的层面，只注重记忆，则无法适应多而难的高中知识体系：

①发展形象思维能力。形象思维的特点是从客观形象出发，对客观形象进行分析、综合、判断、推理等认识的思维过程。老师布置写作文《我的弟弟》，同学可以写出一个活灵活现的顽皮的小男孩。这都是形象思维能力强的表现。

②着重培养抽象逻辑思维能力。抽象逻辑思维是指人们在认识的过程中借助于概念、判断和推理来反映现实的过程。进入高中阶段以后，人的智力发育在生理上基本成熟起来，已经从具体的形象思维过渡到以抽象的逻辑思维为主了。不论上什么课，对着课文认真思考这一课的来龙去脉和前因后果——为什么安排成这样的顺序？用的是哪种逻辑方法？能不能换一种逻辑方法？如果能换，该换成什么样？这样自我分析得多了，抽象思维能力自然就提高了。

③不断提高直觉思维能力。所谓直觉思维，就是指人们依赖感觉器官所获得的直觉形象而进行的思维。它的特点是不依赖逻辑思维推理。

④努力培养创造性思维能力。创造性思维是指人在创造前所未有的思维成果时所进行的思维活动。它又分成两种形式：扩散思维和集中思维。扩散思维，是指为达到某一确定的目标而尽可能多地设想出所有的可能性来进行讨论的思维过程。在扩散思维过程中，总是力图获得尽可能多、尽可能新、尽可能是独创的设想。当这种设想还只是一个可能性，设想是否正确还要通过验证。例如，我们在做练习的时候，往往是千方百计地试图找出各种可能的解法；集中思维是指对于由扩散思维提出的各种可能性逐一进行讨论，作出比较、评价和选择，选出其中获得解决问题的某种可能性的思维过程。它要求达到的目标是迅速地进行筛选，采用科学的方法将问题简化，作出正确的判断和决策，选取较理想、较合理的可能性，使问题得到解决。不过，扩散思维和集中思维很少是单独存在的，而是联系在一起，循环往复的。它是一个不断进行着的扩散—集中—再扩散—再集中的思维循环过程。每一次循环并不是简单的重复，而是进入更高一级的循环，从而从创造性思维向更高水平发展。

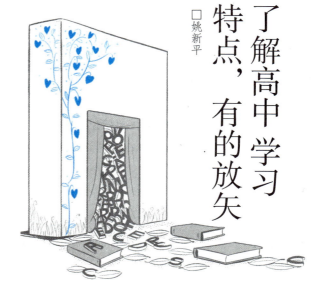

□姚新平

了解高中学习特点，有的放矢

恐怖高中还是快乐高中？你的高中你做主！

当优雅和高尚都不管用的时候，庸俗就成为一种力量；当良知和道德都萎缩的时候，无耻就成为一种时尚；当诚信和真话都戴上枷锁的时候，谎言就成为一种美德。

适应高中学习环境，提高学习质量

□ 姚新平

高中课外活动多，如科技节、艺术节、社会实践活动、各种社团、各种兴趣小组……

高中课业负担重，知识量大，知识层次深，作业量大，作业难，考试多……

高中的人际关系更复杂，相近学习水平的人更多，要求自立能力更强，竞争激烈，心理活动更频繁，身体发育迅速，带来了一些烦恼。

所以，很多同学进入高中后感到顾此失彼，应接不暇。

那么，如何适应高中的学习生活呢？

（1）摆正关系。搞清自己的主业是学习，健康的身心是保障，良好的人际关系是催化剂。

（2）快速适应新环境。要适应高中的生活方式，特别是以前从未住过校的同学。首先是适应学校的作息时间，跟上时间的步伐，以免由此带来种种烦恼和惩罚。然后是学会处理好与同班同学的人际关系，要学会理解和尊重别人。再者就是要积极主动地参与到集体活动当中（注意：上课也是集体活动），主动帮助和关心他人。同时，要多与自己的父母沟通，争取他们在学习上与生活上的最大理解和支持。

（3）要运筹好时间。运筹时间的第一要素是善于安排时间。善于就是要学会利用精力最好的时间来干最重要的事，学会安排什么时间最适合做什么事。

运筹时间的第二个要素是学会制订学习计划。有几个要点必须掌握。首先，要按照自己的实际情况来制订计划，这个计划是自己需要的也是能够完成的；其次，时间安排要明确；最后，计划要达到的目标明确、适中。有了这三项内容，至于用什么方式表达出来，并不是很重要。

时间运筹上第三个要素是保持一定的弹性。古语说："文武之道，一张一弛。"今天，无论干什么事，都应当保持时间运筹上的弹性，这样才能有效率，才能持久。

英国科学家法拉第，青年时期得了头疼病，记忆力不好。医生说是因为他用功过度，不注意休息，并诙谐地说："一个丑角进城，胜过一打医生。"医生劝法拉第出去换换脑筋。于是，法拉第便去看滑稽戏，逛动物园，看马戏表演，漫步名山大川。他渐渐地恢复了健康，能继续从事科研工作了。

也有的同学在上完数理

恐怖高中还是快乐高中？你的高中你做主！

化课之后，利用课间休息时间，掏出英语单词本，读几个单词；或者掏出一本精彩的小说看上一段，也是一种休息。这样的课间休息就保证了下一节课的听课效率。

（4）要养成良好的学习习惯——习惯决定人生！

①学习上一定要注意：先预习后上课，先复习后作业；上课专心听讲课后认真复习；定期整理听课笔记，不断提高自学能力。

②要养成专心致志的学习习惯，学习时集中注意力，就能使神经细胞"全力以赴"，使学习的内容留下明显的痕迹，就能加深记忆。

③要养成自我整理知识的习惯，这是读书人的一项基本功。整理知识可以从横向角度，也可以从纵向角度，但基本的方法都是简化。简化的过程既是将所学的知识系统化、条理化的过程，又是对所学知识进行综合、提炼的过程，可以加深对知识的理解，巩固所学知识。要在预习、听课、作业、复习、记笔记，课外学习中通过各种途径提高自己的思维力、观察力、阅读力、记忆力、想象力和创造力等。特别是每学一个知识后对自己的认知进行再认知，多问几个"为什么"，从而对所学知识了解更加深透。

④学会学习。只有做到"会"学了，才能保证学"会"。高中阶段应注重培养学习自主管理能力，包括制订计划、合理安排时间、养成良好的学习习惯等。学习能力的培养不仅仅是针对书本知识，更多地来源于生活实践的积累。所以高一新生应该不断改进学习方法，提高学习效率，锻炼自己独立思考、独立解决问题的能力，毕竟学会学习比学会知识更为重要。那么如何做到"会学"呢?

其一，会质疑。"学贵有疑，小疑则小进，大疑则大进。"无论学习哪门学科，唯有开动脑筋，提出问题，才能学得深刻，如果只是简单地模仿，就犹如"墙上芦苇，头重脚轻根底浅"。

其二，要会举一反三、触类旁通。要牢固而灵活地掌握所学，就要学会吐故纳新，消化吸收，继承传统，积极创新。

其三，要会积累。在课堂聆听的基础上学会主动地积累相关知识，整理学习笔记，使知识条理化、系统化，做到连点成线，纲举目张。

其四，要会总结。总结经验教训，及时调整改进学习方法，简而言之："善学者，得鱼而忘筌；不善学者，犹如刻舟求剑。"

高中要知道

怎样对待校本课程

□姚新平

什么是校本课程？一是使国家课程和地方课程校本化、个性化，即学校和教师通过选择、整合、补充、拓展等方式，对国家课程和地方课程进行再加工、再创造，使之更符合学生、学校和社区的特点和需要的课程；二是学校设计开发新的课程，即学校在对本校学生的需求进行科学的评估，并在充分考虑当地社区和学校课程资源的基础上，以学校和教师为主体，开发旨在发展学生特长的、多样的、可供学生选择的课程。

要明确，校本课程是国家课程的补充，不是课程的主体，不能投入太多的精力。选校本课程，要考虑自己的兴趣、爱好。

恐怖高中还是快乐高中？你的高中你做主！

养成良好课堂习惯，
享受精彩课堂生活

□王军政

恐怖高中还是快乐高中？你的高中你做主！

高中是人生的重要奠基阶段，对于形成终身学习的习惯和能力至关重要，如何在高中三年培养自己良好的学习习惯，使我们满怀激情地走向未来，充分适应信息化时代的要求，可以说是摆在我们面前的艰巨任务。

那么，我们应该怎样培养良好的学习习惯呢？我们可以从培养自己的常规学习习惯做起，其最基本的有以下三点：

1. 培养课前预习的习惯

预习是在老师讲课前，先浏览一遍讲课内容，将认为是重点的内容画出来，将看不懂的内容标出来，将产生的问题记下来，使下一步听讲更加有的放矢。

预习新的学习内容，可以试着读三遍以上：第一遍是泛读，了解所学内容的大意；第二遍是精读，要试着自己确定所学内容的中心和核心；第三遍是熟读，要按照《课程标准》的要求，找出自己确定的中心和核心与课程标准之间的差距，确立疑难点，提出有价值的问题。

通过几周的坚持，我们基本能掌握这种预习方法。这种方法有利于培养我们善于思考问题的习惯，最终提高我们的思维水平和实际能力。实践证明，有预习习惯的同学成绩明显高于没有预习习惯的同学。

2. 培养良好的听讲习惯

我们的学习过程，实际上是解决已知与未知之间的矛盾——通过学习把未知转化为已知，然后又有新的未知出现，我们再来完成新的转化。课堂上，在老师的指导下，由未知转化为已知的过程应该是很顺利的。但是，总有些同学在课堂上不认真听讲，白白浪费40分钟，而在课下花时间去完成上述转化，但此时已没有老师的指导，即使花双倍或更多的时间，也很难有好的效果，这就是常说的事倍功半。可见，"听讲"这一步是极为关键的！那么，听讲时听什么？怎么听呢？

有好多同学课堂上貌似认真听讲，笔记记得很好，但是，一节课下来，问问他们都掌握了什么，却说不清楚，原来他们并不知道听"什么"，而只顾跟着老师记笔记了。那么，怎样才能收到好的听课效果呢？根据多数人的经验，课堂上要做到"三听"，即听思路、听联系、听重（难）点。

第一是听思路。要注意听老师是怎样引出新课题、怎样把新课题展开、怎样讲解、怎样归纳小结的，也就是要明确老师的思路，因为该思路正是我们掌握知识的过程。

第二是听联系。老师讲课时，一定会联系许多学过的旧知识，使旧知识成为学习新知识的基础，上课时注意听这种联系，不但能复习巩固旧知识，而且对学习新知识也有促进作用。同时老师讲课时，还会联系生活、生产实际，这些联系不但能使我们加深对知识的理解，而且能使我们运用所学知识去解释或解决实际问题，因此上课时也要注意听好这些联系，这就是我们常说的理论联系实际的主要内容。

第三是听重（难）点。每节课都有重（难）点。（1）对于重点知识，老师会反复强调，从不同的角度去讲解，还会围绕重点提出一些问题，以便让同学们理解和掌握。（2）在每节课上，老师都会对本节课的讲课内容加以归纳总结，而归纳总结的内容都是本节课的重点。这就需要我们在听讲时加以注意。对于难点知识，老师也一定会想各种办法来化难为易，作为学生一定要抓住机会力

争当堂突破难点，若当堂课没弄明白，也要课下及时找老师解决，避免让这些难点成为以后学习的拦路虎。

那我们应该怎么听呢？第一，前面提到的预习步骤要认真落实，使听讲真正有的放矢。第二，听讲时要开动思维机器，围绕上面提到的"三听"来思考问题，在头脑中多问几个为什么。第三，记好听课笔记。要做到"三记三不记"，即"重点问题、疑难之处、书上没有的"要记；"次要问题、易懂之点、书上有的"则不记。

3. 培养课后复习的习惯

我们每个人都有遗忘的经历，它会伴随我们一生。然而，遗忘是学习的天敌，如何和遗忘作斗争呢？最基本的答案就是复习。可是，如何复习才能更有效，且不浪费精力，这就要科学地遵循遗忘规律。

根据遗忘曲线，复习时我们要做到以下几点：①当堂课结束时对所学内容的要点回顾、总结（因为60分钟时能遗忘所记内容的55%）；②学习一天后进行第一次复习；③学习三天后进行第二次复习；④学习一周后巩固一次；⑤学习一个月后再巩

固一次。这样复习可以时常保持刚学时的记忆效果。

学习过的知识及时安排复习，只需要花较少的时间，就可以防止遗忘。只要我们养成这种习惯，就可以收到事半功倍的效果，不要等到知识遗忘得差不多了，到了需要重新学习的地步才去复习，那样需要花费更多的时间和精力，效果也不佳。

好多同学不愿复习，感觉复习旧知识使人感到枯燥，好像是在咀嚼已经吃过的馒头，没有味道。其实不然，复习就是"温故而知新"，"温故"是形式，"知新"才是最终目的，要在追溯陈旧中发掘新意。当然，达到"知新"不能依靠机械地复习，简单地记忆，每次复习应有不同的角度、不同的重点，这样每次复习才有不同的感觉和体会，才会获得更深的认识，知识的学习就是在这种不断的重复中得到升华的。

俗话说："好习惯终身受益。"良好的学习习惯一旦养成，不仅能提高我们的学习成绩和素质，而且对我们今后的继续教育和工作生活都将产生重要而深远的影响。相信只要我们能养成良好的学习习惯，一定会有令人意想不到的收获。

恐怖高中还是快乐高中？你的高中你做主！

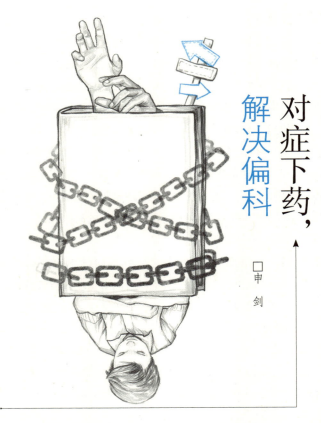

对症下药，解决偏科

□ 申 剑

偏科是我们学习中的常见现象，很多同学都为之困惑。就连学习成绩很好的同学也存在一定程度的偏科，只是大家没有发觉而已。

一条项链，最脆弱的一环决定其强度；一只木桶，最短的一块决定其容量。同样，学习上的弱科往往决定着整体成绩。对此，我们不能不加以注意，以免因偏科危害降低自己的竞争力。

对偏科这个问题，中国科学院心理研究所的教学改革专家王兴华早有研究。他说："大脑两半球的功能各有不同，左半球发达的人表达能力强、辨认词汇和逻辑推理分析能力好。一般女孩左半球较发达。而大脑右半球发达的人，非语言能力强，思维灵活，想象、联想、抽象概括能力强。一般男孩子在此方面强于女孩。"

由此可见，从先天条件来说，偏科就是一个不可避免的现象。另外，由于大脑功能不同，后天环境不同，许多同学入学后会对不同学科产生兴趣，这也会导致偏科。总的来说，偏科可以分为三种，分别是因为性别造成的偏科、外界环境造成的偏科以及由于自身学习方法不当造成的偏科。我们应该首先分析一下自己属于其中的哪种，然后有针对性地解决它们：

一、因为性别造成的偏科

有些同学可能天生对某些科目比较感兴趣，从而形成偏科。比较常见的是，大部分的男同学会对数学、物理、化学等理科类学科比较感兴趣，而语文、英语、地理、历史等文科类学科就相对较差。而女同学则正好相反，她们往往对语文、英语、地理、历史等文科类学科比较感兴趣，而数学、物理、化学等理科类学科相对较差。

当你对某一学科产生厌恶的心理时，自然会出现恶性循环，你不喜欢某学科，就不会去努力学习，成绩就不好，成绩不好就会使学习欲望消退，甚至放弃。学习不能凭好恶，更不能因对老师的偏见而产生对学科的偏见，这样做是幼稚、糊涂，也是极为错误的。每一学科的学习都有其内在的规律，把握了规律，学起来就会得心应手。如果重视不感兴趣的弱科，对其不抱任何偏见，以"肯学则能学会"的精神致力于这个学科，当你认真尝试后有所成绩时，就会被这种学科所吸引，从而达到消除偏科的目的。

二、外界环境造成的偏科

某些同学可能会因为老师的某些语言或者某些行为而对老师产生不满，无法激发学习兴趣，从而不愿意投入足够的精力在这门课程上，进而导致偏科的发生。

如果是因为对任课老师的一些行为有看法而造成偏科，你就要及时告诉班主任或家长，通过他们与任课老师进行沟通，及时消除和任课老师之间的隔阂，排除不利于学习的因素。但外界环境的影响不只是指任课老师带来的影响，

有时偏重某一科的爸爸妈妈、某一阶段特别重视某一科的学校领导、社会风向等，都可能会造成你的偏科。面对这些情况，你首先要找到根本原因，然后纠正被外界环境误导的思想，坚定把所有学科都努力学好的决心。只有排除了外界的纷纷扰扰，净化自己的心灵，你才可能学好各科知识。

三、由于自身学习方法不当造成的偏科

由于各门学科之间在学习方法上存在一定的差异，而许多同学由于缺乏老师和家长的指导，往往不知道如何制订有效的、有针对性的学习计划，从而造成时间管理混乱，综合

运用能力不足，最终导致偏科。如果是这种情况，你就必须制定目标，夯实基础。

弱科往往弱在基础。因而补弱的过程，实际上就是夯实基础的过程。学科的弱是弱在哪一册、哪一章、哪一节或哪一段，弱在哪些知识点，必须明白。明白之后，花气力去补。心理学家研究表明：当人们的行动有了明确的目标，并能把行动与目标不断地加以对照，进而清楚地知道自己的行进速度与目标之间的距离时，人们行动的动机就会得到维持和加强，就会自觉地克服一切困难，努力达到目标。纠正偏科需要一个过程，要持之以恒，坚持不懈，不能一蹴而就。

高中要知道

欧美高校录取重什么

包括考试分数在内，英美学校更看重的其实是学生的综合素质。比如，你曾经在学校参加或组织过什么活动，你有什么兴趣或特长等。甚至你在学校活动中扮演的角色都决定着你申请学校能否成功。另外，入学前的面试也非常重要。一个学生如果各科成绩都很棒，但面试老师发现你有致命缺陷，你一样拿不到录取通知书。

值得一提的是，英美的高考面试，孩子们基本都是自己去面对，往往没有家长陪同。由于很多学生都申请了几所学校，而且此前的成绩基本符合所申请学校的要求，所以基本没有太大压力，有的学生干脆把高考面试当作一次重要旅行，趁此机会游历博物馆、听音乐会以及参加辩论会。所以，英美高考看起来更像是一次高中生大旅行。

恐怖高中还是快乐高中？你的高中你做主！

怎样选教辅书
□姚新平

首先，教辅，是教学辅助，而非主体，绝对不能把自己的学习寄望于教辅。教辅有两个功能，一是讲解知识难点，二是补充习题的数量和种类。

有的同学在入学前会逛书店，买很多教辅书，正式上课后这些书却一直闲着，浪费了时间和金钱。

一般开学后，为了方便留作业，一个年级会用统一的教辅书，自己选的教辅书可能跟统一用的不一样。所以会搁置起来，造成浪费。学校统一用的教辅书偏重习题，自己要买的话就选偏重讲解性质的。

现在，市场上的教辅书品牌众多，良莠不齐，差的教辅会把简单问题复杂化，越看越糊涂。所以，选书要慎重，可以多问一问学哥、学姐，或者老师。不要被华丽的封面、夸张的宣传、繁复的体例等所迷惑。

再次强调，课堂是我们学习的主渠道，课上学不好，再好的教辅书也不行！

高中要知道

多请任课老师诊断自己的学习

有的同学成绩差了后，怕老师批评，不敢找老师，找不到解决办法，结果自己陷入苦恼。正确的解决方法是多找老师诊断自己的学习。因为老师的教学经验相对丰富，他们通过你的作业、考试、课堂能够知道你的不足在哪里，并且会提一些好的建议，针对性较强，用起来效果较好。

平时有问题也要多问老师，绝大多数老师不会因为你问问题而批评你。即使个别老师说"这么简单的问题还要问"之类的话，但不必放在心上。老师往往不会就问题而回答问题，他们会帮你找出学习中的问题。这样的话，问一个问题，解决一片问题，何乐而不为呢？

有的同学比较胆小、羞怯，不敢跟老师交流，其实只要你迈出了第一步，以后就不会有障碍了。有的同学高中三年没有跟任课老师交流过，这本身就是失败的。

怎样对待学科竞赛
□姚新平

取得国际中学生奥林匹克竞赛金牌，获得顶尖大学的青睐，是很光荣的事，这确实激发了一些学生的热情。但从国家层面来看，对这类竞赛有限制的趋势，并对竞赛的种类和次数都出台了严格的规定。高考加分越来越少，希望通过竞赛而升入理想大学的机会在逐渐变小。

一般来说，有实力取得良好竞赛成绩的同学比例很小。一些竞赛成绩好的学校几乎都是本省最好的中学，有专门的老师指导，专门用于竞赛学习花费的时间较长，这样才能取得好成绩。所以，我们必须认清自己的学习实力，看在完成正常的学业后，是否有时间进行竞赛学习，是否有能力学习竞赛知识。不要盲目进入学科竞赛这个区域。

别在喜悦时许下承诺，别在忧伤时做出回答，别在愤怒时做出决定。

学习焦虑产生的主要因素

1. 生理、心理因素。学习焦虑的产生有一定的遗传性，但更多的还是来自后天因素。一个人人格的形成内容与水平、身体发展状况、非智力因素的发展水平等，对学习焦虑的产生都有影响。不健康的人体质虚弱、疾病缠身，易导致情绪波动，产生焦虑；而意志薄弱的人，害怕困难与挫折，也容易产生焦虑……

怎样对待
学习焦虑

□ 姚新平

2. 已有的经验。一个人经过几年、几十年的学习后，往往积累很多这样或那样的经验，当他的经验不足或有过失败的体验时，就容易产生较强的焦虑。

3. 家庭、学校、社会的影响。美国心理学家杜威说过："家庭中正常关系的失调，是以后产生精神和情绪上各种病态的土壤。"家长对学生要求过高、过严或不适当的奖惩，都会增强学习焦虑。

此外，学校教育缺乏全面发展的宽松和谐的气氛，片面追求升学率，也是产生学习焦虑的温床；社会经济的发展，新闻媒介的作用，影视文化的熏陶，也对学习焦虑的产生有一定的影响……

如何扼制学习焦虑

扼制学习焦虑的万能法则就是：看清焦虑、分析焦虑、采取行动。

1. 看清焦虑。混乱是产生焦虑的主要原因。如果一个人以一种很超然、很客观的态度去寻找事实的话，他的焦虑会在知识的光芒下消失得无影无踪。换句话说，你必须承认自己面临的问题，认清自己正处于焦虑的状态之中。这是第一步。如果你的焦虑程度严重，情绪十分激动，那么不妨采取下面两种做法：一是搜集自己为学习而焦虑的各种事实，假设不是在为自己做这件事情，而是为了一位朋友，这样可以使自己冷静下来；二是在自己搜集这些事实时，可以假设自己是位律师，尽可能搜集有利与不利两方面的事实，这样你就会发现在两个极端中间的真理。

2. 分析焦虑。在看清了自己的焦虑以及焦虑的表现以后，你应该分析一下焦虑是怎样产生的。常使你焦虑的可能是下面的这些原因：不能接受或不愿接受一些不能改变的情况。如上次考试的成绩很差或自己在班里的名次落后等；你正追求着一个目标，可又害怕这个目标

恐怖高中还是快乐高中？你的高中你做主！

不能实现；盼望着一件快乐事情的到来，但又害怕会发生另一件事来破坏这快乐，等等。

3. 采取行动。看清焦虑、分析焦虑之后，你就该采取行动，把焦虑撵出你的思想。（1）让自己快乐起来。萧伯纳曾说过："悲哀的秘诀，在于有余暇来烦恼你的快乐。"把你的学习生活安排得尽量充实严谨，目标一旦确定，就一头扎进去，享受紧张、体验充实、欣喜与收获，唯独不给焦虑留出时间；相反，当你在昨天的焦虑中回味，咀嚼着今天的焦虑，躺在床上担心明天的时候，不仅不会有一点儿进步、一丝收获，还会因此增加焦虑。当然，也有一些时候，焦虑是疲劳过度引起的，那么，适当安排休息就是一个消除它的妙方。在紧张的学习之前，你应该解开衣扣，找个角落休息一下，如能睡上一小觉，则效果更佳。体育锻炼、欣赏音乐都可以使紧张的情绪得以放松。（2）不要让小事使你垂头

丧气。有时，我们的学习焦虑也许来自一些微不足道的事，可你却把它看得比天还大。几年、几个月、几天甚至只有几个小时过去之后，你可能会突然发现自己许多次的焦虑只是为了这样一件琐碎的小事儿。这时，你不禁哑然失笑，豁然开朗，原来我们如此荒谬可笑！海伦·凯勒的老师安妮·莎莉文说过："人们往往不了解即使取得了微不足道的成功，也已经迈过了许许多多蹒跚艰难的脚步。"一句话，即使最小的成功，也会伴随着许多挫折和困难。如果为了这些小挫折而焦虑垂头，那你的头将永远抬不起来！所以说，千万不要为小事而垂头丧气，它将阻碍你前进的步伐。（3）适应不可避免的事实。贝多芬是位天才音乐家，可是他的耳朵聋了；弥尔顿是位诗人，眼睛却失明了；柴可夫斯基创作出不朽的乐曲，可他那悲剧性的婚姻几乎把他逼上绝路……人的一生中，很难预料到会发生什么事情，你在学习中也会遇到诸多的不如意，这就需要你首先能分析出还有什么可担忧害怕的；其次接受最坏的事实。既然已经接受了最坏的事实，那么怎么做都比现在强；最后，要想办法改善。心理学家阿弗瑞德·安德尔曾指出人类最奇妙的特征之一就是"把负变为正的力量"。这就像"两个人从监狱的铁栏里向外望，一个看见的是烂泥，另一个看到的是满天的星星"。你也应该看到满天闪烁的星星，然后信心十足地去寻找光明，成功最终将属于你。其实，造成好或坏，悲惨或快乐、富有或贫穷的，在很大程度上是你的思想。约翰·卢波克爵士说："每个人都有这样的感觉——一位快活的朋友，就好似阳光普照的一天，把光亮流泻在周遭的一切之上；而我们大多数的人，也能依着自己的选择，把这个世界变成皇宫或地狱。"

恐怖高中还是快乐高中？你的高中你做主！

正确对待**班风**

□姚新平

一个班的学风、班风很重要。班级总体成绩的取得离不开好的班风。

首先，作为班级的一员，要努力维护班集体，为班级争光。一个班级，不可能有惊天动地的大事儿，把每个细节做好就能成就一个好班级。你认真听讲了吗？认真做班里卫生了吗？严格遵守纪律了吗？

在一所学校，同一个年级的平行班总会有差别，有的班班风正，学习氛围浓，积极向上；有的班纪律涣散，学习不积极，负面的东西多。原因是多方面的，但作为班级的核心，班主任应承担第一责任。作为老师，都有使自己的班成为先进班的愿望，但有些老师刚毕业，经验不足，或是家庭压力大，难免对班级的投入不足；或者班里"问题生"较多，管理难度大。当然，也不排除个别老师不负责任，管理不到位。

如果不幸在这样的一个班级，应该怎么办？如果你是一个能力很强的学生，你就要站出来，跟班主任一起治理班级；如果感到自己没有那么强的能力，还是要想清楚：我还要升学，我还要前途，我瞎闹不起。不

管别人怎样，我要好好学习，为班级贡献自己的力量。绝对不能跟一些有行为缺陷的同学"同流合污"。人跟人的背景不同，出路也不一样，不能跟着别人瞎闹。

常常有些同学，由于学习基础很差，便想放弃学习，"无事生非"。他们这样做的一个很重要的前提是老师"不喜欢"。的确，现在，尽管国家、社会倡导素质教育，但应试是一个不可回避的沉重话题。对老师来说，来自学校的压力也很大。如果你的学习成绩不理想，在学习习惯上存在问题，很可能老师会批评你，个别同学会因此记恨老师，从而做出一些逆反的行为，而这样会导致老师的再批评，形成恶性循环。最后，老师也懒得管了，这样的可能是存在的。如果你的学习基础较差，那只能代表学习，而不是人生的全部。你可以在其他方面做好一些，弥补自己的不足。可以为班级服务，遵守纪律，团结同学，在老师和同学中留下"好人缘"，那么你也是成功的。情商在将来更重要。但如果用反了，"破罐子破摔"，必然会对你的一生产生很坏的影响。❀

恐怖高中还是快乐高中？你的高中你做主！

恐怖高中还是快乐高中？你的高中你做主！

家教什么时候请

□姚新平

首先，我们必须明确，绝不能把自己的学习寄望于家教！

有的同学到了高三，拼命请家教，花费巨大不说，效果较差，补了很长时间，分数也没提上来，甚至下降。

为什么会出现这种情况呢？首先，学习不是一朝一夕的事情，高中学习也不只是高三的事儿，高一、高二基础打不好，高三补课也是瞎胡闹。

在高一、高二，建议学期期中、期末找有经验的老师对你的相关学科（主要学科或学得差的学科）进行诊断、指导。一起弄明白差在什么地方，为什么差，应该怎么办。给你指明一些方向性的东西，然后靠自己改变学习态度、学习方法、学习习惯等。

到了高三，学习时间就更紧了，各科都有大量的作业，大量需要复习系统的知识，不管学校老师的学习安排，用较多的时间去请家教，跟学校复习不同步，最后会导致自己心理压力更大，在所补的内容上可能有所收获，但在其他学习内容上又会产生差距。丢三落四、顾此失彼、七上八下，效果往往不会太好。

如果要补课，首先要清楚补哪科，差在什么地方，需要老师指导哪块知识或方法。提前跟老师沟通好，让老师根据你的情况有所准备。然后带着问题去听老师的辅导。至于几十人在一块长时间上大课是不可取的。补课时间不能超过全部学习时间的1/10，否则会跟不上教学进度，顾此失彼。

现在，社会上各种课外学习班很多，有同步的学习班、高三专场班、名师班等。家长出于不同的想法，可能会给孩子报了很多课外辅导班。有的家长看到别人的孩子上了课外班，自己的孩子也要上，不能落下；有的家长怕周末孩子一个人贪玩而报课外班。

从学习上看，周末或假期是学习调整期。在这段时间该干什么值得考虑。首先，不能在这段时间再过度强调学习，要多进行一些身体锻炼，发展一些文学、音乐、运动等爱好。但也不能把学习落下。要完成假期作业，然后有选择地强化一些知识，如差科，较难、较重要知识的深化，知识的条理与系统，解题技巧的熟练等。总之，要补差、突出重点。

所以，不能盲目参加一些假期补课班。首先，要知道自己在学习上要提高什么。其次，要听补课班的口碑，要试听，看是否是自己想要的。千万不要盲目报很多课外班。

怎样对待周末或假期的课外班

□姚新平

生活不是林黛玉，不会因为忧伤而风情万种。

"老土"女孩儿塞布丽娜

□刘雨桐

她是个与流行不沾边的人，她不用智能手机，对社交网络从不"感冒"，任你推特、脸书再怎么风靡，人家就是不上心……用现在的话说，她就是个与社会脱节的"老土"。

她就是美国女孩儿塞布丽娜。

塞布丽娜1994年出生在美国芝加哥，她的父亲是一名律师，也是一名狂热的飞行爱好者。受到爸爸的影响，塞布丽娜从4岁开始就对飞行产生了浓厚的兴趣，梦想成为一名飞行员。对于她的梦想，父母给予了呵护和支持。9岁时，父母就把塞布丽娜送到加拿大学习飞行，并掌握了娴熟的飞行技术。

学会了飞行的塞布丽娜并没有因此满足，她的心里又产生了自己造飞机的想法。有一天晚餐的时候她对父母说："我要造出一架飞机，然后亲自驾驶它翱翔在蓝天。"这个异想天开的想法差点惊掉了父母的下巴。妈妈对她说："开飞机和造飞机是两回事，不是你想的那样简单，你才12岁，还是好好读书，等长大了再考虑吧。"塞布丽娜却坚定地说：

"我一定要自己造出一架飞机。"然后转过脸对爸爸说："爸爸，你可以帮我吗？"看着女儿执着的样子，父母最终选择支持女儿的梦想。

造飞机可不是制作玩具，对于一个12岁的孩子来说困难程度可想而知，但塞布丽娜毫不气馁。她有条不紊地开始做着各种准备工作，向爸爸和老师请教空气动力学原理，在专业网站与发烧友交流，各种复杂的公式数据记满了本子，逐渐弄通了飞机制造各个环节的原理。然后，她开始进入实际制造阶段，爸爸帮忙给她买来了制作飞机的原材料，塞布丽娜每天一放学就钻进父亲的车库，那里成了她制造飞机的"车间"。从12岁到14岁的两年间，除了上学，塞布丽娜没有像同龄人那样玩乐，而是一门心思捣鼓自己的飞机。功夫不负有心人，经过无数次的失败与改进，在她14岁那年，塞布丽娜终于制造出了属于自己的飞机，并亲自驾驶着这架飞机，在密歇根湖上空的蓝天白云间翱翔。

研发飞机的成功让塞布丽娜信心倍增。14岁的她开

始申请上大学，并且信心满满地只申报了哈佛大学和麻省理工学院两所名校。当麻省理工学院的主考教授看到她制造飞机的视频时，惊叹这个小姑娘的潜能简直就要爆表了，她顺利地被学校录取，成为该校年龄最小的学生。

在麻省理工学院修完学业后，塞布丽娜又以5分的最高分被哈佛大学录取为博士研究生，专门从事黑洞、时空本质和量子引力的研究，她的飞行梦向宇宙延伸，造飞机向造飞船跨越。在哈佛研读期间，"宇宙之王"霍金新发表的关于黑洞的论文引用了她的研究成果，甚至连美国国家航空航天局也向她伸出了橄榄枝，许多媒体因此称塞布丽娜为"下一个爱因斯坦"。

塞布丽娜，一个"老土"的女孩儿，用自己的努力与执着成为一个"奢华"的传说。她的成功说明：在纷扰熙攘的花花世界面前，保持足够的定力，朝着自己的方向锲而不舍地努力，传说也可以成为现实。

恐怖高中还是快乐高中？你的高中你做主！

七个有科学根据的学习秘密

□ 依 明

自制力高，学习成就高

心理学中有个经典的"棉花糖实验"：告诉孩子先不要吃桌上的棉花糖，若能等待研究人员回来，就可获得额外的酬赏。10年后追踪这群受试孩子的SAT（美国大学入学测验）成绩发现，在幼时能忍耐、等待较久的孩子，SAT成绩较高。当然，自制力是可以锻炼的。

情绪好才学得好

研究显示，接受过情绪教育的孩子学习表现较佳。美国有关部门所做的大型研究发现，曾经修习"社会与情绪学习"课程的学生，在学习成绩测验表现上，比未修习的学生高出至少10%。

环境压力影响学习

美国儿科医生娜汀·哈里斯针对自己诊所内700多名病人研究发现，儿时逆境或创伤经验与学习成就表现紧密相关，儿时逆境经验多的孩子，行为问题较高。另一项康奈尔大学的研究也发现，贫困家庭孩子在一项学习能力的实验中，表现不如中产阶级家庭的孩子，因为他们面对的环境压力较大。从压力生理学解释，在压力环境下成长，孩子难专心、坐不住、不容易摆脱失望情绪，会直接影响他们在校学习表现。

打破刻板印象有助突破成绩

研究发现，在应试前若被提醒某项和学习表现有关的刻板印象，表现会有很大不同。若被提醒的不巧是负面的刻板印象，会损害应试表现。例如刻板印象中女生数理能力比男生弱，在考数学前，让考生勾选性别，就已构成暗示。反之，正面的提示则可以促进表现。

考前家长不妨挑一种有助孩子正向学习的刻板印象，例如"双子座语言能力强、处女座很细心"等，适时从旁提醒他们，有助于激发学习表现。

间隔学习更容易学会

不少人在考前抱佛脚，连续熬夜苦读，不过，脑科学研究中证明，间隔学习或复习，比长时间连续学习要更有效。在两次学习或复习之间，安排一些时间空当，让大脑可以处理这些资讯，那么脑袋保留各种资讯的时间都将会拉长。

简答题比复选题更有助记忆

虽然大多数人都痛恨考试，但考试的确能帮助记忆。研究发现，考简答题，会比选择题更有助于留下记忆。考前复习时，可以以简答题作为复习的重点形式。

改变姿势两分钟消除紧张

面对压力，许多人紧张、害怕。科学家发现，身体姿势可改变心理状态。哈佛商学院教授曾做实验，只要做出充满自信的"强势姿势"两分钟，受试者的肾上腺皮质醇（紧张时分泌）会比刚开始受试时下降25%；若做出自卑、畏缩的姿势，皮质醇则会上升15%。若我们一直"假装"下去，有一天我们的自信心说不定真会爆棚。

恐怖高中还是快乐高中？你的高中你做主！

打开心灵之窗

培养积极向上的健康心理

　　高中阶段是一个人成长的重要阶段，也是一个人心理健康发展的关键时期。但调查显示，越来越多的同学在高中阶段会面临各种各样的心理问题，如考试焦虑症、学校恐惧症、考试失败走向极端等。这其中的成因是复杂的，必须引起同学们的重视。

　　比如，来自家庭、学校的无形压力往往使很多同学喘不过气来，父母的关爱和老师的教诲，在对其形成动力的同时，也形成无形的压力。不少同学也想力争上游，成为父母的骄傲，受到老师的表扬，但看到自己与别人的差距，难免缺乏信心，甚至有问题也不敢问老师，怕被同学笑话、被老师轻视。这样的问题在同学们中间其实并不鲜见。

　　一位名人曾这样说道：这世界除了心理上的失败，实际上并不存在什么失败，只要不是一败涂地，你一定会取得胜利的。的确是这样，一个拥有积极的、乐观的、向上的心态的人比拥有悲观的、消极的、失意的心态的人更容易成功。因此，高中阶段，如果我们想取得好成绩，就有必要培养积极向上的健康心理。

恐怖高中还是快乐高中？你的高中你做主！

□戈 文

树立积极心态，切勿落入厌学陷阱

读高中，参加高考，上大学，多年来是许多高中生的梦想。但环顾四周，如今有许多同学萎靡不振，读不进书，甚至想放弃学业。对此，很多老师也十分犯难，不知道该以何种方式来重新唤起某些同学继续求学的决心。不难看出，"厌学"已成了制约教育工作的瓶颈之一。

少数成绩不理想的学生很容易产生厌学现象。高中阶段一是知识比较难，二是学科多，课程紧，一部分同学由于跟不上学习进度，成绩比较差，加上竞争压力比较大，老师对成绩不理想的学生关心不够，使

成绩不理想的同学对学习很不感兴趣，厌学情绪比较大。他们觉得升学无望，认为不如直接出去打工，或者直接在社会上混更有前途。这导致少数成绩差的同学提前结束了高中生活。

此外，高昂的学费也导致很多农村学生和城市贫困生选择了辍学。事实上，在一些家庭环境比较差的孩子看来，参不参加高考，结果都一样，因为即便自己考上了大学，也会因为高昂的学费而寸步难行。既然无论如何都上不了大学，还不如现在就终止学业。

大学就业形势严峻，大学生找工作比较困难，导致学生和家长中间流行"读书无用论"，这也是很多同学厌学的主要原因之一。当前大学生就业形势确实非常严峻，一些家长和同学自认为即使考上了大学，毕业后也找不到工作。既然大学毕业和高中毕业一样，何必花费那么高的成本上大学？

实际上，不管是哪种情况，何种原因，其背后的实质都是"读书无用论"。如果学生认为读书有用的话，即使经过一次高考上不了大学，也可以通过复读来继续谋求；如果学生认为读大学有用，毕业后能找到好工作的话，家庭条件不好的父母也会借钱让孩子上大学，这在以前是比较多见的，现在这种现象少了……

大学传承着人类的精神财富，每一所大学都有它自己的文化积淀，形成了各自的人文精神。今天，整个社会更趋向于用金钱来衡量价值，对于相当多的学生来说，上大学已成为其获取成功的必要手段。

上所好大学，学个好专业，更多的是为了以后能找到好工作，获得社会公认的成功——名或利。这种想法无可厚非，但并不完全正确。上大

【知乎体】扇贝长有几十颗眼睛，通常呈蓝色。

学到底是为什么？也许，上大学确实不能保证以后找份好工作，上大学也确实不是唯一的出路，但是，几年的积累将丰盈一个人的思想，让精神更加丰厚，让人生更加多彩。这在某种意义上才是大学教育的意义所在。

与其说大学教育教给学生的是具体专业的学科知识，不如说是一种可以受益终身的技能。在大学里，学到更多的是批判性的阅读能力、必要的写作能力、独立思考的能力以及终身学习的意识。这些能力会在以后的工作和生活中帮助你更好地成就自我，然后让自身价值在社会中得到延续和发挥，这才是我们的最终眼界。

在大学生就业难的背景下，上大学被视为浪费金钱、浪费青春，其实也是高度物质化的社会现实的折射。对此我们应该有所警惕。

大学存在的价值不只是为企业输送人才，更要为社会输送公民——研究学问、增长知识，这本身就是目的，而不只是手段。并非什么东西都可以货币化，上大学的"赚钱效应"被强调得太多，必然背离大学教育的初衷。

十八九岁的时候，胡适身上还看不出任何高出他人的优秀品质。反而，他在上海读书时，还曾是一位生活颓废的不良青年。1915 年 9 月，胡适去了哥伦比亚大学，可以说正是这所大学成就了他的人生。哥伦比亚大学是美国最古老的五所大学之一。它为中国培养出的知名人物包括：人口学家马寅初；教育家陶行知；散文家梁实秋、徐志摩；哲学家金岳霖、冯友兰；社会活动家闻一多、潘光旦、吴文藻；外交家顾维钧、蒋廷黻等。

胡适在这里很快改变了自己，因为他在这里遇到了自己最好的老师——著名哲学家杜威。当年，实用主义哲学的鼻祖杜威，在崇尚自由主义思潮的哥伦比亚大学对校风有着极大的影响，也就影响了一代学者。注重实证、严谨的学风从某种程度上改变了胡适的性格，而实用主义哲学则成了胡适生活和思想的一个向导，成了他的哲学基础。大学之大，正在于你有机会在这里接触大师，接受更好的思想熏陶。

虽然常常有人用没有读书也能成功的例子来说事儿，但毕竟没有读书达至成功的现象，过去是，现在是，未来也将是个案。其于个人而言，除了励志，毫无价值。一个受过良好教育的普通人，在相对稳定的社会中，获得相对的成功，仍是一个大概率事件。相比之下，没有受过良好教育的人获得成功，只可遇而不可求。若你因为"读书无用"这么一个不合理的理由而厌恶学业，将十几年的努力弃如敝屣的话，你看似得到的也不少，其实你失去的可能更多。🎤

恐怖高中还是快乐高中？你的高中你做主！

恐怖高中还是快乐高中？你的高中你做主！

一位家长十分难过，他觉得女儿小璇的行为越来越难以理解了。小璇在一所高中就读，学习成绩谈不上多么糟糕，但也不尽如人意。一次，这位家长痛骂了女儿一顿，斥责她只知道玩耍，不知道学习。小璇当时并没有什么过激的言行，谁知道她为此出走了一个星期，把这位家长急坏了，现在他再也不敢对女儿说什么了。"我真想不通现在的孩子怎么啦？"

有些学生在老师明令禁止高中生早恋后，更加好奇和神往，反而堂而皇之地涉足禁区，并乐于早恋，最后耽误学业。有些学生在老师批评其有早恋迹象后，没事变成有事，地下转成公开。但作为高中生，毕竟无能力处理好情感问题，于是深陷其中不能自拔，成绩一落千丈……

在高中校园里似乎总有这样的异类，他们穿着怪诞，行为不羁，令老师头痛，令同学退避。别人安静学习时他们会故意大声跟同桌讲笑话并让其他人都听到，课堂上听歌聊天，老师讲话时他们会故意打岔……可能你也是他们当中的一员，只是你没他们那么明显，也可能你比他们更加极端。无

论你的程度是深是浅，这些都属于青春期叛逆心理的表现。台湾作家杨子在他的《十八岁和其他》一文中写过这样一句话："在两代的矛盾中，可能有一部分是源于父母的愚昧和落后。但也有一部分是出自下一代对父世经验的无条件否定，出自年轻人的盲目反抗与追求'成熟、独立'的急躁。"杨子先生指出了两代人矛盾的主要原因，也指出了年轻人普遍存在的叛逆心理。

所谓"叛逆心理"，是指高中生彼此为了维护自尊，而不考虑是非曲直，对家长和老师的要求采取相反的态度和言行的一种心理状态。在大多数同学的意识中，"叛逆心理"就是"酷"的表现。当自己的观点遭到否认后，他们往往表现出固执的态度；同时，他们有强烈的表现欲，喜欢在公众场合发表自己的观点，对父母的教育言语不是很顺从，认为个人的思想符合潮流，而家长的思想不合时宜；在学校他们对老师极度反感，很在乎个人的面子，有时故意在课堂上和老师抬杠，甚至不顾后果和老师发生冲突，讽刺

表现进步的同学，等等。

调查表明，叛逆心理对高中生人生观的形成和身心健康都是不利的，它会导致青少年出现对人对事多疑、偏执、冷漠、不合群的病态性格，使之信念动摇、理想泯灭、意志衰退、学习被动、精神萎靡等。叛逆心理进一步发展，还可能

合理疏导情绪，给青春的叛逆一个出口

□宁远大

向病态心理或犯罪心理转化。所以，对这种逆反心理的危害不能不引起重视。

当然，导致高中生产生叛逆心理的原因有很多，你完全可以根据这些诱因，有的放矢地对一些问题加以规避。

"叛逆心理"首先与自我意识的成长有关。高中生正处于心理的"过渡期"，独立意识和自我意识日益增强，迫切希望摆脱成人的监护。他们反对成人把自己当"小孩"，而以成人自居。为了表现自己的"非凡"，就对任何事物都持批判态度。正是由于感到或担心外界忽视了自己的独立存在，才产生了叛逆心理，从而用各种手段、方法来确立"自我"与外界的平等地位。

高中生处于思维的建立期，要求有自己的处事方式，不希望受到过多的管束，这当然可以理解。但什么事情都有自己的运行法则，任何人在行事时都必须遵守这些法则，否则便会因触犯这些法则而受到相应的惩罚。因此，你在做一些事情时，必须考虑这件事情是否是错误的，是否会侵害他人的利益，或者对自己的安全构成威胁。如果是的话，你就应该终止这样的行为，并对已

经产生的后果予以弥补。比如，如果你因特立独行而与老师争执，就是完全没有必要的。因为在争执的过程中，你不仅没有尊重自己的师长，还会影响其他同学的学习，这样的结果自然是谁都不希望看到的。你应该时刻谨记：一次良好的沟通胜过所有的辩解。这不仅是处理师生关系的良方，也是解决几乎所有矛盾的关键。

父母教育不当是另一个导致学生产生叛逆心理的原因。中国家长往往都很强势，对子女的教育缺乏民主意识，总认为孩子还不成熟，要绝对服从自己，不能有自己的看法，否则就是"忤逆""对着干"。因此，孩子不会或很少会把父母当成自己的倾诉对象，做错事后对父母的指责也十分反感，因为很多家长总是盛气凌人，态度生硬。对此，你必须有点耐心，要主动与父母沟通，努力让他们转变对你的教育方法，摒弃过去那种简单粗暴、无视自己自尊心和心理承受力的教育方法。只要你与父母的心理距离拉近了，你便不会在犯错时感到孤立无援，也就不会再因家庭问题产生叛逆心理。

除了自身和家庭因素外，

社会的负面影响，也容易造成高中生产生逆反心理。社会上的一些不良现象，很容易影响学生世界观的建立，比如拜金主义和读书无用论。一些同学认为，与其这么读书，不如早点闯社会，于是沾染了一身不良习气。加之现代传媒无孔不入，大到电影电视，小到街头广告，都充斥着媒体的影子，学生通过这些媒介接触社会，难免受到暴力、奇装异服和不良思想的影响。对此，你必须树立正确的价值观和世界观，并要时刻牢记，上学受教育永远是一个人成才的捷径。没有必要的知识做储备，你未来的发展必将缺乏足够的竞争力。

青春期对一个人的一生来讲是至关重要的，一生的身体与工作基础都要靠此时来奠定。青春是多么美好，一切都像一张白纸，等待着你去描绘人生的蓝图。如果你此时没有很好地把握方向，走了一些弯路，将来的一切可能会很难弥补。所以，你必须有意识地为自己选择正确的道路，并与家长、老师和同学进行必要的沟通，让他们尽力为你创造一个成才的环境。

恐怖高中还是快乐高中？你的高中你做主！

用自信抹去心灵窗户上的自卑阴影

□艾中华

在一般同学的印象中，名人好像都是非常有自信的。比如毛泽东曾经写过这样的诗句："自信人生二百年，会当水击三千里。"其中流露出的自信和豪情不言而喻。还有"天生我材必有用，千金散尽还复来"的李白，更显得洒脱不羁，随心所欲。可实际情况并不是这样的，能时刻保持自信，对自己的人生充满信心的人不过是芸芸众生中的很少一部分。即便已经功成名就的人，曾经也极度自卑过，甚至很长一段时间都陷入自卑的泥潭中难以自拔。

中央电视台著名节目主持人白岩松，年轻时就曾非常自卑。当他从一个北方小镇考进北京的大学，上学第一天，邻桌女同学就问他："你从哪里来？"这个问题正是他最忌讳的，因为在他的头脑中，出生于小城镇就意味着没见过什么世面。就因为这个女同学的问话，他一个学期都不敢和她说话。很长一段时间，自卑的阴影占据着他的心灵。每次照相，他都要下意识地戴上一副大墨镜，以掩饰自己的自卑心理。

同样是中央电视台著名节目主持人的张越，当年也曾因为自己的肥胖而自卑。20

多年前，她在北京上大学，几乎每天都是在自卑中度过的。她害怕同学在暗地里嘲笑她肥胖的样子，因此不敢穿裙子，不敢上体育课。大学毕业时，她差点领不到毕业证，不是因为功课差，而是因为她不敢参加体育长跑测试。老师说："只要你跑了，不管多慢，都算你及格。"可她就是不跑。因为她觉得自己肥胖的身体跑起来一定非常愚笨。可她连向老师解释的勇气都没有。

著名歌手王菲也曾自卑过很多年。她觉得自己不够聪明，18岁时勉强考上一所并不出名的大学，最后又没去上，连个正经的学历都没有；她觉得自己没有毅力，减肥通常不超过一周就会打退堂鼓，明知抽烟不好，却总也戒不掉；她

觉得自己不擅交际，一见记者就着急，不善于和媒体沟通，老给人家一种要大牌的感觉。

正所谓"尺有所短，寸有所长"，只要有比较就会有差异，但这并不是我们应该感到自卑，进而止步不前的理由。相信大家能顺利从初中升到高中，一定有某方面的优势，而这方面的优势可能正是你以后赖以生存的本领。当然，一个人不可能在任何方面都优于他人，所以，我们在某些方面不如身边的同学是再正常不过的事了，我们完全没必要为此而痛心疾首。诸如白岩松、张越、王菲这些知名人物，他们其实也都是从自卑中慢慢走出来的。尽管他们都有自己的弱项和缺点，但他们没有怨天尤人，没有自暴自弃，而是超越

恐怖高中还是快乐高中？你的高中你做主！

了自卑，战胜了自卑。所以，有自卑感并不可怕，可怕的是永远沉溺其中，不能自拔。当我们觉得自己很多方面不如别人时，何不将这种自卑感作为一种动力来督促自己超越自我呢？如果你能比别人付出更多努力，相信你一定会比别人有更多的收获。

每个同学的生活环境不同，人生际遇不同，感到自卑的方面可能就不同，具体细分一下，不外以下这几个方面：一是因出身产生的自卑感。因为家境贫寒而产生自卑感，不光是孩子，甚至成年人也会有这样的心理，穿着旧衣服，觉得在大众面前抬不起头，会被人嘲笑。但贫穷绝不是什么罪过。著名歌唱家廖昌永就是一个农村孩子。去上海音乐学院报到的时候，正好遇上大雨，他怕自己的皮鞋被水泡坏，一出火车站干脆把鞋脱下来，赤脚跑到了学校。因为家境贫穷，他平时连肉都舍不得吃。有一次，同宿舍的同学钱包失窃，首先怀疑是他偷了。他很气愤，但并不觉得自卑，决定以刻苦学习来证明自己的价值。他穿旧衣服、旧皮鞋，甚至吃不上肉，但他心里充满了阳光，最后自然是走出了自卑的阴霾，取得了成功。

二是学业带来的自卑。在校园中，成绩不好的同学大多都存在自卑心理。在我国校园里，唯成绩至上的标准，让很多同学都掉进了自卑的坑里。在高中阶段，成绩固然是重要的，但当你全力以赴，也不能取得高分数的时候，请不要以为你的人生就此完了，你的世界就此黑暗了。拿不到高分只能说明一个问题，那就是你可能不是一个应试高手。你的人生并不会因此完了。要知道，升学固然重要，但分数不是你的全部。退一步想，如果上天真的为你关上了大学的门，他一定会给你在别处打开一扇窗。你可以去寻找你的长处，不要总是跟自己的短处较劲。当然，前提是，你真的全力以赴了吗？

三是相貌带来的自卑。在这个人人貌美如花的年代，长得不够漂亮，个子不够高都会带来自卑感。有这样一个同学，因为牙齿黄，她甚至不曾在外人面前笑过，并由此带来了巨大的心理困扰。有一次，一个朋友当她的面讲了一个笑话，这个同学终于笑得露出了牙齿，但她迅速捂住嘴盖住了牙齿。这位朋友心里一阵难过，悄悄告诉她其实你的笑容很漂亮。她一开始很惊愕，最后竟然哭了出来。她说，她的父母从来没有这样对她说过。后来，她见朋友的次数多了起来，每次她都很自然地在朋友面前露出开心的笑容。在朋友的鼓励下，她终于敢在任何场合自信地展示她的笑容了。当你还在为相貌而自卑时，要记住，自信是最美的相貌，无论你觉得自己不够漂亮，还是觉得自己不够高，只要你充满自信，全世界都会为你的"美丽"倾倒的。

四是性格带来的自卑感。很多客观原因会带来自卑，但也有同学会因为自己的性格而感到自卑。这或许跟家长的教育有关，中国式家长的爱好之一便是训斥孩子，否定孩子。"你看人家谁谁，干什么都比你强。"可以说，每一个自卑的孩子后面都有一对自卑的父母。不管父母如何评价你，你自己一定要正确评估自己，并不是别人说你不行你就不行。很多时候，你不行，是因为你自己觉得自己不行。那么，从今天起，做一件你认为自己行的事。如果你爱睡懒觉，每天迟到，那么从明天起就不要迟到。从一件小事做起，积少成多，积小成大，慢慢为自己建立正面的信心，积跬步自然可以至千里。

恐怖高中还是快乐高中？你的高中你做主！

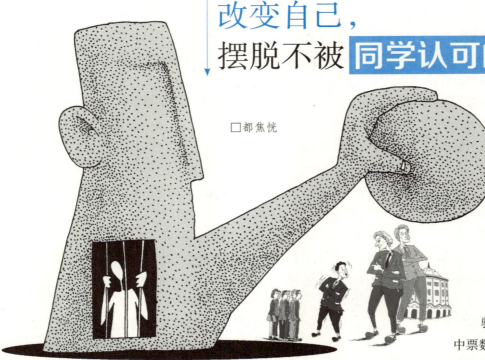

改变自己，摆脱不被同学认可的窘境

□ 都焦恍

恐怖高中还是快乐高中？你的高中你做主！

骆嘉可以说是他所在高中的风云人物，入学不到半年，他在各科老师当中的知名度已经很高了。他拿过学校英语竞赛二等奖，其他各种类型的竞赛也参加了不少，几乎每次都不落空。不但如此，他还在学校广播台做主持，入行时间虽然不长，却主持了不少节目。人长得也精神，有一大把"粉丝"。不过，他像很多同学一样，似乎总觉得自己不被别人认可。

在一次评优活动中，他觉得自己受到了冷落，愤愤不平。他找到班主任，带着吵架的语气质问，为什么评优名单上没有他。班主任开始感到很生气，觉得这话没头没脑。原来，几天前，学校团委开始组织各个班级以团支部为单位评选"优秀团员"和"团员标兵"。骆嘉所在的班级开了班会，大家投票推选。为使选票达到集中过半的要求，班干部按照学习成绩、获奖情况等，选出了6位候选人，6选3，两

项荣誉3个名额。

投票貌似简单，但也是对候选人的一种考核，一个人际关系糟糕的人通常都会在这个时候无力回天。偏偏骆嘉在那6个人当中票数最少。会后，好心的班干部看到骆嘉沮丧的样子就去安慰他，说他会尽量向班主任争取一下。当然，班干部的"争取"被班主任毫不客气地驳回了，因为这种额外的争取没什么道理，投票讲求的就是公平。班主任本打算就这件事和骆嘉谈谈，帮他分析一下自己的问题所在，谁知他倒先来"兴师问罪"了。

骆嘉在乎的，似乎并不只是"优秀团员"或"团员标兵"的称号。这份荣誉还有一点儿比较实际的好处，就是在学年末评定学校奖学金时可以得到相应的加分。对于学习成绩相差不多的同学来说，这样的额外加分在角逐学校奖学金时的作用不容小觑。而骆嘉的目标就是拿到奖学金，所以他不想放过任何一个机会。至于为什么一定要拿奖学金，他觉得那点儿钱并不重要，重要的是那种独占鳌头的感觉。

其实这一点很容易理解，有的人从初中升到高中的学生几乎都是众星捧月般生活下来

上帝之所以创造指纹，是因为他想让人们知道，其实每个人都有伤痕。

的，很少遭受过挫折和打击，必然会觉得分外落寞。骆嘉就属于这种情况。他所上的小学、初中和高中都在一起，属于所谓"一条龙"式的地方名校。为了让孩子出类拔萃，父母不惜血本送他参加各种课外辅导班，运动员证书、钢琴证书、绘画证书一大堆。骆嘉觉得自己在那些方面谈不上有什么天分，但被父母打也好劝也好，倒是一路"忍"了下来，"忍"让他尝到了甜头。

小学时，他差不多是班上最多才多艺的学生，成绩也不差，各科老师都比较喜欢他，可以说是校园里的"名人"。到了初中，骆嘉外出参赛的机会就更多了。学校重视素质教育，并不只盯着学生的成绩，骆嘉自是如鱼得水。同时，他还觉得自己属于颇有"型"的男孩儿，女生们倾慕的眼神总让他感觉十分得意。和同学们在一起时，骆嘉逐渐觉得他们除了学习、看漫画、打网游外简直一无是处！能谈得来的朋友越来越少，有两个现在都已人在国外了。骆嘉的优越感就这么一步步累积了起来，他不希望自己也有落后于人的一天。

落选带给骆嘉的打击不小。他自己也曾"客观"地分析过原因：男生这边，自己经常参加学校活动不在宿舍，和同学的沟通少了点儿。再加上他们去"吃吃喝喝、打网游"自己从不参与。而且自己这么优秀，某些人未必不是出于嫉妒！骆嘉把矛头指向班长，这次的选举班长几乎得了全票。骆嘉认为在自己落选的过程中班长没有起到好作用：平时总是喜欢"表现自己"，做些七零八碎的事情"收买人心"。至于女生方面，他原本以为女生的支持率会高一些，没想到女生也让他那么失望。不过他觉得不难理解，因为女生的品位决定了她们只会欣赏班长那样的人。在他看来，似乎整个世界都在与自己为难，他的心情也因此十分抑郁。

他总觉得周围同学在嘲笑他，一想到这些，他就提不起精神，觉得人心险恶，学习、参加各种校园活动又有什么意思呢？

在竞争分外激烈，同时又人才济济的高中校园，每个学生都难免有类似于骆嘉那样的感受，似乎自己在某些时候、某些方面就是得不到大家的认可，有点落落寡合。其实仔细想想，自己又何尝是所有事情上的权威呢？只要自己提出观点就一定能压制所有其他观点，得到所有人的认同吗？法国哲学家伏尔泰说过："我不认同你的观点，但我誓死捍卫你说话的权利。"也就是说，每个人都可以有自己的观点，你完全没有必要因为遭到他人的反对而抑郁不平。对骆嘉来说，失去一次评优的机会并不糟糕，失去了大家的友谊才最糟糕。优秀不代表"受欢迎"，而对于一个不受欢迎的人来说，他的"优秀"是有所欠缺的。良好的人际关系不是虚伪地逢迎，而是需要真诚的付出和适当的沟通。沟通有"章"可循但又需要技巧。在骆嘉不算和谐的人际关系里，傲慢和自私是大家最受不了的。

在同学们眼中，骆嘉确实很不合群，不过大家可不觉得他那是"曲高和寡"，而是"狂妄自大"。动辄大谈自己过去怎样怎样，现在的学校、学生素质太差云云，以至于宿舍里的同学总是和他发生口角。班级里组织活动到打工子弟小学联谊，能歌善舞的他总是不参加，还埋怨组织这样的活动浪费时间。这事让很多同学都觉得他太自私，很多以前认为他不错的女生也纷纷反对他，认为这样自私的男生太没担当。小事情累积多了，骆嘉在性格方面的缺陷终于盖过了他的种种优秀。如果你总感觉得不到认同，那就应该认真想一想，自己是不是做到了最好，同时是不是在真诚地付出。

恐怖高中还是快乐高中？你的高中你做主！

对王珍妮来说，父母和家乡从来没有如此遥远。她今年从初中升入高中，也不知为什么，仿佛自己的生活一下子发生了什么重大变故，内心总有种莫名的孤独感。因为父母工作的关系，她在一座陌生的城市上高中。这座城市虽然有家乡看不到的霓虹，有家乡所

忘记要去什么地方，抑或她的行走从来就没有目的。每次放学的时候她一个人走在陌生的城市，都觉得十分孤单。华灯初上，依旧熙熙攘攘的人群里触不到一双手的温度，找不到一个人与自己并肩同行，没有一个人同自己说笑，有的只是陌生人一张张空漠的脸。

比自己高很多，她心里只有无尽的埋怨。忽然有一天，最好的朋友因为一件小事同她撕破脸皮，她在光天化日之下不知道如何是好，左右为难，不甘心受这样的委屈，又不愿意为了一件小事和朋友决裂，她有点坐立不安，可环顾四周，这尴尬的局面又不知道要对什么人说……事实上，像王珍妮这样在高中阶段内心孤独的同学

学会享受并超脱
青春的孤独　□杜双星

不在少数，她的感受不过是中国万千高中生心灵的一个缩影罢了。

高中阶段是青少年身心发展的重要时期，是青少年世界观、人生观、价值观形成的关键时期。处在这个时期，心理的发展往往具有成熟和幼稚、独立和依赖、自觉和盲动等诸多矛盾并存的特点，这本就容易导致各种各样的心理和行为问题。而独自出门在外，还要面对来自家庭、社会、学

没有的繁华，但她感到周围的一切都和自己无关。

校园里似乎每个同学走路的姿势都是飞快的，这和家乡的人们截然不同。她常常会在人海茫茫的街头停住脚步，

暗夜里，她拿着不太理想的成绩单，缩在被窝里哭泣，觉得那么多天的辛苦辗转，腰都缩了一圈，体重轻了好几斤，成绩却一直止步不前。看着平时不太努力的同学分数却

校等各方面的压力，内心感到孤独再正常不过了。其实，所有人都逃脱不了孤独的痛苦，只不过程度不同罢了。

每个学生的心理状况不同，所能体会到的孤独感也不同。如果你属于下面这几种类型的同学，可能会更明显地感受到高中生活的孤寂。第一种是具有高傲、冷峻性格的同学。有些同学自命不凡，他们看不起旁人，感觉这个人"庸俗"，那个人"不懂人情"，于是他们索性不愿与别人交往，觉得自己什么事也不依靠别人，也不愿意别人求助于自己。自己过自己的生活，自己搞自己的学习，甚至认为老师也不如自己。这样，他们就没有知己，也缺乏知音。当他们遇到挫折时，当他们感到依靠个人的力量难以完成某项任务时，就会体会到缺乏友谊与关怀的痛苦，一种冷漠、孤单、寂寞的感情就会油然而生。

第二种是那些来自特殊家庭的同学。到了高中阶段，学生们的身心一步步成熟，生活中自然渴望得到别人的关爱，特别是想从家长、老师和同学那里得到帮助。但由于自己家庭的原因，比如单亲家庭、再婚家庭，导致自己不敢跟老师沟通，不敢跟同学交往，更

不愿意让同学知道自己的家庭状况，有的甚至会产生严重的自卑感。从而使得自己感情闭塞，心理压力大，自然就会产生深深的孤独感。

第三种是交往中遭遇挫折的学生。交往中出现曲折与挫折是难免的。例如，听到好友在背后说自己坏话；遭受了莫逆之交的欺骗……这些都会使某些同学感到世间的冷漠。他们甚至认为，世界上再没有好人了。于是，自己好似坐在孤舟中漂泊，没有目标，失去了力量。

生活常常会把我们丢到一个百口莫辩的境地，画一个圈让我们跳进来，却不预备让我们跳出来。无论你生活在繁华的都市，还是静默的乡村；无论你的性格外向，抑或沉默寡言，肯定都难逃生活给予我们的那些小情绪。不过，即便孤单常伴你左右，也不必因此而悲观失望，只要你能理性对待它，就一定可以找到出路。要记住，不是生活冷落了你，而是你冷落了它。有些环境仿佛难以相融，有些热闹貌似与我们无关。可其实如果你曾试图走进，放下你所谓的身段，以及那些小情绪、小姿态，说不定那明媚的笑声里就有你。快乐和幸福从来都不是免费的

午餐，这需要我们自己去创造。

结合实际情况，解决高中生的孤独心理可以从以下几方面入手：1. 开放自我，真诚、坦率地把自己交给他人。要主动亲近别人、关心别人。因为交往是一个互动互酬的过程，所以别人也会对你以诚相待。这样你就能扩大社交面，融洽人际关系，这样孤独感自然就会消退。2. 尽量缩小与同学之间的差异。既不自傲清高，做脱离集体、高高在上的"超人"，也不自卑多虑，脱离同伴，做索然独居的"怪人"。从文化教养到兴趣爱好等各个方面，都应与同代人相互沟通、相互学习。3. 尽量增进师生及学生和家长之间的相互了解。要多了解老师和家长的生活，尊重并体谅他们，以填平所谓的"代沟"。4. 培养广泛的兴趣爱好。为自己安排好丰富有益的业余生活，把思想感情从孤独的小圈子中脱离出来，投入广泛的高尚的活动中去。

寂寞并非无法排遣，孤独也并非无法释然。在这个璀璨的年华里，除了美丽，还有孤寂。用你的坚强，你可以大声地告诉所有人，孤独并不可耻，也无须回避。只有勇敢面对，你就能给予自己抵抗它的所有力量。

恐怖高中还是快乐高中？你的高中你做主！

正确上网，跟网瘾说再见

□ 裴嘉宝

杰米是美国一名 16 岁的高中生，他每周大约有 70 个小时都坐在电脑前，其中有 40 多个小时用在互联网上。通常他在下午两点至四点上网，要到凌晨一点至五点才退出。杰米说上网是他生命中最重要的事，即使在没有上网的时候也老想着它。他也曾试图减少上网的时间或放弃上网，但网络空间的诱惑力实在太大，让他难以抵制。杰米声称他在网上聊天室"认识很多人"，但在现实生活中他却没有什么朋友。

其实不仅在美国，在中国也一样，不少本应好好待在课堂上安安静静学习的高中生，更喜欢在网吧度过上课时间。即便人在课堂，眼睛也离不开自己的智能手机，因为通过智能手机一样可以上网。如今，互联网已渗入人们生活的各个方面，它给人们的生活带来了极大的方便，使人与人的交流变得简捷迅速，但同时带来了新的问题，那就是"网瘾"。即便一些同学没有沾染网瘾，但长期上网也使他们的学习和生活受到了很多负面影响。

从心理学角度来看，网瘾是一种心理冲动控制障碍。如果你有以下这些症状的话，那么可能就有网瘾：心里总是想着互联网；上网的次数越来越频繁，时间越来越长；因上网的时间过多而危害到了学习以及重要的人际关系；当试图减少或停止上网时，感觉焦躁不安、情绪低落；或者用上网作为逃避现实问题或解除负面情绪（如无助、内疚、焦虑和抑郁）的方式。

网瘾会导致一系列具体的问题，这些问题对青少年的危害往往十分明显。一是浪费时间，二是浪费金钱，三是危害健康，四是人格异化。所以，一些人又将网络称为"电子海洛因"。这些问题不能不引起我们的注意。

值得一提的是，随着网络技术的发展以及智能手机和便携式电脑的普及，网瘾的表现形式也发生了一些有趣的变化，从传统的台式电脑使用扩散到了手机和微型电脑的使用。比如，风靡美国的黑莓手机，因其出色的保密功能而受到许多政界与商界人士的青睐，有些人因此染上了"黑莓瘾"。常见的症状包括：频繁查看电子邮箱和发短信；在不适当的时间接听电话和留言；手机昼夜不离身，唯恐错过重要信息。就连美国总统奥巴马在就任总统之前也是一名"黑莓瘾君子"。奥巴马在当选

恐怖高中还是快乐高中？你的高中你做主！

总统之后幕僚们劝告他：堂堂一个大国总统，在公众面前埋头于黑莓，实在不雅观。奥巴马最终接受了劝告，在经历了一番痛苦的不适应期后，成功戒掉了"黑莓瘾"。

那么，我们该如何戒掉网瘾呢？治疗网瘾的重点应该是控制使用，而不是禁止使用。这一点与戒毒的治疗不一样，网瘾的治疗主要依靠认知疗法和行为疗法。在认知疗法方面，使用提醒卡可能会对很多同学有帮助。比如，列出网瘾带来的五大坏处以及减少上网带来的五大好处，然后将这个清单写在一张小卡片上，并把小卡片放在衣服口袋里或钱包里。每当想使用互联网时，就将小卡片拿出来提醒自己，从而使自己去从事更有创造性、更健康的活动。

行为疗法的一个主要策略是重新组织和安排自己的上网时间。比如，在与原来相反的时间使用互联网，这样做的目的是打乱自己的生活常规，重新建立新的时间模式，以此来改变上网的习惯。另外，使用外部提醒工具也是一个有效的方法。比如，在上网时先确定停止上网的时间，然后设置报警装置并把它放在电脑附近，警报一响，就停止上网。

这就要求你明确限制上网的小时数，并把上网的时间段写在醒目的位置。除此之外，你还应该遵循"少吃多餐"的原则，即每次上网的时间短一点儿，次数可以多一些。这种有计划有安排的互联网使用，可以让你觉得是自己掌握着控制权，而不是互联网掌握着控制权。

当然，戒除网瘾不能以暴制暴。电击、捆绑、关黑屋、体罚、认定为精神病……这样治疗网瘾的报道时不时就见诸报端。对于这样的网瘾治疗，应该采取十分谨慎的态度。不到20年前，美国退休精神科医生戈登伯格比照着"赌博成瘾症"的情形凭空创造了"网络成瘾症"。尽管是恶搞，戈登伯格还是让网络成瘾症的描述尽量专业化。这样的言之凿凿，便让"网络成瘾"这个名词一发不可收地传播开来。但2007年，美国医药协会拒绝了美国精神病协会将"网瘾"纳入《精神疾病诊断手册》的建议，也就是说网瘾根本不是什么精神病症。其实，所谓"网瘾"不过是家庭问题、教育问题、社会问题的综合体。几乎每个"网瘾患者"都面临这样的问题，在现实生活中得不到成就感和满足感，这些学生只能去网络中寻找自己的江湖，在虚拟的时空中寻求不真实的慰藉。相信随着时代的发展、科技的进步，网络终究不是"洪水猛兽"，"网瘾"也只不过是过眼云烟。只是在当下，你必须将所有的精力放在当下的事情上，因为如果你错过了当前的学业，你可能就看不到未来。

恐怖高中还是快乐高中？你的高中你做主！

家庭可以说是一个人成长的摇篮。家庭幸福美满无疑是青少年健康成长的重要条件。父母离婚、重病或离世，家庭经济状况恶化等，都会对青少年的心理健康产生不良影响，甚至危害终生。很多高中生在家庭变故的心理刺激下，性情发生了改变。有的变得孤僻、忧郁、退缩；有的变得敏感、多疑、猜忌。面对重大的人生变故，作为一名高中生，必须有自己的信仰

学会接受，坦然面对家庭变故

□ 甘 源

和态度。

面对突如其来的变故，你首先应该学会坚强。只有学会坚强，你才能勇敢面对这一切，才能许诺给自己一个美好的未来。鲁迅曾在文章中提到，在他很小的时候，家里还有四五十亩水田，并不愁什么生计。但十多岁时，周家忽遭剧变，几乎什么也没了，鲁迅的生活也因此由小康转入了困顿。他从小受人冷落，遭人白眼，尝尽了苦楚，终于还是坚强地四处求学，成就了自己。

除了学会坚强，勇敢面对自己的生活变化之外，你还应该学会独立，并自强不息。当今社会，因为各种关系，广大高中生对父母、老师和集体的依赖性很强，以致自己的生活出现重大变化时，总是无所适从，没有主见，也没有能力来处理身边所有的事。这种情况是我们必须要尽力避免出现的。挪威著名戏剧家说："世界上最坚强的人就是独立的人。"所以，要成就不一样的自我，就得克服依赖性，努力自强不息。

2005年感动中国十大人物之一的洪战辉可以说就是自立自强的典范。若不是一场揪心的家庭变故改变了他的人生轨迹，他可能会一直在故土上平静地生活。他13岁时，母亲离家出走，他不得不开始伺候患有间歇性精神病的父亲，抚养捡来的不足周岁的小妹，同时照顾年幼的弟弟，这令洪战辉过早地感受到了生活的艰辛。面对家庭困境，洪战辉没有被吓倒，而是勇敢地挑起了家庭的重担。经过无数艰难困苦，他不但自己考上了大学，还把捡来的妹妹养大，送进学校读书。在他看来，"一个人自立自强才是最重要的"。生活中，每个人都会遇到各种大大小小的困难，都会面对这样或那样的挫折，只

有自强自立，才能不断战胜自我，发展自我，成就自我。

无论自己的家庭因何发生改变，自己又在其中受到了怎样不公正的对待，重要的是不在心中培植仇恨。一般离异的父母都是因为感情破裂，他们走到最后一步，大都经历了很多争吵，对对方无法容忍，而孩子在中间肯定有自己的看法。无论孩子和谁在一起，心中肯定有压抑不住的仇恨。如果这种仇恨控制不当的话，很可能会导致心理问题的出现。很多心理不同于常人的孩子，小时候正是因为受到某件事的触发，才走上不归路的。其实，关于父母婚姻的失败，往往不是一个人的错，可能是很多原因造成的。你应该更客观公正地去看待，不要成为任何一方

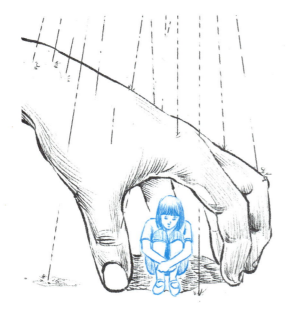

发泄痛苦的工具，以致让自己的心灵受到不良影响，对他人失去应有的信任。

家庭变故很多时候是由经济方面的原因导致的，这方面的改变有时对孩子心理的影响会更大。时下，很多家庭的经济基础并不牢固，某些原因，比如父母下岗、家人生病、生意失利等，很容易造成孩子生活条件的重大改变。很多孩子因为这方面的原因提早感受到了人心的阴暗面：之前跟父母亲近的人这时显得那么无情；之前接受过父母帮助的人这时显得那么刻薄寡恩……这些无疑都是培植仇恨的因素。可仇恨并不足以改变你的生活处境，只会让你变得更加萎靡不振。与其因此大受连累，影响自己的学业，不如以此为契机发愤图强，再接再厉。

威廉·克莱因是美国著名的摄影师，他的父亲曾拥有一家服装店，后因经济不景气而破产。自此，克莱因的父亲就靠销售保险

给有钱的亲戚为生。克莱因从小就面对富有的亲戚，过着极度穷苦的日子，可他并未因此自暴自弃，而是变得十分坚强。他14岁时因成绩优异，提早三年进入了大学，之后便开始了特立独行的生活。他刚满20岁就离开美国，把自己放逐到了巴黎，过着艺术家的流浪生活。多年来，他一直有被自己家乡遗弃的感觉，之后他决定从法国回到纽约，就像要报仇一样，他把相机当成武器和这个大都会作战，并以一系列都市摄影享誉国际。在一定程度上，正是特殊的贫困生活成就了他。

一个人生活在社会上，从小到大，什么样的事情都会遇到，这是非常自然而然的事。有的同学，小小年纪，父母就离婚了；有的同学，出生不久父亲或母亲就不在人世了；有的同学，正在学习的关键时刻，家里却发生了意外的火灾；有的同学，出生后就患病，一辈子无法站立行走……在人生面前，困难是不可避免与选择的，但你的人生态度是可以选择的，你可以始终乐观、坚持、充满希望，用自己的智慧去改变这一切。相信经过你的勤奋刻苦，美好的未来定会在前方出现。

恐怖高中还是快乐高中？你的高中你做主！

瘦子永远体会不了胖子站在秤上的忧伤，胖子永远理解不了瘦子轻易被推倒时的凄凉。

如何善用平和的心态对待考试

□姜文明

再过不久，学校就要举行大考了。身为高中生的琳达心里很害怕。她担心自己考不好会受到父母的责骂，被老师和同学看不起。她因此吃不香，睡不着，分秒必争地看书做题，可复习效果很差……每次临近考试，总有不少同学会像琳达一样被种种烦躁的心绪困扰，感到十分畏惧，最后的成绩自然可想而知。

良好的考前心态，无疑是取得好成绩的重要保证。如果没有良好的心态，难免在面对重大测试时，遭遇滑铁卢。这样的案例可以说比比皆是。美国有一个相当出色的高空钢索表演者——瓦伦达，他曾经进行过上千次表演，从来没有失过手。有一次，他要在一个重大活动中走钢索。上场前，瓦伦达不断提醒自己：这次演出实在太重要了，所以只能成功，不能失败。然而，从未失过手的他偏偏在这次表演中不幸坠地身亡了。他的妻子在接受记者采访时说，瓦伦达以前并不像这次这样多虑。过去，每次表演之前，他总是专心准备，总想着怎么走好钢索，不关心其他事，更不会为成败担心。这次他太看重成功了，畏惧失败反而让他付出了生命的代价。

实际上，很多同学之所以畏惧考试，是因为把考试看得太重，似乎一次考试就将决定自己的一生。殊不知，这样更容易导致心理紧张和压力过大。只要你能以平和的心态去面对考试，临场不慌、沉着冷静、专心致志，一定能充分发挥自己的水平。如果你过分关注成功、荣誉、名次，或害怕失败、患得患失，带着包袱上考场，一定会分散自己的注意力，从而影响到正常水平的发挥。

学生对考试感到畏惧其实是一种非常正常的心理现象。成绩差的同学怕，成绩一般的同学怕，成绩好的同学也怕。既然畏惧考试是大家都有的心理现象，我们就应该找到正确的方法去面对它。考试如洪水，人人皆怕，但怕是没用的，要战胜洪水，正确的方法是疏而不是堵。试图通过考试作弊等投机取巧的方法来窃取好成绩就是堵，只能奏效一时，最终仍逃脱不了考试失败的结局。平时疏通好每一个知识难点，攻克所有遇到的难题，这才是正确面对考试的心态。

只有做好了充分准备，你才能充满信心，无所畏惧。

当然，好成绩不是从天上掉下来的，好学生也不是天

恐怖高中还是快乐高中？你的高中你做主！

生的考试高手，一个人考试的成败直接取决于他平时的努力。如果说好成绩是成熟的果实，那它就需要你耐心地等待它慢慢成熟。那些爱耍小聪明的同学，总想一下子就摘到胜利的果实，这是很不现实的想法。反倒是那些脚踏实地，一步一个脚印的同学，不心浮气躁，慢慢耕耘，最后能爬上树梢，收获丰硕的成果。没有耕耘就没有收获，这是再简单不过的道理。你只要平时多努力、

多付出，哪怕每天只进步一点点，日积月累，考试时也一定能前进一大步。考场如战场，要想战时少流血，只有平时多流汗，这就叫付出总有回报。

要想取得好成绩，除了平时不懈的努力，良好的心理素质确实也很重要。有些同学平时学习很用功，实际水平也不差，可一到考试，特别是重大的考试就特别紧张，越想考好越考不好。我们都知道"杯弓蛇影"的故事。故事的主人公生病，不是病在身体，而是病在心理，心理障碍一去，所谓的"病"也就不治而愈了。可见，心理暗示的作用是很大的，大到可以让一个原本健康的人大病一场。所以，平时要注意培养平和放松的考试心态，不要刻意给自己设定过高的考试目标，过高的考试目标就像蛇影，会让人心理生病进而身体生病，出现越想考好反而越考不好的现象。要以平常心对待考试，把试卷当成平日的作业，把考试当成检验自己平时学习的手段，以这种平和放松的心态参加考试，就一定能正常发挥了。

当然，考场上没有常胜将军，即使是成绩非常好的同学，偶尔也会有考试失误的时候。而考试的失误，特别是比较严重的失误，对一个人的心理影响是非常大的，有些同学会因此而怀疑自己的能力，进而失去自信，甚至自暴自弃。这其实是完全没有必要的，是金子总会发光，你又何必在乎一池一地的得失？有些同学可能知道沙漠上生长的一种丑陋而神奇的树，叫作红柳。它们星星点点趴伏在平坦的沙地上，除了渺小丑陋之外还是渺小丑陋。然而它们又是神奇的，为了适应恶劣的自然环境，它们把自己扭曲成了千奇百怪的形状：主干枯死了，数米之外的侧枝又长得蓬蓬勃勃；枝干全部枯死了，新的枝条又顽强地从地下钻出；甚至不可思议的是，当根部也枯死之时，枝干竟然由上转下，深深地插入沙土，化而为根……你如果能像红柳那样具有生命的张力，即使遇到断枝、枯根这样毁灭性的打击，都不放弃，那你一定可以成就自我。有了这种精神，一次小小的考试失败又算得了什么呢？

考试其实并不可怕，你之所以对它感到畏惧，是因为你没有完全战胜自己。如果你平时打好了基础，对考试充满了信心，也不在意一时的成败得失，那你必然不会如此恐惧。所以，考试并不可怕，可怕的是你永远战胜不了自我。如果你总是忧虑未来，对自己毫不信任的话，那你又怎能面对失败，面对朋友的希冀，以及家长的期盼呢？

恐怖高中还是快乐高中？你的高中你做主！

不是天才没关系

□ 刘墉

恐怖高中还是快乐高中？你的高中你做主！

今天下午我给你上中文课的时候，你提到某某人是天才，又说你不是天才。"什么是天才？"当时我问你。你支吾了半天，答不上来。"那么爸爸算不算天才？"我又问你。你点了点头，说大家都说爸爸是天才。

问题是，我有什么特殊呢？我说："爸爸的记忆力，有的地方奇好，有些地方又奇坏。爸爸什么地方称得上天才呢？"天才是一个非常抽象的名词，你很难说怎样的是天才，倒是能从许多事情上看出来，天才跟一般人有些不一样。

举个例子，发现地心引力的牛顿是天才，可是当他坐在苹果树下，看到苹果落地，就想苹果为什么会往地上掉，却不往天上飞，在当时也被认为是愚笨。于是我们发现，天才常常是钻牛角尖、怀疑别人所不会怀疑的东西的人。他对什么都好奇，不但希望知道"是什么"，而且总希望了解"为什么"。

天才也不一定都是"早慧"的。不信你统计一下，那许多十二三岁就大学毕业，甚至十五六岁就拿博士的天才，后来又如何？

最近，一个艺术系的学生也跟我提到天才这件事。他说，以前在班上，他总觉得别人是天才，因为他几个小时都画不好的东西，有些人一下子就能掌握。他为此懊恼了好一阵子，后来想：我不是天才没关系，勤能补拙，如果用鸭子划水的本事，我默默地努力，说不定将来也能成功。

他现在成功了，成就远远超过同班的那些天才。最近他还对我说了一件很有意思的事：有一天，他参加艺术系的同学会，大家都四十多岁了，各自谈儿子、谈女儿，谈怎么赚钱，甚至谈怎么为学校制作班级前面挂的牌子，可以得到不少回扣。但是当他说他前一天下午去植物园写生的时候，那些"天才"都瞪大眼睛看他："什么？你还去写生，昨天多热啊！"

"那些天才都停笔了，都不再对艺术抱以热情，全班到现在只有我和另一个女生还在努力创作。"他得意地说，"所以我居然可以讲，如果班上有天才，我和那女生才是淘汰又淘汰之后，剩下的天才。"

他的这段话讲得真是太对了！天才是在别人都放弃的时候他不放弃，天才是锲而不舍的努力、坚持到底的热情。天才不怕打击，也不怕别人恶意批评，他只是认清自己的目标，以鸭子划水的方式，按部就班地前进。

你不是总看我在隆冬的时候点燃壁炉吗？我再急都得忍着，先把报纸撕开，揉成一团一团放在底下，再摆上小树枝，而后堆上较粗的枝子，最后才搁上大大的木块。我常一边点火一边想，那些没耐心的人，可能草草堆上许多干枝子，就放上大木块。刚点燃的时候，火势大极了，怎么看都是一炉好火，可是小枝子很快地烧完，大木块还没能被烧透，那火就跟着熄灭了。只有按部就班、不急功近利的人才能成功。

天才就是这样，一步一个脚印，认清目标，坚持到底。

【知乎体】太阳内部不断有物质和反物质在发生湮灭。

– 1 –

很多读者来问我："那到底怎样才能提升自制力？"

同样是自制力修炼中的一枚小废柴，我跑去问我认识的学霸阿星。

他皱皱眉头，说："我从来不觉得自制力是个困扰，当你明确你要做的事情，你真的开始去做了，就算解决了自制力的一大半问题。"

我当即恍然大悟！他的话道出一个真相：

如何有效提升
自制力 □安 乔

以很多人的不努力程度根本还轮不到谈自制力，因为他们根本都没开始去做，他们的迷茫大部分都源于自己的懒惰。

一件事你如果不去开始，就会被永远搁置，你期待的目标就永远都抵达不了。

怎么开始？从小事做起，哪怕从一个很微小的开始，来培养你的自制力。要看的书，无论如何静下心来看十几二十页；想减肥，无论如何去一次游泳馆和健身房；想要做的项目调查，先从最简单的问卷开始……只要开始去做

了，只要你是真心想做这件事，你就会慢慢做下去，渐入佳境。

– 2 –

不犯懒了，有的人恐怕又会走到另一个极端，给自己制订吓死人又完不成的计划。

一份无效的计划表是不可能有效指导你完成目标的，甚至还会挫败你的积极性。

那么，一份可执行的计划方案到底要怎么制定？首先目标要明确，时间管理的目的是完成你要做的事。然后客观地细化你的时间安排，依据各人的具体情况来定，重点是可操作性，不要太苛刻，目标不要太高，任务不要太重。

另外，时间不要划分太细碎，明确自己学习效率最高、意志力最强的时间段，划分出整块时间，用来做你最想做的或比较难的事。拿我自己举例，我制订的学习计划是一天在扇贝上背100个单词，通常耗时要一个小时左右，以往我总是安排在睡前做这件事。结果越背越催眠，背单词本就需要高度集中注意力，但工作了一天，我已经很疲惫了，臣妾做不到啊！后来，我把背单词的时间调整到早上，那正是我们一天精力最充沛记忆力最好的时段，充分利用上班路上的时间，刚好也要一个小时左右，用来背单词简直再合适不过了。

– 3 –

如果觉得自己一个人自制力弱，实在抗拒不了各种诱惑，忍不住会分神，那我建议你寻求外力的帮助，给自己找一个同伴，彼此互相监督，但前提是这个人的自制力一定要比你强。

寻求外力的帮助，还可以给自己预设一个受到约束的环境。

有读者分享了她的经验：她是一个舞者，

恐怖高中还是快乐高中？你的高中你做主！

好反抗、不听话的小孩，往往意志坚强，更有坚定的立场，能以自己的判断决定事情。——德国心理学家海瑟的研究结果

本应该从 90 斤瘦到 80 斤，但因为她是个超级大吃货，减这 10 斤简直比登天还难，看见比她瘦的同学开怀大吃，她根本就忍不住。后来男女双人舞，有托举的动作，因为自己太重，舞伴抱起非常吃力，由此她产生了强烈的负罪感。因为自己的贪吃，而给别人带去巨大的负担，还影响双人舞的效果，每当她忍不住想吃零食时，就会告诫自己不要再拖累舞伴，这个想法奏效了，三个月后她成功瘦身。

— 4 —

很多时候，面对诱惑，我们都过高地估计了自己掌控局面的能力，比如"一心二用"。

就像你正在填数据报表，忽然觉得嘴馋，于是随手撕开一包零食吃了起来；再比如，你翻开要看的图书资料，然后习惯性地把耳机插上，一边认真做笔记，一边忍不住跟着音乐哼了起来……结果呢，当你做错表格的时候，当你听音乐听得动情忍不住找那个歌手的其他专辑，任由时间溜过去的时候，是不是也反省过下次不要一心二用了？

我们被别的事情诱惑，看上去好像很享受很开心，但实际上我们心里还记挂着手头没有完成的事，我们并没有想象中的快乐。所以，当你想拿起手机刷微博，想看电视剧的时候，何不自己"延迟满足"，先集中精力把该做的事做完，再去玩乐，好过玩耍之后，再来后悔事情没做完。心无旁骛地干活，心无旁骛地玩耍，一举两得，何乐不为？

— 5 —

有一句毒鸡汤格外戳人，"一天又过去了，今天过得怎么样，是不是离梦想更远了？"

看着那些堆积如山没有完成的事，想到截止日期一天天逼近，你内心里涌起深深的自责，怪自己一无是处，你无比焦虑和痛苦，你觉得自己的人生无望了，那么想要去做的事情，那么喜欢去做的事情，原来自己一件都办不好，太失败了，这样的自己有什么资格谈梦想和未来？你陷入巨大的负面情绪里，辗转难眠，你怕自己一辈子注定是个废柴，loser（失败者）。

负面评价会让我们陷入更可怕的失控，其实事情远没有那么可怕，及时调整心态，任何时候从现在开始，都比未来的任何一刻更早。一次失控，不要引发太久的失控。这个时候，反而可以阿Q似的安慰自己，反正昨天已经浪费了，明天还是新的一天，还可以重新开始。

其实除了自责，我们更应该静下心来好好反思，究竟是什么原因让我们逃避、不愿意去做本该做的事情，找到内心抗拒的真正原因，才能有效地预防下一次自制力的失控。

写到这里，忽然想起前天有个读者的留言，他说："看了你的文章，如果我不去改变，是不是意味着对我一点儿用都没有？"

我不知道该怎么回答他，就像那句话说的："为什么道理听了那么多，还是过不好这一生？"因为，经验是别人的，你却没有用在自己的人生上。

那么，如何快速有效地提升自制力？真没你想的那么难，重点是——从现在、此刻就开始改变，千万别懒，别拖延，别逃避，别给自己找借口！

最可悲的人生，莫过于一边信誓旦旦又一边懊悔不已。愿你的努力不再只是"看上去很努力"而已，愿你的付出终将配得上你的梦想。

恐怖高中还是快乐高中？你的高中你做主！

学点人际关系学
将人际烦恼一扫而光

高中阶段，我们无论在心理还是智力水平上都已接近成年人的标准，但在相对封闭的校园环境下，难免存在很多不成熟的方面，尤其是在人际关系方面。我们在学校所面临的人际关系，主要是两方面，那就是与同学的关系和与老师的关系。这两方面关系处理得好坏，会直接影响到我们的学习效果。因此，对我们来讲，搞好这两方面人际关系意义重大。

在处理老师和同学的关系方面，首先要相互尊重。每个人都有自己的气质和性格特点，所以在与他人交往过程中，如能互相理解，相互尊重，关系就容易融洽。其次要学会宽容。在许多问题上，你和老师与同学之间必然会有不同的见解，这就要我们学会换位思考，能从对方的角度考虑问题，避免摩擦。

我们说，在一个人成长的过程中，情商有时比智商更重要。高中阶段，情商高的表现就是善于和老师以及同学合作，团结一致，共同进步。人们常说现在是个性的时代，甚至认为真正的英雄寂寞且孤单。其实对于更多人而言，如果我们在人生当中没有学好人际交往这堂课，你一定会错过很多共同进步的机遇。

高中是积累
人脉的基础期

□ 解 东

恐怖高中还是快乐高中？你的高中你做主！

石油大王洛克菲勒曾经说过："假如人际沟通能力也是同糖或咖啡一样的商品的话，我愿意付出比太阳底下任何东西都珍贵的价格购买这种能力。"由此可见人际交往能力的重要性。从公共关系学的角度来看，你是否拥有好人缘在一定程度上决定了你未来事业的成功与否。

现实生活中觉得自己人缘不好的同学大有人在，这也是很多同学觉得自己在人际关系处理上显得很迟钝的原因。有不少同学渴望拥有知心朋友，又苦于不知如何表达自己。有时候为了有好人缘、好朋友，就说些赞美、恭维同学的话，反倒让同学误会自己爱拍马屁，有点自讨没趣儿。所以，不少同学选择了置之不理，觉得还是顺其自然的好。实际上，这只是你没有掌握好交流技巧的缘故。想做个交友达人，其实还是有一些路

径可循的。

在想要拥有好人缘之前，我们应该首先弄清楚为什么自己人缘不好。人缘不好者往往有一个毛病，那就是自以为是，瞧不起别人：看人总是斜着眼睛；回答问话时往往显出不耐烦的神情……这些表现，虽然并非完全是有意的，却必然会引起对方的反感。要想有好人缘，就应该在与同学、朋友相处的过程中，平等相待，懂得尊重朋友，不做伤害朋友自尊心的事。

心胸狭窄，妒忌心重，是人缘不好的重要因素。能力比你强的，你不服气；受老师器重的，你看不顺眼；别人相互关系密切，你则悻悻然，甚至连谁讲了一句精妙的俏皮话，你也会若有所失。无形之中就在你与别人之间构筑了厚厚的、无形的墙。要想有好人缘，就应该以宽广的胸怀接纳别人，对他人多一份理解与宽容，友谊之花就会绽放得更加绚丽。

疑心太重，也是人缘不好者的一大弱点。疑心重的人，别人只要一谈到某个问题，他就怀疑人家有意影射他；看到几个人在窃窃私语，便怀疑在议论他；甚至别人无意中瞟了他一眼，他就受不了。凡此种种，使自己处于惶惶不可终日之中，使别人对他避之唯恐不及。要有好人缘，就要信任对方，不要采取敌视的态度。如果在人际关系中没有信任，与别人沟通自然会产生严重阻碍。

众所周知，在所有图形中，三角形最具稳定性，而在人际交往中，也有一个"三角"，它可以保障我们的人际关系既良好又稳定。这个"三角"，就是我们所说的"黄金三角原则"。交际中的"三角原则"

嫉妒，是一个人发自内心地对另一个人最大的认可。——嫉妒的另一层含义

指的是：与人交往时要尊重他人、理解他人、帮助他人。之所以称其为"黄金三角原则"，是因为它在交际中像黄金一样弥足珍贵。

尊重他人是做人的道德准则，也是我国的传统美德。人与人之间是平等的关系，只有相互尊重，大家才能和睦相处，其乐融融。给成功者以尊重，表明自己对别人成功后的敬佩、赞美和祝贺；给失败者以尊重，表明自己对别人失败后的同情、安慰和鼓励。即使是日常见面、交谈，也应该以尊重的态度对待他人。著名文学家惠特曼曾说："不尊重他人，就是对自己不尊重。"尊重他人无疑是奠定良好人际关系基础的一块基石。

有一种能力叫"同理心"，就是设想其他人的生活状况和心情的能力。一个人如果拥有了这种能力，他就能够站在他人的角度上考虑问题，这也就是我们常说的理解他人。

每个人都有自己的个性、爱好，看问题也各有各的观点、方式，不能强求统一，所以要想和谐相处就必须相互理解。缺乏理解或理解偏差往往会妨碍人际沟通，甚至使人际关系恶化。

假如事事都能设身处地为他人着想，宽容他人，体谅他人，他人便会心生感激，对你好感有加；假如事事都从自己的主观感受出发，唯我独尊，目中无人，他人便会心生怨气，对你倍加敌视。理解他人是奠定良好人际关系的第二块基石。

著名学者埃·哈伯德说过这样一句话："聪明人都明白这样一个真理：帮助自己的唯一办法就是帮助别人。"这句话告诉我们一个道理，那就是一个人要想获得交际的成功，绝不能完全以自我为中心，要学会寻找适当的机会帮助别人做一些事，为他人排忧解难。对他人时时存关爱之心，表友好之意，才能赢得他人的好感，等你有困难或需要他人帮助时，他人才会义无反顾地伸出援助之手，于是你才能在生活中左右逢源，处处春风。所以说，帮助他人是奠定良好人际关系的第三块基石。

掌握了处理人际关系的三大原则，还有几点具体的人际交往方法值得关注：

一是要积极主动地与他人交往。很多同学人际关系冷淡的原因是自己没有积极、主动地团结同学。他们在和别的同学打交道的过程中总处于一种被动状态，希望别

"为什么热水比冷水冻结得快？"——这个看似简单的问题至今没有答案。英国皇家化学学会悬赏1000英镑征求答案。

恐怖高中还是快乐高中？你的高中你做主！

的同学主动跟自己接触，主动邀请自己参加活动，这是一种消极的交际心态。其实在交往中，自己主动一点儿不仅可以形成和谐的人际关系，而且能锻炼自己的胆量，培养自己大方、慷慨的气度。对此，你首先可以和那些与自己有相同兴趣爱好的同学建立亲密的伙伴关系，这一点是很容易做到的。对于那些与自己有一样的性格、胆小、害羞、易自卑、内向的同学，你可以主动团结他们，一起玩，一块分享好吃的。在活动中大家会一起得到锻炼，慢慢变得开朗、大方起来。

二是要寻找同学间的共同点，产生共鸣。人与人之间，如果能主动寻找共同点，使自己的思想爱好能与他人趋同，就能增进彼此间的友谊，结成朋友。所谓的"共同点"，不仅包括相同的兴趣爱好，还包括相同的观点、相同的生活环境等，这些都可以成为你取得友谊的支撑点。为此，你可以和别人主动沟通，以便取得行动的一致性。当同学遇到困难、遭遇不幸时，你应该把别人的困难和不幸当作自己的困难和不幸。如果能做到同甘共苦，你身边的好朋友一定会越来越多。

三是要勇于诚恳道歉。

有时候，一不小心，可能会碰坏同学心爱的东西，或者自己欠考虑，可能会误解别人的好意……如果不小心得罪了同学，就应该及时真诚地道歉。这样不仅可以弥补过失、化解矛盾，得到同学的谅解，而且能促进双方心理上的沟通，缓解彼此的关系。把道歉当成耻辱，将有可能使你最终失去朋友，人缘越来越差。一个人要想赢得好人缘，最好尽量减少自己的过失。

曾子说："吾日三省吾身。"你只有不断检讨自己的过失、提高个人的修养才能赢得更多朋友。❀

人际交往的四个境界

　　人际交往的四个境界：一是惹不起躲得起，跑出去，最后问题还摆那里；二是非要争个胜负，非要自己胜利；三是为了对方而忍让，希望借此被对方接纳，结果可能让对方变本加厉；四是敢于面对冲突，试图解决问题。

　　有理由相信，第四种方法最为合理。很多问题，你躲也躲不掉，让也让不掉，只有去面对，去解决，以后关系才可能正常化。好像这个思维在美国很吃得开。美国最被人反感的交流方式，是为了规避冲突不作声，但在人后捣鬼的两面三刀。而通常被人接受的沟通方式，是那种不卑不亢的沟通：不为自己的权利让步，但为了解决问题也不回避与对方的冲突。🐚

之所以我会选择一个懒惰的人做一份困难的工作，是因为，他会去找一个简单的方法去做。——比尔·盖茨

人的羞怯情绪似乎是一种与生俱来的品质，从某些领域来看，"羞怯"并不是一个完全贬义的词，有人甚至认为"适当的羞怯是一种美德"。在现实生活中，我们确实能遇到十分害羞的人，他们一方面对自己缺乏信心，不喜欢公开亮相，无意与他人竞争，遇事犹豫不决，表现得很不善于交际；但另一方面又往往勤于思考，凡事多为别人着想。我们也会遇到一些不太羞怯的人。一方面，他们往往对自己十分自信，很少拘谨，能够捕捉到较多施展自己才华的机会；另一方面，也可能太过冒失，容易与人争执，从而得罪和伤害别人。因此，羞怯与不羞怯究竟是好是坏，不能一概而论。

不过，凡事都不能超过一个"度"。过度羞怯容易使人消极保守、沉溺在自我的小圈子里，不利于学习和事业的成功。如果一名高中生羞怯感很强烈，就会妨碍他与别人进行各种交往，才能得不到正常发挥；同时还会产生沮丧、抑郁等不良情绪，形成软弱、冷漠、孤僻的性格弱点。

羞怯心理产生的原因，从心理学角度来分析，缘于神经活动过分敏感和后来形成的消极性自我防御机制。一般情况下，具有抑郁气质的人习惯于内向活动，特别是在大庭广众下，不善于自我表露；而自卑感较强和过分敏感的人也会在与人交往时，由于太在意别人对自己的评价而显得畏首畏尾，吞吞吐吐。此外，幼时所处的环境、所受的教育以及曾

别让羞怯
成为拓展友谊的绊脚石

□钟洛阳

经的挫折经历也会影响一个人的交往，形成羞怯心理。比如曾在大庭广众之下受到冷淡的人，以后遇到类似的情境就会引发羞怯感。

1950 年 11 月 10 日，美国著名作家福克纳获得了诺贝尔文学奖。生性羞怯的福克纳对获奖反应很平静，他对记者们只说了一句话："这是莫大

的光荣，我很感激。不过，我宁可留在家里。"之后，他非常不愿意出席瑞典的颁奖典礼。当家人、朋友和美国国务院特使的请求一概无效时，福克纳的妻子让女儿出面哀求，深爱女儿的福克纳同意了。

在典礼上，这位身材矮小、高中也没毕业的"乡巴佬"，多亏女儿的帮助才克服了羞怯和腼腆。讲演时，他说得细声细语，速度很快，又带着浓重的家乡口音，谁也没听清楚。直到第二天报纸上发表了演讲词之后，人们才知道他说了些什么。其实不仅仅福克纳有着性格羞怯的问题，许多著名人物，如美国前总统卡特

恐怖高中还是快乐高中？你的高中你做主！

及夫人、英国王子查尔斯、四次获得奥斯卡金像奖的女影星凯瑟琳·赫本，以及第23届奥运会四枚金牌得主卡尔·刘易斯等人，都曾坦率地承认自己曾经是一个十分怕羞的人，可他们经过有意识的磨炼，最终克服了羞怯心理，拥有了令人瞩目的成功，纷纷成为社交界的明星。

所以，羞怯是可以克服的。针对造成羞怯的原因，要想克服羞怯，可以从以下几个方面做起。首先要提高认识，明确性格是在生活过程中逐渐形成的。如果你已形成羞怯的性格，不要刻意追求奔放和外向，因为羞怯的人也有很多优点。要避免羞怯，关键是要少考虑自我，多考虑他人。此外，还要正确认识自己，承认"羞怯"是自己的弱项。这样，当别人注意到你的这方面时，你才不会紧张或刻意掩饰自己，才能采取随和的态度，也只有这样，你同别人的关系才能更加密切而友好。

其次是要学会坦呈自我、尊重别人，不要给别人一种傲视一切、高高在上的印象。这样，别人才会喜欢你并乐意与你交往。否则，整日孤芳自赏，尽管你主观上想克服羞怯，也一定会因为客观上的碰壁而走回羞怯的老路。为人要热情、开朗，要时刻做出乐于与人交往的表示。否则，终日沉默不语，别人便不愿打扰你了。只有善于并乐于表达，并使别人在与你的交谈中获得乐趣，别人才愿意与你交谈，你也才能从羞怯的阴影中摆脱出来。

此外，还有一点也很重要。很多同学之所以感到羞怯，是因为他（她）看不到自己的优点，总认为自己很无能，害怕不能给别人留下美好的印象。实际上，任何人都有自己的长处和短处。只要学会欣赏自己，增加交往的勇气，就会表现得更加出色，也会博得更多人的喜爱和肯定。如果总是把自己想得很糟糕，过低地评价自己，那么在交往过程中难免会变得迟疑、谨慎、紧张、不安。

为了完成上面提到的这些克服羞怯心理的内容，你可以采取以下训练方法来进行自我训练。相信经过长期的训练，你一定可以成就一个全新的自我：1.中心转移法，即在公众场合，全神贯注地做自己的事情，不管自己是否紧张，努力坚持下去。2.多向交流法，即多结交个性开朗、外向的朋友，并与他们保持密切的往来，可从他们身上学习泰然自若的风度举止。3.反向训练法，即强迫自己到最令自己胆怯的情境中去。如羞见陌生人，就强迫自己多与不认识的人打交道；如害怕在众人面前发言，就迫使自己多争取这种发言的机会。4.自律性训练法，即当临场出现不安时，想方设法控制紧张情绪的外露，在心里不断地给自己积极的暗示："我不害怕，没什么可怕的。"采用这种方法可以消除压力，放松心情，对于克服羞怯也十分有效。对于这些具体的训练方法，你可以采用循序渐进的方式，先在自己熟悉的环境中进行锻炼，然后逐步增加情境的陌生性与难度，直到你可以在人群中自如地表达自我。

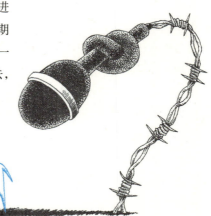

理想就像一张邮票，你把它贴在哪儿，它就能把你带到哪儿。

主动与老师聊聊

生活与学习 □高改良

一位高考状元曾经讲过一个他和数学课的故事，读来很有启示性。上高中时，这位高考状元的数学出了问题。原因是在第一次重要的考试中，他不小心漏掉了一个题目没有做。这很让他郁闷，因为这道题有 12 分，就是这 12 分让他的排名向后靠了 5 名。他走进老师的办公室，觉得数学老师很不开心，然后用一种他"极不喜欢的语气"说了这件事。这让他一直耿耿于怀，觉得这位数学老师很是不善。后来又发生了一些小事，让他对这位数学老师陷入了完全的讨厌之中。由此，他养成了上数学课从来不听的恶习。每到考试，他的数学成绩都很糟糕。

这样的情况直到高二下学期才发生改变。他们要正式分科了，就是因为数学的关系，他选择了文科。到了文科班，他发现大家的数学水平普遍不高，而他因为数学基础好，在班里的成绩还能排在前面。班主任让他做了数学科代表。他一直不明白，是因为老师想提高他学数学的兴趣才这么做的，还是觉得他的数学成绩本来就比较好。反正他当时的想法是，既然老师这么信任自己，就一定要把数学学好，不然岂不是不配做数学科代表？

抱着这个想法，他开始重新看待这门课。而对于他们的数学老师，不知道因为他很优秀，还是因为自己想要改变对数学的态度，总之，这位后来的高考状元也开始像班里其他同学一样喜欢他了。不用说，他的数学成绩得到了很大提高。在后来的模拟考试中，他的数学成绩拿过很多次第一。"成绩的背后，除了我自己的付出外，老师的影响是巨大的，他给我信心，让我有了重新开始的想法。"

实际上，老师在每位同学学习上的作用都是很大的，特别是对学生学习心理的影响不容忽视。当你喜欢一位老师时，是不是觉得他教的这门课也特别有趣？相反，当你讨厌一位老

恐怖高中还是快乐高中？你的高中你做主！

师时，你是否会觉得那门课也同时失去了吸引你的光环？然后，你会花很多时间在你喜欢的那位老师的课上，而越来越讨厌另外一门课，这便是恶性循环的第一步。如此一来，讨厌的那门课，得到的成绩也不会太好，于是老师可能会找你谈话。这样的结果是，你会越发讨厌那门课和那位老师。当父母质问你的时候，你会回答："老师不好，我不喜欢他，很多人都不喜欢他。"你可能没有注意到，那门课程其实很多同学学得不错，只是你被自己的情绪掌控了，甚至到最后连你自己都不知道是老师真的很讨厌，还是那门课很难学了。

"师者，所以传道授业解惑也。"发展到今天，新时代的师生关系已不仅仅是单向的传道、授业、解惑，而是一种师生间的双向互动，这种互动就是双向的交流和沟通。有效地利用师生关系，你才有可能喜欢上这位老师，进而喜欢上他的课。如果你总是将自己置于老师的对立面，时刻想着给老师难堪，最终承担后果的只能是你自己。那么，新时期的高中生应该怎样与老师进行交流沟通？怎样做才能与老师有更多的良性互动呢？

尊重老师，尊重老师的劳动

其实每位老师都想把自己所知道的知识无私地、毫无保留地教给每位学生。如果他们希望得到什么回报的话，那也一定是希望看到自己的学生成才、成熟，在知识的高峰上越攀越高。如果你能学着尊重老师，尊重老师的劳动成果，那每位老师自然都会感到十分欣慰。所以，见到老师时不妨有礼貌地打声招呼，上课时认真听讲不破坏纪律，主动把老师留的作业保质保量完成。经常这样，老师又怎么会不高

兴？尊重老师，尊重老师的劳动，是师生和谐相处的基本前提。

勤学好问，虚心求教

很多人做学生时经常说"这个老师不怎么样""那个老师水平太低"，等自己长大了才发现这种看法原来是多么天真。老师从他的年龄、学问、阅历上来说，在某门课上的水平肯定是高于学生的，所以，要向老师虚心求教。勤学好问不仅直接使学习受益，还会增多、加深与老师之间的交流，无形中拉近了与老师的距离。其实，向老师请教问题往往是师生交往的第一步。

正确对待老师的过失

老师也不是完美的，如果他（她）有的观点不正确，或误解了某个同学，甚至有的老师"架子"比较大，或是太严厉，这都是可能的。发现老师的不足要持理解态度，你当然也可以语气婉转地向老师表达你的意见，但时机要适当。如果老师冤枉了你，当面顶撞老师并不是什么好办法。这样不仅不利于问题解决，还会恶化师生关系。不管怎么说，老师是长者，作为学生，也应该置老师于长者的地位，照顾老师的自尊心和面子。

犯了错误要勇于承认，及时改正

有的学生明知道自己错了，受到批评，即使心里已经知道自己不对，嘴上却死不认错，与老师闹得很僵。有的人则相反，受过一次批评后，就特别怕那位老师，担心他对自己有成见。这都是没有必要的。错了就错了，主动向老师承认，及时改正，老师一样会喜欢。老师不会因为哪个学生一次没完成作业，一次违反

了纪律，就对学生下定论。要相信老师是会比较全面、客观地评价学生的。

要理智，懂得透过现象看本质

严厉的老师往往最招学生不理解。可没有一位老师希望学生见了自己就怕。一位对学生从不发脾气的老师，要么是伟大的教育家，要么是不负责任。大多数老师不是教育家，却具有极强的责任感，冲动的时候难免做出一些过激的事。万一发生此类事情，你应该多想想老师发怒的原因，理解老师的良苦用心。不能因为一次偶发事件，而记恨老师很长时间。这样做的结果，恐怕只能使师生关系进一步恶化。其实师生之间没有什么难解的"仇恨"，只要你主动与老师沟通，就一定可以化解误会，让老师重新认识你。

高中要知道

人际交往的心理原则

给别人爱你的理由——主动原则

坚持主动原则，给别人爱你的理由，就是你先要爱别人。无论是情感定向的交往，还是功利定向的交往，要使交往顺利进行和延续，都该先从自己开始。你肯播撒爱的种子，才能有爱的收获。

要感情也要实惠——双重原则

人与人之间的交往是多层次的，粗略地可以分为两个基本层次：一层是以情感定向的人际交往，比如亲情、友情；另一层是以功利定向的人际交往，也就是有着某种功利目的的人际交往。现实当中，我们要既重感情，也讲实惠，从不同层次上保持与周围人的关系。

别让人家抱"定时炸弹"——真诚原则

不论是情感定向的交往，还是功利定向的交往，都需要真诚。你不真诚就让人感到没法把握你，就提心吊胆。其实，挚友交往的最高境界是利他的。如此，还愁没有朋友与你交往？

花香淡淡情味更长——距离原则

人们在交往中都需要一定的人际空间，有人形象地称之为"人际气泡"。心理学的研究告诉我们，人都需要一个独享的心理空间，需要一定的心理自由度。失去心理自由度，人际气泡会感到拥挤，于是，不舒服就产生了。

路靠自己走——自立原则

一个好汉三个帮。这句话是不错的，但帮助是人家的事，你不能这样企望。现代社会，大家都很忙，都有自己的事情做。交往不能影响自立，因为人生的路到底要靠自己走。所以，在你与人交往时，应该摒弃对他人的依赖，自立自强。

恐怖高中还是快乐高中？你的高中你做主！

初恋，这个被英国文豪萧伯纳定义为"一分傻气加上九分好奇"的词语，常让人们联想到一串串美好而青春的事物：第一次怦然心动，第一次拉着心上人的手，第一次骑脚踏车载着喜欢的人……

正像萧伯纳所说的，这些看起来傻气十足的事情，确实趣味盎然。不过身为学生，全社会其实已经在不同程度上达成了共识，因为人的行为毕竟是有规律可循的，遵循必要的成长规律，才有助于你健康地成长。

著名心理学家马斯洛，曾把人的需要分为生理的需要、安全的需要、社交的需要、自尊的需要和自我价值实现的需要五个层次。其中最低级别

这种隐秘的骚动往往会使心理并未完全成熟的高中生陷入无限的迷茫之中。

德国大诗人歌德说过："英俊少年哪个不善钟情，妙龄少女谁个不善怀春。"处在青春期的少男少女对异性产生好感和爱慕是很自然的。这是再正常不过的心理和生理现象，所以不必惊慌，也不必害

决绝地与早恋

说再见

□边　际

一旦早恋，就不像电影中那么浪漫和轻松了。

对"早恋，我们该怎么办"的回答，首先不是方法，而是认识。在多元文化下的今天，虽然对早恋有各种各样的认识，但这并不意味着你怎样看都可以，怎样做都允许。一些核心的认识、关键性的措施，

的需求是人的生理需要。作为中学生，已跨进第二次生长发育高峰期，第二性征开始出现，很多同学也开始出现心理上的变化：渴望了解异性的一切，却又似懂非懂。也正是如此，高中生的所谓"爱情"便蒙上了神秘的面纱，散发着迷人的诱惑力，让少男少女心醉神驰。

怕，不要因此就觉得自己是个十恶不赦的"坏孩子"。但作为一名尚处于长身体、长知识阶段的高中生，这种喜欢只能保持在友谊的层面，不能发展成恋爱关系。要知道，早恋对高中生的负面影响是不容忽视的。首先，这会严重影响学习和生活。早恋者往往以恋爱为

与其因为别人看扁你生气，倒不如争口气，争气永远比生气漂亮和聪明。

中心，情感为对方所牵制，不影响学习几乎是不可能的。其次，早恋容易让人受到伤害。高中生心态不稳定，恋爱中容易产生矛盾，而且耐挫力差，容易在情感波折中受到伤害，进而产生伤己伤人的做法。而尤其严重的一点是，早恋容易出现性过失。高中生容易激动，而不计行为后果。一旦出现越轨行为，又羞于启齿、担惊受怕，会对以后的人生产生无法估量的影响。

所以，在早恋这个问题上，我们必须有清醒的认识：

第一，作为一名高中生，现阶段的主要任务就是学习，不是恋爱，更不是结婚生子。此时，你必须为自己的人生打下坚实的基础，时刻耽误不得。既然如此，你有责任和义务把全部的精力投入学习中去。只有这样，你才能不辜负父母和师长对你的教导和培养。人生的命运就掌握在自己的手上，你应该学会认真对待每件事，凡事都要尽自己的最大努力把它做好。如果你不能尽自己最大的努力将成长各阶段的主要任务完成，那么你就无法掌控自己的命运，也就谈不上给喜欢的人一个幸福的未来。所以，学习依然是你生活的重中之重，

这是绝对不可动摇的。

第二，一个人的择偶标准不是一成不变的，而是随着阅历的增加、环境的改变和事业的发展，时刻都在变化的。尤其是在生理和心理都不成熟的人生阶段，一个人的喜好更是十分容易发生改变。如果这时你把主要精力放在谈情说爱上，不但会误了大好时光，而且会做很多无用功。那是因为现在彼此的人生轨迹都是个未知数，自己的兴趣和爱好也都没有定型，对周围环境的评价也不完善，何必在这时给自己的人生预先埋下后悔和遗憾的种子呢？

第三，如果你真的有幸遇到了真心相爱的另一半，也要学着将恋爱关系冷处理。懂得真正的爱情就像美酒，需要时间来慢慢酝酿。现阶段不

妨先把对对方的感情深埋在心底，把主要精力放在学习上，并把爱情的力量化作动力，彼此互帮互助，做到比翼齐飞。等到彼此工作和事业基本稳定后，如果依然相爱，那自然是水到渠成，携手走进婚姻的殿堂，也是令人欣慰的美事。对此，相信社会、家长和老师也会给予肯定的。

除了适时提高自己对早恋的认识，你还可以有意识地参加课外活动，以转移注意力，发泄充沛的精力。除了参加校内丰富多彩的文体活动，还可以根据自己的兴趣发展自己的个人爱好，如集邮、阅读、写作、唱歌、跳舞等。通过这些活动，既可以锻炼身体，又可以培养自己多方面的兴趣，实在是一举多得。

恐怖高中还是快乐高中？你的高中你做主！

恐怖高中还是快乐高中？你的高中你做主！

校园里的师生恋一直是国内文艺作品渲染的主题，美国也曾经是这样：他是一脸红络腮胡子的年轻教授，她则是有着一双水汪汪大眼睛的年轻学生；他在课堂上才华横溢侃侃而谈，她坐在前排满脸倾慕凝神静听……课堂上的火花演变成课外的火热，最后成为一场短暂而失望的风流韵事。这是20世纪60年代美国肥皂剧的经典画面。50多年后的今天，美国校园里的师生恋已是教师道德准则所不允许的了。美国几乎所有的校园工作人员手册里都有这样一条规定：严禁教师去"招惹"学生。

◎师生恋产生的原因◎

师生恋是性萌动期的青少年很容易发生的一种对年长异性教师的仰慕感情。中学校园里到底有多少少男少女遭遇师生恋，人们不得而知，但绝非绝无仅有。师生之间的恋情往往是苦涩的，会给双方带来沉重的负担，甚至是不可原谅的伤害。不过，师生恋的成因很复杂，有时可能会让你无知无觉，避无可避。从心理发展角度来分析，师生恋多发生在学生青春期。青春期在生物学上是指人体由不成熟发育到成熟的转化期。这时，异性开始对我们产生吸引力。出于对长大的渴望，我们更容易关注年长的异性，因为自己的能力有限、经验不足，便渴望得到成年异性的理解与帮助。

其次，从社会环境角度来分析，青少年对异性朦胧的爱慕多是从身边年长的异性开始的。因为少年男女交往范围很小，在经常接触的异性中除了亲人、同学，就是老师了。环顾周围我们发现，与自己朝夕相处，关心自己成长，传道解惑的老师，有阅历，有才华，有智慧，充满了成熟之美，很容易占据我们的心灵。于是，一些同学就会对异性老师由崇拜变为执着地追求。

"不迷恋老师"，别只是说说而已

□乐桃桃

◎师生恋的特点◎

通过观察很多个案发现，女生发生师生恋的概率高于男生。这可以理解：第一，女中学生在生理上和心理上发育要

一个瘫痪的人想要跑，一个矫健的人不想跑，这两个人都将停止在原地。——卢梭

比男中学生早。第二，女中学生富于幻想，多愁善感，因而常常向往能保护自己、了解自己和爱护自己的年长异性。第三，女中学生天生依赖性比较强。小时候依赖家长，进入中学对家长开始疏远，但依赖性依然存在，在她们眼里同龄男同学不成熟，于是她们对父母的依赖自然就迁移到了成年男教师身上。

当然，并不是所有学生对老师的爱慕都是不道德的。很多同学对老师的爱慕是很纯真的。这种恋情可以说完全属于一种精神上的人格向往。用"英雄崇拜"这个词来解释这种纯真的"师生恋"是十分恰当的。不过，师生恋大都显得很盲目。由于学生的社会经验不足，视野狭窄，思想感情还未成熟和定型，所以这种崇拜和爱恋也带有很大的盲目性。

此外，师生恋还具有很强的隐蔽性。陷入师生恋的学生心中都很清楚，他们的这种行为是为社会习俗、道德所不容，也为学校和家长所不容。所以，绝大多数同学会把感情深埋在心灵底层，没有勇气去表达，这也是很多家长没有意识到自己的孩子出现了这方面问题的原因。

◎拒绝师生恋◎

师生恋因为其隐蔽性固然不容易被发现，但这并不是说作为高中生的你就可以为所欲为。实际上，师生恋在很多国家都是被严格禁止的，因为其中所涉及的问题实在不是一个青少年所能完全承担的。

其实，禁止师生恋的根本原因在于老师和学生之间的不平等。有权力的老师可能会滥用权力，对学生进行胁迫，而作为弱者的学生有时不得不屈从，因此禁止师生恋的本质是防止权力被滥用。禁止师生恋的另一个原因是防止师生恋破裂后，学生诬报老师骚扰。原本是两相情愿的事，一旦发生感情纠葛，处于劣势的学生可能会出于报复状告老师。

即便从爱情的角度看，师生恋也是不值得留恋的。大多数师生恋情只是一厢情愿的。他们中很少会发展成普通恋爱关系，这其中更少有成家立室的。绝大多数情况会由于师生间的年龄、阅历、经验、观念、角色、社会地位上的差异，最终分手。可以说，师生恋是一朵无果之花。

对于深陷其中的同学，要首先在思想上正确认清自己所面临的问题。出现对异性长者的仰慕，并不是什么丢脸的事，更不用觉得羞耻，这是人生成长道路上很寻常的事，意味着你就要长大成人了。但这时，我们的思想和情感尚处于幼稚阶段，和成熟的感情生活还有一大段距离。我们对老师的背景、性格等方面都缺乏真正的了解，多半是一时感情冲动。也许这段恋情来得很热烈，但缺乏现实基础的爱恋是很难持久的，何必自寻烦恼。

如果你是一名很有前途的学生，有可能会因为和老师谈恋爱而无心学习，致使学业荒废。为了你和家人的未来，还是走出这段感情的泥沼为好。这绝不是妨碍恋爱自由，而是为了能让你真正为自己的人生负责。◎

恐怖高中还是快乐高中？你的高中你做主！

恐怖高中还是快乐高中？你的高中你做主！

当兰达尔·克莱恩应聘到俄亥俄州阿克隆市詹宁斯中学教书时，这所学校的负责人为此感到幸运，以为觅得了一位好老师。克莱恩原先在曼彻斯特的一所学校任职。该校的校长在推荐信中给了克莱恩很好的评价。可事实并不是这样的。克莱恩在任教于曼彻斯特的那所学校时，曾因对所教的女学生有不当行为而受到调查。克莱恩否认自己有任何不端行为，但同意辞职。

在詹宁斯中学并没有人了解克莱恩以前的事，因为曼彻斯特那所学校的校长曾告诉当地一家报社的记者，他并不想把出了问题的人推给别的学校。所以，克莱恩凭着对自己极其有利的推荐信而获得了新的教职。可不久，克莱恩便"旧病复发"了，并因此获刑两年。在美国各州的学校都有"色狼"活动的踪迹。这些游走于各所学校的卑劣人物，无疑是美国现代社会未能很好地保护青少年的例证。对于这种性侵害现象，我们绝不能掉以轻心。

■ 易受侵害人群

性侵害一般是指任何非意愿的、带有威胁性质的，并与性相关的攻击行为，通常可

学会自我保护，远离性侵害

□叶子克

分为非身体接触型和身体接触型两类。其中，身体接触性侵害只是性侵害的"冰山一角"，非身体接触性侵害的案例可谓为数众多。事实上，有39.7%的女孩和19.9%的男孩遭遇过裸露癖、言语性侵害以及通过电子媒介进行的性侵害。

那么，什么样的人更易遭受性侵害？这似乎是个很难回答的问题，其实也有其内在规律可循。因为很多犯罪，就像生病一样，都有一种"易感人群"。虽说现在性骚扰非常普遍，大多数女生或多或少都遇到过，但从性骚扰上升到性侵害，却跟个人特质有关。是否容易遭受侵害与个人的"气场"有很大关系。我们所说的"气场"，就是在接触的过程中通过语言、肢体向大家表明的你的处事态度。只要你学会对不良触碰说"不"，就能在很大程度上避免受到侵害。许多女孩就是因为胆小不敢声张，而最终让侵害者得逞的。

有人认为长得漂亮或穿着暴露的女孩一定容易受侵害，其实未必。在公车骚扰案件中，最容易成为下手目标的，是那种看上去内向、腼腆、普通的女学生。总结以往的一些案例，具有以下特质的女孩更容易受到性侵害：青年女生，尤其是打扮时髦、身体暴露面积大的女生；外表懦弱、胆小怕事的女生；平时生活作风轻浮或曾经有过性过错的女生；单身行走、逗留或独居的女生；处在不良气氛（如与他人共同观看淫秽录像）的女生；缺乏防卫能力的女生，如聋哑等残

【知乎体】人的一生平均会吐2.8万升唾液，足够灌满两个泳池。

疾病人。

■ 如何预防性侵害

对于面对面的性侵害，我们其实还是可以做些预防的。一个典型的性骚扰或性侵害过程，往往总是从不那么露骨的性活动开始的，而性侵害对象最开始接近你的时候所表现出来的态度都是热情、友好、体贴。有时候会被认为是善于交际，或者对女生有好感。但是细心的女生依然能敏锐地分辨出，哪些人是友好的，哪些人别有意图。一旦发现对方对你别有用心，就应该在性侵害尚未发生时及早抽身。否则，对方就会恣意妄为，进而对自己造成伤害。

除了面对面的性侵害，如今非身体接触性侵害大有愈演愈烈之势。这主要源于电子信息技术和网络媒体的发达，性侵害的手段越来越高明、隐蔽。比如很多网页都包含软色情内容，令人防不胜防，对青少年的身心都大有影响。对此，要切记不主动观看、下载和转发包含色情信息的图片和视频。此外，还有一点非常值得注意，那就是利用时下非常流行的微信交友诈骗。这样的案子在现实中发生过很多例。

有犯罪分子专门利用微信接近受害人，将对方约出来后实施诈骗、抢劫或强奸。这是非常需要小心的。

近两年，由于新的生活方式和生活环境的改变，青少年同伴间性接触的平均年龄提前了，未满18岁的青少年同居现象尤其值得关注。很多同学从会见网友到成为性伙伴往往也就是几天的时间。甚至一些年龄稍大的同伴，采用种种引诱、威胁的手段来骗取年龄较小的同伴发生性行为。很多自以为沉浸在爱河中的青少年，根本考虑不到这种不负责任的行为带来的后果，过早发生性行为对自己的身心和成长都是一种潜在的危害。还有的人，把这种事情当作儿戏。殊不知这种行为会给自己今后的学习和生活带来巨大的伤害。

在青少年性侵害案件研究中，70%的性侵害案件都是熟人作案。这些熟人作案的案件，都是经过了很长时间才案发。延后报案所带来的后果就是取证困难。而仅靠证人证言是难以定罪的。往往受害人会陷入既无法为自己讨回公道，还要遭受诽谤与奚落。

■ 如何应对性侵害

如果遭遇性侵害，应该怎么办？首先我们要正确认识到性侵害的发生，意识得越早避免的可能性越大。通常来说，当有人刻意触碰自己身体的时候，就是最后的底线。此时迅速打量周边环境：是否能够脱身，是否有人能够求助，是否通信畅通。即使是被胁迫也不要轻易跟随对方远离闹市区。当一个人行动瘫痪时，要拖动是非常费力的事——这意思是说，如果你不愿意，对方基本上无法在不引起注意的情况下强行将你带走。如果不幸已经发生，不要惊慌失措，首先要远离侵害人，到一个安全的地方，防止二次侵害的发生，然后收集证据迅速报案。身上的伤口、痕迹都可以证明侵害行为是被迫发生的。另外，对方的骚扰短信、信件等也可以作为证据提供。◈

恐怖高中还是快乐高中？你的高中你做主！

恐怖高中还是快乐高中？你的高中你做主！

避免矛盾就不要让嫉妒心肆意泛滥

□ 祁开社

苏倩向来是个自尊心很强的女孩儿，在她看来，自己虽称不上出类拔萃，但至少从来没有让家人和老师失望过。从小学到初中，她一直是班里的尖子生，考试成绩从没排到过第三名。为了保住这个"出色"的地位，她从不敢在学习上有半点懈怠，别的同学看1小时的书，她就一定要看3小时。可是，上了高中之后，班里会集了大批尖子生，对于保住第一的位置，她越来越感到吃力。尤其是近几次的测验，她的位置开始动摇。从第一名变成第三名，接着是第五名、第十名。现在，排在第一名的学生是从外校转来的一名女同学，她不仅学习好，而且歌唱得也很好，同学和老师都很喜欢她。眼见着这位女同学第一名的位子逐渐站稳，苏倩觉得自己不再是老师们的宠儿，反而成了无人关心的丑小鸭。

其实，这名女同学的生活并不如意，她没有爸爸，妈妈是名下岗女工，家里的条件一点儿也不好。相比之下，苏倩的家庭环境要比她好上千倍万倍。但苏倩始终觉得，让一个"穷光蛋"超过自己，实在是很丢脸的一件事。可是，在接下来的几次考试中，苏倩不但没有超过她，反而越考越差。

有时，她甚至害怕考试，害怕看到那名女同学。苏倩觉得是她夺走了自己头上的美丽"光环"。苏倩的嫉妒心越来越强烈，终于有一天，她趁那名女同学不在教室，偷偷拿走了她的一本参考书，因为快要考试了，如果没了参考书，一定会影响她的成绩。可回到家后，苏倩的心一直很不安，觉得自己这么做很卑鄙，可她觉得自己已经没有其他办法去超越那名女同学了。

苏倩的错误在于她陷入了典型的"名次危机"里。其实，名次并不能完全代表学习的成果，每个人的学习特点都不同，有的人善于考试，而有的人平时学习很好，考试却不见得会有好成绩，尤其是一个人一直背负着名次的压力，更会影响考试的发挥。其实，苏倩完全可以放下这个包袱，按照自己一贯的计划和方式去学习，并且注意劳逸结合，那样才能放松心态，才能以更好的状态来参加考试。对他人有嫉妒心是可以理解的，但如果将嫉妒转化为破坏他人的邪念，那就大错特错、得不偿失了。生活中有许多这样的负面例子，因为嫉妒便背地里使坏，既不利人，也不利己。

有人说："嫉妒是百恶的根源，美德的蛀虫，人格的白蚁。"这话是有道理的，因为经常嫉妒别人的同学，会把大好时光都花在对别人优势的贬低上，将自己的苦恼系在别人的成绩上，结果将自己原有的灵气也赔掉了，换回的只是无穷的烦恼和痛苦。著名诗人但丁说得好："嫉妒只会拉动风箱煽起你的叹息！"可能很多同学也意识到了嫉妒心对自己的负面影响，但它又确确实实

人只为了物质而工作，他搭建的是将他自己囚禁起来的监狱。我们把自己，用终将灰飞烟灭的纸币，寂寞地捆绑。——圣埃克絮佩里

实是青少年中常见的一种心理缺陷。比如在学习上，看到同班同学的成绩超过了自己，心理便觉得很不舒服；在人际交往方面，看到自己的朋友与其他同学来往密切，便会生气、怨恨；在日常生活方面，看到别人穿名牌、去高档餐厅、上学车接车送，心中便会愤愤不平，充满妒意。

黑格尔说，嫉妒是"平庸的情调对于卓越才能的反感"。青少年正处在发育和成长之中，这种嫉妒之心也就更多一些。当看到别人比自己强时，心里就酸溜溜的不是滋味，于是产生一种包含着怨恨、猜嫌、屈辱、虚荣以及伤心与悲痛的复杂情感，这种情感就是嫉妒。嫉妒表现在嫉妒者不能容忍别人超过自己，害怕别人得到自己无法得到的名誉、成绩等。在他看来，自己办不到的事别人也不要办成，自己得不到的东西，别人也不能得到。嫉妒程度有浅有深，程度较浅的嫉妒，往往深藏于人的潜意识中，不易觉察。而程度较深的嫉妒，会自觉或不自觉地表现出来，如对能力超过自己的同学进行挑剔、诬陷等。

嫉妒是人本质上的瑕疵，培根就曾说："嫉妒这恶魔总是在暗暗地、悄悄地毁掉人间的好东西。"它对人的负面影响是不言而喻的。首先，嫉妒心理影响身心健康。现代身心医学研究揭示，大脑和身体免疫系统有密切联系，嫉妒可使大脑皮层功能紊乱，造成人体内免疫细胞和免疫球蛋白生成减少，使机体抗感染的抵抗力下降。由此可见，嫉妒不仅使精神受到折磨，对身体也是一种摧残。其次，嫉妒心理影响学习效率。嫉妒心强，直接影响人的情绪，而不良的情绪会大大降低学习的效率。另外，嫉妒心强可能使我们结交不到知心朋友。嫉妒心强的人往往事事好胜，常想方设法阻止别人发展，总想压倒别人，这可能使同学、朋友想躲开你，不愿与你交往，从而给自己造成一个不良的人际关系氛围。

那么，染上嫉妒的青少年该如何克服这一性格上的弱点呢？第一，要认清嫉妒的危害，培养豁达的人生态度和积极的人生观念。做人心胸开阔，懂得"天外有天，人外有人"的道理。嫉妒的结果往往是损害别人，贻误自己。思想上认识深刻了，才会对其危害性产生厌恶情绪，在行动上与之决裂。加强思想修养，有意识地多读一些情操高尚、内容丰富的书籍，多听格调高雅的音乐，学会有意识地控制自己的感情。懂得了"心底无私天地宽"的道理，就会消除或减少嫉妒心理。

第二，学会转移注意力，给自己一个不嫉妒的理由。你可以积极参与各种有益的活动，努力学习，使自己真正充实起来。这样，嫉妒的毒素就不会滋生、蔓延。此外，一旦嫉妒阴影笼罩自己，可运用心理学的心理移位法，"将心比心"，设身处地地站在对方的位置上，从情感上加以体验和抑制，使自己不再嫉妒别人。

第三，要加强修养，克服私心，看到自己的长处，化嫉妒为动力。嫉妒的发生是个人心理结构中"我"的位置过于膨胀。一个人嫉妒别人时，总是注意到别人的优点，却不能发现自己强的一面。任何人都有不如别人的地方，当别人在某方面超过我们时，我们可以有意识地想想自己比对方强的地方，这样就会使自己失衡的心理天平重新恢复到平衡状态。

总之，对别人产生了嫉妒并不可怕，关键要看你能不能正视它。你不妨借嫉妒心理的强烈意识奋发努力，升华这种嫉妒之情，把嫉妒转化为成功的动力，化消极为积极，进而超越他人，超越自己！

恐怖高中还是快乐高中？你的高中你做主！

故事是从爱情开始的。

每一份爱情的来临都不是无缘无故的。作为这所美国人开办的私立学校中最为优秀的男生，男孩有理由得到情窦初开的少女的追求——他长相俊秀，气质儒雅，拉得一手漂亮的手风琴，而且，英语口语在学生中无人能及。当然，向他示爱的女生也并非平庸之辈。那位名叫依丝米忒的少女是伊斯坦布尔赫赫有名的皮草大王的女儿，貌若天仙，伶俐可爱。

依丝米忒常常在校园拦截他，

绝无仅有的经典细节

□赵功强

有时会送给他一些小物件，比如手表、瑞士军刀、皮带什么的，都是男孩子喜欢的东西，有时只是为了和他说几句话。说实话，这样漂亮多情而又率性热忱的女孩子几乎没人能够抗拒。所以，他也不知不觉地陷进了依丝米忒用温柔和热情织出的情网。他们开始约会，常常在周末，

远离街区，跑到郊区的河畔和小山冈，在那里玩耍，嬉戏，情到深处也会激情拥吻。

他的变化被父亲看在眼里。处在莽撞毛糙的少年期的儿子一度显示出了异常举动，多数时间心思很重，神游身外，其间伴随有间歇性傻笑。作为过来人，这位一直深受西方思想熏陶的大个子葡萄酒商人，

敏锐地察觉儿子一定是有了心上人。可是，儿子还是如此稚嫩孱弱，虽然个头已经快和自己差不多，但是，他除了会学习，其他什么也不会，甚至连衣服都不会洗。沉醉初恋不知归路的儿子是在携带着美好情愫走可怕的感情钢丝啊！他决定和儿子好好谈一谈。

父子间的谈话是在一次晚

餐时进行的。父亲直言不讳地问儿子："奥罕，告诉爸爸，那个入你法眼的女孩子叫什么？"

他因意外显得非常吃惊。只是怔了片刻，随即垂着头轻声告诉了父亲。他不敢抬头直视父亲，等着父亲大发雷霆。

父亲说："还是到此为止吧。听爸爸的话。"

他见父亲态度温和，胆子渐渐壮了起来。他为自己辩解："爸爸，是她主动的。况且，她的条件的确不错呀！"他觉得更像是在为他们的那份感情辩护，心底有一股豪气油然升腾。

父亲轻轻摇头："奥罕，你还太小。"

"太小？爸爸，我已经19岁了，是一个男子汉了。而你，当年只有17岁不就和妈妈好上了？"他自认为抓住了父亲的话柄，情绪越发激动起来。

他说的确是实情。他等着父亲妥协。

可是，他听见依然和蔼的父亲说了这样一番话："你说得没错。可是，你知道吗，我17岁的时候已经在葡萄酒作坊当酿酒师傅了，每个月能拿2000万里拉。我是说，我当时已经能够自食其力，有一定的经济实力为爱情埋单。你呢，一个里拉都挣不到，你凭

什么心安理得地钟爱自己心仪的女孩？"

他桀骜的心被父亲的话征服了，埋头扒饭，一声不吭。

父亲又语重心长地安慰他："奥罕，不是爸爸古董封建。你想想看，一个男人，如果没有经济基础，不能为他的爱人提供必要的物质保障，如果你是女子，你会怎么看待这样的男人？儿子，我告诉你，我一直都认为，一个男人，如果没有一份赚钱的工作，不能自食其力，哪怕他40岁甚至50岁，都不配谈恋爱，谈了，就是早恋；相反，只要他有立业挣钱养家的本事，15岁恋爱也不算早恋！"

父亲的一番话，可谓语出惊人，是他闻所未闻的逻辑，但又是那么入情入理，无懈可击。一语惊醒梦中人，经过思想斗争，他做出了从依丝米弐身边安静地走开，从这段虚幻缥缈的无根之爱中抽身而退的决定，尽管为此他承受了半年的痛苦。

牢记着父亲的嘱咐，他知道自己涉足感情还为时过早，于是集中精力于学业，最终一举考上伊斯坦布尔科技大学——土耳其最好的大学，并在这里牢固地奠定了日后事业的基础。

他就是奥罕·帕慕克，2006年度诺贝尔文学奖获得者。

荣获巨奖之后，奥罕·帕慕克曾在重要场合多次提到这件鲜为人知的早年趣事，坦言自己感激父亲当年"温柔地扼杀了一种愚蠢而羞赧的情绪"，让自己避免了蹉跎年华。土耳其国家级大报《自由之声》的一位资深评论员发表评论，说奥罕·帕慕克父子当年的交谈"是人类文化史上绝无仅有的经典细节"。

这一评价恰如其分。奥罕·帕慕克的父亲关于恋爱岁数的观点见解独到，其精辟在众多观点中无人能出其右，更重要的在于，这次谈话为未来一位文学大师的诞生铺设了一条正道，其意义永难磨灭。其实，融入了浓浓父爱的故事，即便是发生在普通人身上，都足以以经典相称，更何况是发生在伟大的天才作家身上呢？奥罕·帕慕克的成功当然是他自己的天才与勤奋的结果，但其父给他上的经典恋爱课同样功不可没。

丹麦的一位诗人说过："成功就是一片浩瀚的大海。"你本人的付出是注入其中的最重要的那条大河，可是，千万不要忘了，还有无数条不起眼的支流也尽了一份力。

恐怖高中还是快乐高中？你的高中你做主！

孤独者手札

□ 清尧

恐怖高中还是快乐高中？你的高中你做主！

按照概率学的说法，每个班级里一定会有那么几名标新立异的同学。爱打小报告的眼镜女生、"流性性别"的刺头女孩和羞怯男孩、站在人群中自带金光加持的"男神"和"女神"、平时玩世不恭学习成绩却异常优秀的"文曲星转世"、课堂上总爱出风头表现欲极强的"举手党"……不胜枚举，难以一一罗列。同样，按照概率学的论断，每个班级里又总是会出现那么一两个人，成为整个班级孤立的对象，备受所有人的欺负。

而令人遗憾的是，我恰巧便经历过这样一个小概率事件。

我读的高中是全市最好的重点中学，四星级，且在我毕业两年后成功被评为五星级高中，尽管一直以来我都无法理解，为什么还要对一所中学评定星级——这简直是对教育公平性最大的亵渎，但是不管怎样，能上这所学校，是我人生履历中不错的一笔。所以，当新生开学报到时，我的父亲说什么都要陪着我一起去，美其名曰"要一睹一流高中的学子风采"。小镇闭塞，民风淳朴，他用扁担挑着两筐行李便跟我一同进了城。等进了城才发现，豪车如流，在穿戴楚楚的人群中，我们显然成了异类。大家显然没有读懂朱自清先生的《背影》里伟大的父爱，理解不了我父亲的骄傲和对我最朴实的关爱，也不懂拮据贫困的家庭里也有高傲的灵魂。

于是，在新生报到时，我一举成名。开学第一天，在自我介绍时，我一站上讲台，便从后排传来大笑声："哈哈哈，是他，扁担男孩……"班主任一面随着同学们哈哈大笑，一面摆摆手敷衍了几句"安静"——孩子们的玩笑总归是玩笑，语言不伤人，语言没力量，这大概是这位年纪轻轻的班主任最初的想法。

当然，"扁担男孩"其实是一个在我听来还算质朴也还算文雅的称号，虽然起名者本身没带多少善意，但我并没有料到我会被孤立。

对天发誓，我热爱生活，阳光活泼、天生乐观、爱笑，也能说出不少有趣的事。况且，我学习成绩不错，不逃课，不顶撞师长，中规中矩，庄重端正。但被孤立这种事之所以会发生，有时候并不是因为你不够好，大多时候是因为你看起来有些不同，抑或不够强大。

作为一个初入县城的淳朴的小镇男孩，我与其他人

　　一不与俗人争利，二不与文人争名，三不与无谓人争闲气。——张之洞的三不争

最显著的不同便是我的普通话。初中时的英文老师，连教单词时都带着一股浓烈的乡音，"英格里希（English）"很"普洱（poor）"的我，普通话也很不标准。当我在课堂上平翘舌不分、磕磕绊绊地念完一篇课文时，就连语文老师的表情都有些抽搐，那想笑而又努力憋住的神情，后来成了我很多年的梦魇。一下课，所有的人路过我时，便会大声且刻意地模仿起我的发音，全民模仿我成了枯燥的高中生活中众人最大的乐趣。这让我在大多数人看来，是一个很土、很卑微的存在。在虚荣心逐渐膨胀的年纪，没有人愿意结交一个很卑微的朋友，所以，起初我只是经历了一段"没有朋友"的无趣时光。

说实话，没有朋友也并不是什么不得了的事，高中课本那么多，作业多到熬夜才能写完，少了人际关系的纷扰，倒也落得轻快。只是偶尔当老师布置"小组作业"，或者在体育课上需要两人结对完成一项任务时，我会有些形单影只、不知所措，但由于我天性乐观、脸皮厚，倒也没觉得这是什么天崩地裂的大事。

很快我便迎来了"初被孤立"。导火线未免有些草率，后来回想起来，真的很想拉着当初的同学认真聊聊。我不介意被孤立，但被孤立的理由实在让我有些汗颜。

我的母亲是一位勤劳的超市店主，她毕生都勤俭节约，力求将每一分钱都花在刀刃上，所以，在学生时代，我没有穿过一件名牌衣服和一双名牌鞋子。当我踩着一双山寨的Kappa（卡帕）运动鞋出现在教室里时，很快便引来后排男生的关注。他仔细盯着我鞋子上的logo看了许久，在安静的教室里发出一声惊天狂笑。他一面大笑一面指着我的鞋子喊道："你的

Kappa的logo怎么是面对面，而不是背对背？"那一整天，全班同学都以各种借口路过我的座位，打量我的鞋子，到最后连我自己都开始觉得，这件原本很无关紧要的事，让我很丢人，我甚至觉得自己做了什么错事——尽管我只是穿了一双很便宜的假货。

从那一天开始，我变成了众人避之不及的存在，似乎只要跟我说一句话，他们就会被拉下神坛，变成奴仆。我被孤立了，我不仅没有朋友，还成了大家讨厌的存在，请教问题没人理会，向别人借用笔和纸得到白眼，受到了更多的嘲笑和冷眼，也听到了越来越多的莫须有的"罪名"。

被孤立者作为一个班级里很特别的存在，如同娱乐明星一样，变成了众人学习之余的谈资。在那段被孤立的时光里，我在别人的口中做过不少蠢事——"我听说他喜欢边上厕所边吃早饭""我看到他上体育课时一个人回来偷吃××桌洞里的面包，你下次小心点""他宿舍的人说他一个月都不洗澡，好恶心啊"……这些蠢事可以被写成一本野史，我常常觉得，学生时代的"脑洞"真是广袤如星辰大海，无边无际犹如黑洞。

除了成为谈资，我还经常受到一些其他方面的伤害：课堂上回答问题时被突然抽空板凳，课本凭空消失，仔细寻找却发现被丢在了窗外，也被强壮的男生逼迫过帮忙做值日，也曾因为与别人一言不合挨过拳脚……这些在老师的眼里不过是年轻气盛的孩子们的游戏，总归不是犯法，算不上大事。而父母呢，听到抱怨时，总是一副"错一定在你"的质疑："为什么别的孩子没被孤立？一定是你做了什么不对的

恐怖高中还是快乐高中？你的高中你做主！

事。"最重要的是，没有任何人会帮我说一句话，他们都是对的，而我站在了世界的对立面——这就是孤立教会我的真理。

面对孤立，我显然有些怯懦。我最初抗衡的方式便是取悦所有的人，努力迎合各种圈子。乐于助人，关心集体，对同学们嘘寒问暖，成了谈话高手，无论哪个小圈子讨论足球、篮球、娱乐明星、时事政治，我都能插上一两句……如果按照古老的格言"皇天不负有心人"的说法，我势必早已感动所有的人，让大家看到我很卑微的外在下，其实有一颗善良的心。但显然我的方法失败了，我终究取悦不了所有的人，也融不进那些圈子。当你被孤立时，你和别人原本便不在一个等级和平台上，他们看你时高人一等，你自然无法和他们成为朋友。而你越取悦他们，他们越变本加厉，把学习的烦恼、成长的困苦尽数宣泄在我的身上，我从一个朴实的"扁担男孩"，变成了远近闻名的出气筒——令人遗憾。更重要的是，我并不想因为取悦别人，成为自己不想成为的人。

逆来顺受不行，那便对抗吧。所有的人都诧异这个逆来顺受的受气包怎么突然蹶起来了，起初还有三分忌惮，等摸清了我的情况，又开始孤立我。没错，16岁的我什么都没有，没有健壮的体魄，无法以一敌三干倒一片；也没有犯罪的歹念，不会歪门邪道剑走偏锋；没有老师、父母的理解，连一句帮腔都没有。我想对抗，简直是以卵击石。

我开始有些厌学，害怕学校，害怕交际，学习成绩一落千丈，开始沉迷网络，逃课上网，沉迷一款叫作《天龙八部》的游戏。在游戏里我何其威风，一身长袍、一柄碧剑，行走江湖惩恶扬善，受人尊敬。在游戏里我甚至交到了高中的第一个朋友，他叫红尘，等级比我高，年纪比我稍长几岁，带我积累经验、打怪物，让我在现实的压抑下，不至于变成一个心理变态的人。

我记得那时候，他安慰我时说过这样一句话，让我记了很久。一日，我们站在翠屏山顶，他指着游戏中的大好河山，跟我说："被孤立时也别太难过，等你再长大一点儿你会发现，人会越来越孤独，提前感受孤独或许是一种财富。"

我的父亲曾当过几年兵，具有很强的侦察能力。当我在网吧厮杀被他抓了个正着时，我心想我彻底完了，我毁了一个父亲心中美好的孩子形象。做好迎接狂风暴雨的我，却眼睁睁地看到他红着眼对我说："我和你妈省吃俭用供你上学，是希望你能出人头地，不要过我们这样的人生，你觉得你这样做合适吗？"

不合适，当然不合适。因为想要逃避现实的痛苦，便沉迷于游戏的虚无；因为无力应对被孤立的局面，便索性做一只逃避的鸵鸟，这种做法显然很不成熟。因为"不同"而被漠视时，没有正视自己的不同，却想磨去棱角成为自己不愿变成的人；因为"怯懦"而被欺负时，没有努力变得强大，而是虚张声势或是逃避现实，未曾迎战便已经失败。所以，归根结底，从内心深处，我甚至孤立了我自己，这何其可怕。

所以，当我重整旗鼓重新做人、坦然接受被孤立的事实、将全部的重点放在提升自我上时，我开始了新的生活。很多年后，我结交了不少朋友，没人相信我曾遭遇孤立。坦然、坚强地活着，成了我重要的人生信念。🌀

唤醒身体力量

好身体才有好成绩

　　身体健康对任何人而言都是最重要的，然而，随着一系列关于高中生体质的检测报告出台，当下高中生的身体素质相较过去有了较大下降。现实生活当中，一个不可忽视的现实是，很多同学以学习时间紧迫为由，忽视了对运动和身体素质的关注。其实这是非常不可取的。

　　事实上，我们在学习之余加强身体锻炼，不仅不会浪费时间，还能有效促进学习的进步。科学研究表明，加强课外体育锻炼，能有效提高我们的身体和心理素质，而且能提高我们的抗压能力，尤其对提高记忆力和集中注意力很有效果，这自然能帮助我们提高学习效率和学习能力。

　　高中阶段是一个人长身体长知识的黄金阶段，良好的身体素质又是提高学习质量的根本保证。所以，此阶段提高身体素质非常重要。我们的社会需要的是有着健康体魄的人才，只有积极向上的人，才能在工作岗位上展现出自身的价值。因此，我们有必要加强锻炼，合理饮食，合理安排休息时间，杜绝一切不良因素，保持良好心态，使身体健康和谐发展。

恐怖高中还是快乐高中？你的高中你做主！

课余时间多锻炼，学习更有力

□ 包灵儿

📖 没有健康就没有一切

进入高中，不少同学开启了"学霸模式"，为了一所理想的大学，找到一份优质工作，开创一番事业，整日埋头苦读，将自己的作息时间表排得满满当当，却忽略了一件跟学习同样重要的事——坚持锻炼身体。

相信很多同学都已经安排好，几点钟起床背单词，几点钟背诵课文，几点钟复习数学，几点钟睡觉。可是对于体育锻炼的时间，则少之又少，甚至没有，就更别提养成良好的锻炼习惯了。很多家长也愿意让孩子把更多的时间放在学习上，认为跑步、打球等体育锻炼纯属浪费时间，他们只关注孩子的学习成绩，身体素质则被暂时屏蔽。

身体是革命的本钱。身体状况不佳会削弱你各方面的能力。这样，在去实现某个目标时往往比预期计划投入更多的时间和精力。在学校中我们不难发现，有些成绩优异的同学总是精力充沛，精神饱满，似乎不知道什么是疲倦。他们还有着让人羡慕的学习能力，再困难的问题，到了他们手中也能迎刃而解。相反，有些同学即使成绩还不错，但总是给人一种很疲惫、无精打采的感觉。他们花很多时间在学习上，却事倍功半。

坚持运动，改变自我

很多高考状元表示，自己在注重学习成绩的同时，也没有放弃过体育锻炼。

2012年吉林市高考理科状元姜廷域在接受采访时说，自己平日里的兴趣爱好很广泛，所有的体育项目基本上都会参加，最喜欢足球和篮球，并且是班里球队的主力队员，每次参加活动都少不了自己。就算平时在课间休息时，也会出去打球，每每打得大汗淋漓感觉非常爽。姜廷域还说，自己参加体育项目是为了锻炼身体，没有好的身体，应付不了这么大的学习压力。

由此可见，每天花一些

一生中你会犯两种错误，一种是说了不该说的话，一种是该说的话没说。

时间来锻炼身体，增强体质，不但不会影响学习，反而能提高学习效率。因为大脑思维的灵活与肢体的灵活性息息相关，所以锻炼身体对智力水平发展具有促进作用。

另外，坚持锻炼，对我们意志力的培养也大有帮助。因为在运动过程中，要克服自己生理上的不适和恶劣的天气因素，这就对人的意志是极大的考验。能够风雨无阻、每天坚持运动的人必定有着一颗百折不挠的心，不论在当下的学习生活，还是在日后的工作中，都能够将梦想坚持到底。

坚持锻炼身体还能塑造积极乐观的心态。美国著名物理学家、1923年诺贝尔物理学奖获得者罗伯特·安德罗·密立根的童年并不幸福。他的父亲是个穷困潦倒的传教士，家里有6个孩子，家境十分拮据。密立根从小喜欢运动，游泳、打球、骑马，他都很喜爱。因此他的身体比在温室里长大的孩子强健得多，他的性格也十分乐观和开朗，这为他后来长期从事艰巨的研究工作奠定了坚实的基础。

适合高中生的运动有很多：训练身体协调性的街舞，养成完美体态的健美操，增强心肺功能、磨炼意志力的长跑，预防近视的乒乓球，益智健脑的弹跳运动，培养团队协作能力和沟通能力的集体运动：足球、篮球、排球等。男同学可以选择一些锻炼提高耐力的运动，女同学可以选择塑形美体的运动。

📖 贯彻余暇体育理念

如今，一个概念开始在人群中广泛流行，那就是所谓的"余暇体育"。所谓余暇，也叫闲暇，是指扣除一个人所参加的各种社会活动和履

行各种社会必要职责之后剩下的完全可按个人意愿自由支配的时间。而余暇体育毫无疑问属于余暇活动的一种，而且属于积极性的余暇活动。关于余暇体育，其基本意义是指人们利用余暇时间，为了达到健康、健美、娱乐等多种积极目的所进行的各种身体练习活动。

余暇体育的最大特点就是身心的娱乐和调理，它可以使我们的心理获得松弛和消遣。余暇体育既不同于真正意义上的竞技体育，也不同于一般的体育课，它具有一些区别于上述体育的特性：它既不是通过比赛追求运动成绩，也不是以崇拜力量为目的；它既不要求体育教师安排，也不要求有规律地系统训练，而是完全自发参与的体育活动。高中阶段的余暇活动时间相比小学和初中有了很大缩减。所以，我们应该根据自己的实际情况因地制宜地从众多运动项目中选择符合自己兴趣爱好、身体条件、健康水平和运动能力的项目，作为自己相对稳定的锻炼内容，以取得较好的锻炼效果。

恐怖高中还是快乐高中？你的高中你做主！

★睡眠可缓解生命的辛劳★

如果你睡眠不好的话，一定深感忧虑吧？然而，你也许不知道，国际知名的大律师撒姆尔·安特梅尔一辈子也没有好好睡过一天。撒姆尔·安特梅尔当年上大学时，最难受的两件事是气喘病和失眠症，几乎没办法治好。于是安特梅尔决定退而求其次，失眠时不再躺在床上翻来覆去干着急，而是干脆下床看书。结果，四年大学下来，在班上他每门功课都名列前茅，一跃成了纽约市立大学的一大"牛人"。后来，在安特梅尔当上大律师以后，失眠症仍困扰着他，但他一点儿也不为此而忧虑。他说："大自然会照顾我。"事实上也正是如此，安特梅尔虽然每天睡眠很少，可健康状况却一直非常好。

安特梅尔一直活到81岁，一辈子却难得有一天安睡，所幸，他并没有为失眠而焦虑、烦躁过，否则，他这辈子早就完蛋了。那些为失眠所苦恼的人，事实上几乎全都为恐惧失眠的心理所困。尤其是当第二天即将要进行一场重要的考试，或是一场重要的比赛，往往他们头一天晚上脑子就会越

发变得清醒。只有经历过这样体验的人，才能明白其中的痛苦。

哲学家康德曾说："有三样东西有助于缓解生命的辛劳：希望、睡眠和笑。酣畅的睡眠是人生多么美好的一种享受，它是对疲惫的释放、对精神的抚慰，睡眠的质量直接关系着生命的健康与质量。所以，我们每天都期望有好的睡眠，以便自己能有足够的精力、良好的状态去完成自己的工作。

然而，随着社会生活节奏的加快，现实情况与人们的期望多少有点儿事与愿违。统计数据显示，全球有近1/4的人受到失眠困扰，国人各类睡眠问题的患病比例甚至高达38.2%。其中，作为青少年群体之一的高中生，其睡眠质量问题同样令人忧虑。高中阶段是人生长发育和学习的重要阶段，在此阶段中睡眠是极为重要的。但随着学习负担的加重，很多同学的睡眠质量都受到了不同程

合理作息，
保证睡眠质量

□吴福伯

休息中

度的影响——显然，不是每个人都能像安特梅尔那样活着。

★改善睡眠的良方★

那么，作为一名高中生，我们可以从哪些方面改善自己的睡眠呢？

1. 合理安排作息时间。研究发现，能取得较好睡眠质量的入睡时间是晚上9点到11点，中午12点到1点半，凌晨2点到3点半。这时人体精力下降，反应迟缓，思维减慢，情绪低下，利于人体转入慢波睡眠，以进入甜美的梦乡。当然，关于作息时间，应根据夏季和冬季的不同，做不同的调整。比如夏季，最好的入睡时间应在22点到23点，而起床应在6点到7点。相对应地，冬季睡觉与起床时间为21点30分到22点30分和6点30分到7点30分。

2. 不要过分贪图睡眠。合理的睡眠量应以能解除疲劳，保持精神愉快，能很好地进行一天的工作与学习为标准。相反，如果对睡眠的量过分计较，常因少睡半小时而心神不定，对"睡个好觉"只能是有害无益。实际上，睡眠时间太长也不是什么好事，因为

这样可能会改变睡眠和觉醒的正常周期，使大脑长期处于抑制状态，反而对健康不利。

3. 注意饮食习惯。晚餐不要吃得太饱或空腹睡觉。晚上吃得太多，会迫使你的消化系统超时工作。你可能会感到非常困顿，却极可能彻夜辗转难眠。相反的情况是，你吃得太少，上床前饥肠辘辘，同样会让你难以安睡。此外，含咖啡因的饮料，如咖啡、茶、可乐饮料及巧克力，因对人的大脑神经能产生兴奋作用，睡前最好不要饮用。

4. 放松自己。睡前应避免从事刺激性工作和娱乐，也不要从事过分紧张的脑力活动。做些能松弛身心的活动，如洗个热水澡，读些消遣性的书刊、报纸，看看轻松的电视节目，听听柔和抒情的轻音乐，对人尽快入睡无疑会大有好处。另外，入睡前沐浴有大大改善睡眠质量的效果。

5. 让床只发挥睡眠的功能。不要让床成为你学习、工作的场所。躺在床上看书、看报，或谈些兴奋性的话题，会削弱床与睡眠的直接联系。一个良好的睡眠者，往往是头一挨着枕头就能入睡，这是因为长期以来只让床发挥单一睡眠

功能的结果，以至形成了条件反射。

6. 创造良好的睡眠环境。环境对睡眠的影响是显而易见的，睡眠区光线要暗，卧室应用厚的窗帘或百叶窗来隔绝室外光线。如室外噪声大，睡觉时要注意关上门窗。此外，舒适、合理的床上用具，对提高睡眠的质量也大有好处。

7. 采用合适的睡姿。对于一个健康人来说，睡眠的最好体位应该是右侧位或正平卧位，这样既不会压迫心脏，又利于四肢放松休息。但对于病人来说，睡眠的最佳体位则视病人的病情而定。

8. 下午适当运动。最新的研究表明，下午运动对睡眠帮助最大，这是由于大脑兴奋和机体疲劳程度不同造成的。下午5点以后运动，到晚上10点身体和大脑开始进入较为疲劳的状态，这使运动者更易入睡。而上午运动的人，大约在中午感到疲劳，到晚上反而不容易睡着了。同时，晚上9点后不适合再进行运动，这会让大脑过于兴奋，推迟入睡时间。

9. 注意足部保暖。脚部远离心脏，血液供应少，表面脂肪薄，对寒冷很敏感，因而

恐怖高中还是快乐高中？你的高中你做主！

保暖显得尤为重要。研究结果表明，足部凉的人睡眠质量比足部舒适暖和的人差，所以，睡眠要注重足部保暖，每晚临睡前，用一盆热水泡洗双脚，水温保持在60℃~70℃，两脚互相搓动，不仅能促进血液循环，还能促进睡眠。另外，床褥要保持适宜温度和长度，避免足部受凉。

10. 重视午睡。 人体除夜晚外，白天也需要睡眠。在上午9时、中午1时和下午5时，有3个睡眠高峰，尤其是中午1时的高峰较明显。所以，午睡一会儿能使我们的生物节律更正常，是保持清醒必不可少的条件。不少人尤其是脑力劳动者都会体会到，午睡后工作效率会大大提高。

有人说，一个真正懂得睡眠的人，才可说得上是一个真正强大的人。这种强大，是不依赖于外部世界而存在的，他不会把悲喜挂在自己的脸上，不会把内心的平静抛售给繁杂的世事，不会让爱与哀愁左右自己的食欲，他能自如地控制自己的情感、态度、语言和睡眠，保持身心的和谐与放松，他是自己的主人，他对自己负责，也负得了责。如果你相信自己的话，按照上面的提示改善自己的睡眠，一定可以成就更强大的自己，至少在睡眠这方面。❀

七招摆脱身体上的小不适

吹大拇指：缓解紧张。 专家提醒，控制心率的交感神经可以通过呼吸调节，吹吹大拇指可平缓心跳，消除紧张感。

单指按上腭：止鼻血。 鼻子出血时，比"冷水拍额头"更简单有效的止血方法是：单指用棉球用力按压口腔上腭凹陷处。南非德班医院耳鼻喉专家迪斯马莱斯博士表示，大多数鼻血出血点都位于膈膜前段，因此按压口腔上膈可迅速止血。

揉耳朵：治喉咙痒。 身上某个地方痒了，抓抓挠挠就能解决。可喉咙痒怎么办？专家指出，刺激耳朵神经，可使喉咙肌肉产生反射作用。因此，喉咙痒时可揉揉耳朵。

指压眉间：治鼻塞。 用舌头抵压上腭，然后用手指按压眉间，这个动作会让鼻子犁骨前后活动，缓解鼻塞，20秒后鼻子就会通气。

冰块揉虎口：止牙疼。 加拿大一项研究发现，用冰块揉虎口，可大大减轻牙痛。其原理是，虎口区神经活动可刺激大脑疼痛区域，阻断面部和手部疼痛信号。

晃晃脑袋：消除手臂麻木。 久坐或姿势不当都会导致手臂麻木，这与颈部神经受到压迫关系极大，左右晃动头部，消除颈部肌肉压力，可立刻消除麻木感。❀

事业，就是今天干了明天还想干；职业，就是今天干了明天还得干。

吃饱更要吃好，确保营养均衡

□顾叔福

要重视饮食营养

在日本作家黑柳彻子的教育名著《窗边的小豆豆》里，巴学园的学生们每次吃饭前，总会集体合唱一首校长用英文儿歌改编成的《吃饭歌》，然后一起吃"海里的东西"和"山上的东西"，把一顿饭吃得有滋有味。这一情节可能很多人都以为是作者虚构的，其实不然。这样的学校午餐并非理想化的假想，而是日本学校生活的一个真实片段。日本学校的食物以营养均衡、种类丰富为原则。学生的餐盘中，颜色鲜艳、搭配和谐，见了便使人胃口大开。

除了日本，欧美很多国家同样强调学生饮食营养的重要性。在以美食出名的法国，午餐被视为学生一天中最重要的一餐。法国政府制定了学校的午餐营养指南，规定学校午餐必须健康、卫生、营养均衡，脂肪少，每餐必须包含维生素和矿物质。很多学校还自己聘请营养师，营养师会与家长委员会合作确保午餐健康、卫生、营养均衡。学校的自助餐一般包括五道菜：一道开胃菜、一份沙拉、主菜、干酪盘以及餐后甜点。

尽管各个国家对学生饮食营养的强调多集中在小学和初中阶段，可实际上，高中阶段的饮食营养同样不容忽视，这已经引起了很多国家的注意。大量的研究证明，营养良好的学生比营养差的学生强壮、聪明、注意力更集中，但随着高中阶段升学压力的增大，粗糙的饮食状况已使很多青少年的营养状况显现出了巨大的漏洞——由于平时不注重合理安排饮食结构，许多青少年的体质下降，始终处于一种亚健康状态。为弥补这方面的漏洞，我们必须了解一定的营养知识，知道什么样的饮食结构更合理。只有提高了自己这方面的认识，你才能培养理想的饮食习惯，给自己的未来更多的机会。

改掉不良饮食习惯

营养的核心其实就是合理。合理营养是一个综合性概念，它要求通过相对科学的膳食调配，提供能满足人体生理需求的能量和各种营养。我们知道，正常人体的最基本特征之一就是新陈代谢，即机体与外界环境之间的物质交换和能量转移的过程。一旦新陈代谢出现障碍，人体的健康就会被破坏，出现这样那样的毛病。因此，从体外获得充足的营养是身体

恐怖高中还是快乐高中？你的高中你做主！

健康的首要保证。可很多同学并没有养成良好的饮食习惯，不得不承受因此而带来的各种健康问题。

比如，很多同学喜欢暴饮暴食，导致了肥胖的发生。这与他们经常无节制地食用洋快餐、饮用含糖饮料有关。洋快餐作为高热量的饮食，极易转化为脂肪而造成堆积，造成肥胖，而肥胖给青少年带来的直接损害是影响生长发育，影响心理健康。此外，随着人们生活水平的提高，很多同学吃零食的现象也变得非常严重。很多零食，如炸鸡腿、巧克力、冰淇淋等，大多是高脂、高糖、高盐、高味精食品，甚至含过多的添加剂，过多进食这类食物无疑也有很大的健康隐患。实际上，吃零食的过程大都伴随着挑食，这自然也是非常不良的饮食习惯。有相当一部分同学不喜欢喝牛奶，不爱吃豆腐，不爱吃水果，蔬菜和粗杂粮吃得很少。这样很容易造成营养素不均衡，使身体处于亚健康状态。

 ## 合理安排三餐

那么，我们该如何合理

进食、均衡营养呢？首先，我们必须养成有规律的生活方式，只有这样才能使自己保持身心健康和良好的精神状态，更好地迎接激烈的竞争。在这方面，通常讲求"快乐的早餐""丰富的午餐"和"美妙的晚餐"，也就是人们常说的"早饭吃好，午饭吃饱，晚饭吃少"。

据营养专家分析，早餐其实是一日之中最重要的一餐，我们可以坚持吃些全谷类食品，如全麦、大麦、糙米等做成的面食、粥和面包，从谷物中吸收它的营养成分。因为这些成分中含有叶酸、硒元素、B族维生素等有益于身体健康的元素，而且全谷类食物中的纤维含量，能够让我们在每餐之间的时间里不感到饥饿，同时还可以促进消化。另外，早餐不宜吃熏肉等含有大量脂肪和胆固醇等不易消化的食物，因为我们不需要这么多的脂肪和胆固醇。同时要保证有一定量的牛奶、豆浆或鸡蛋等优质蛋白质的摄入，这样可以使人的头脑反应灵活，思维敏捷，学习效率高，拥有快乐的一天。

午餐是补充能量最关键的一餐，除了要补充上午学习

的消耗，还要满足下午学习的需要，所以一定要吃饱。很多同学想中午多休息，索性吃些方便食品代替午餐，如方便面、西式快餐等，这些食品营养含量低，实际上是很难满足身体需要的。良好的午餐结构，要求在主食之外多吃一些蛋白质含量高的肉类、鱼类、禽蛋和大豆制品。因为这类食物中的优质高蛋白，可使人的头脑保持敏锐，使自己学习起来精力更充沛。

至于晚餐，由于晚饭后我们的大部分时间是在床上度过的，机体的热能消耗并不大，所以，晚餐不可暴饮暴食，讲究量少质高，可以选择以粥和面食等碳水化合物为主的食物。同时，晚餐要少吃蛋白质含量丰富、脂肪和胆固醇含量高的食物，因为晚餐的热量摄入太多，多余的热量势必要转化成脂肪贮存在体内，从而增加肥胖的概率。

注意均衡营养

整体而言，为了均衡营养，我们平时应该注意进食的多样性，可以以谷类为主，粗细搭配。人类的食物是多种多样的，各种食物所含的营养成

　别人可以做你的鞋，但没人能替你迈步。

分不完全相同，每种食物都至少可提供一种营养物质。平衡膳食必须由多种食物组成，才能满足人体各种营养需求，达到合理营养、促进健康的目的。高中阶段应保持每天适量的谷类食物摄入。另外，要注意粗细搭配，经常吃一些粗粮、杂粮和全谷类食物。稻米、小麦不要研磨得太精的，以免所含维生素、矿物质和膳食纤维流失。

另外还要多吃蔬菜、水果和薯类。新鲜蔬菜和水果是人类平衡膳食的重要组成部分，蔬菜、水果能量低，是维生素、矿物质、膳食纤维和植物化学物的重要来源。薯类含有丰富的淀粉、膳食纤维及多种维生素和矿物质。富含蔬菜、水果和薯类的膳食可保持身体健康，保持肠道正常功能，提高免疫力。

总之，均衡营养对我们的健康成长十分重要。我们必须懂得平衡膳食的原则，养成良好的饮食习惯。相信以科学的方法为指导，做到均衡营养，注意膳食平衡，一定能吃出健康，吃出良好的身心，享受高品质的生活。

告别脏乱，养成良好卫生习惯

□卓　越

恐怖高中还是快乐高中？你的高中你做主！

中国有句著名的"问话"——"一屋不扫，何以扫天下？"说的是东汉美男子陈蕃的故事。陈蕃虽是美男子，生活却很邋遢，特别是自己的卧室简直让人插不进脚去。他父亲的一位朋友想进去看看，就没找到下脚的地儿，于是批评陈蕃说："这也太脏啦，怎么迎接宾客呢？"陈蕃理直气壮地说："大丈夫处世，当扫除天下，安事一屋？"那人立刻反驳说："一屋不扫，何以扫天下？"后来，陈蕃也没取得什么震古烁今的功绩，反倒被历史扫除了。从这个故事中我们可以发现，中国人在东汉时就已经特别讲究清洁卫生了，甚至将清洁环境作为迎接宾客的重要礼仪。当然，邋遢之人除外。其实，可以想象，人类自从住进洞穴以后，就知道讲卫生是必需的

恐怖高中还是快乐高中？你的高中你做主！

了。因为，不干净，身上就会不舒服，就会得病，甚至死亡。

★ 保持身体清洁卫生

高中时期是一个人身心发展的高峰时期，做好清洁工作，对于保证自己的健康以便更好地生活和学习显然有着非常重要的意义。这件事说起来简单，不外乎刷牙、洗手、洗脸这些事，但很多同学做起来并不怎么情愿，而且存在着很多误区。

比如，很多同学都对刷牙这件事倍感纠结——每吃完一顿饭都刷牙比较好，还是只在早晚刷牙？这些问题可能很多同学并不是很清楚。其实刷牙的主要目的在于去除牙菌斑，而牙菌斑晚上最容易形成，所以晚上一定要刷牙。人的嘴巴本来就是细菌滋生的温床，尤其是经过一整夜的"孵育"之后，早起时嘴里的细菌数量会达到最高峰——这就是早上一定要刷牙的原因。另外，刷牙并非越多越好，每天两次为佳，早起一次，睡前一次，而睡前这次尤其重要。

像刷牙一样，洗手虽然是日常小事，但不洗手或不正确洗手，却关乎健康大事。事实上，正确洗手是预防传染病最有效、最经济的方法。但很多人并没有掌握正确洗手的方法。一项权威调查显示，中国居民正确洗手率仅为4%，处于较低水平。那么，怎样洗手才是科学的？根据世界卫生组织的定义，正确洗手需要同时满足4个标准：吃东西前、上厕所后、干完活或下班后、接触钱币后、去医院或接触病人后5种情况下每次必须洗手；洗手时应该使用流动水冲洗；洗手时还应该使用肥皂、香皂、洗手液等清洁用品；洗手时长不少于30秒。研究表明，正确洗手可降低一些常见病的发病率，比如腹泻、流感等。作为一名高中生，我们应该养成良好的洗手习惯。

洗脸自然也是再简单不过的事了。可很多同学并不知道，洗脸最该避免的错误自己天天都在上演。比如洗脸前不洗手。这是最容易忽视的一个重要步骤。很多人认为，洗脸的过程中，双手自然也会一起洗净。其实不然，这样手上的污垢、细菌和油脂等更容易沾到脸上。再比如，每天只洗一次脸。每天应该早晚洗脸两次。晚上睡前洗脸，可去除一天下来脸上的尘垢，早上洗脸可去除夜间脸上堆积的油脂和细菌。

★ 注意青春期生理卫生

最后，非常重要的一点是青春期的生理卫生。升入高中之后进入青春期，你一定感觉到自己的身体在悄悄发生着变化，男生可能开始有遗精现象，而女生则开始有月经。无论男生还是女生，平时都更应该注意下半身的卫生，保持身体的清洁。生殖部位及周边区域，男生女生都应该坚持每天清洗。这些部位褶皱多，皮肤细嫩，如不及时清洗，就会变得潮湿、有异味、瘙痒等。所以，能每天洗淋浴最好，要是没有条件每天洗澡，也要坚持每天清洗下身。准备自己专用的清洗下身的盆和毛巾，不要用它同时洗脸、洗脚，以免引起交叉感染。清洗下身最少每天一次，可以在睡前清洗。另外，男女生都要勤于更换内衣，最好每天换一次。只有养成这样的生活习惯，你才能慢慢走向干净清爽的成年。

用偏见总能读到更多的偏见。

高中阶段是青少年身心发展的重要时期，是青少年思想品质、人生观、自我意识、情绪情感、个性、人格等形成的关键时期。处于这个时期的高中生，其心理的发展具有成熟和幼稚、独立和依赖、自觉和盲动等诸多矛盾并存的特点，易于产生各种心理和行为问题。一项针对高中生的调查发现，有近1/3的学生感受到较高压力，多数学生有中等程度的压力，女生的压力感要高于男生。学习上的压力源主要来自以下几点：

一是学业压力。进入高中后，学习科目增多，难度加大，对学生自学能力要求很高，如果学习方法不及时调整，很容易

学会放松，注意舒缓学习压力

□边 沁

这样就会形成恶性循环，最后给他们在精神上戴上了一个无形的枷锁。四是来自社会的压力。现代社会上的择业越来越难，要想谋求一份好的职业，就必须考取一所好的学校，汲取高层次的知识，培养高水平的能力，但这并不容易。五是来自自身要求的压力。调查表明，有65%的学生认为付出的努力产生的学习效果与自己的期望有距离，就对自己的能力产生怀疑，出现自卑的心理。

适度的压力是学习的动力，可以让人呈现最好的学习状态，提高学习成绩，但过度的压力就会成为学习的阻力，甚至会导致一些心理疾病。压力过大的表现有经常失眠、多梦、注意力不集中、好发脾气、过度自卑和抑郁、不想学习或学习效率低等。如何缓解过大的压力？我们可以从以下几个方面来调节：

认识自我，树立信心

日常学习中要做到正确认识自己、了解自己，对自己做出一个客观的评价。培养自己独立思考的能力，学会处理同学关系的技巧，密切关注自己的心理动向。遇到挫折时，不妨尝试以下策略：善于将成功归结于自己的能力；体验内

出现问题。二是考试和成绩压力。学生对成绩关注度非常高，对获得高分的愿望十分强烈。绝大多数学生畏惧成绩排名，特别是尖子生，这种抗拒感十分强大。三是来自家庭的压力。目前的高中生大多是独生子女。天下的父母都希望自己的孩子将来能有出息——望子成龙，望女成凤。但有时候现实与希望总是背道而驰。当孩子的学习成绩不理想，父母对他们的期望越高、越关心他们、照顾他们，他们会感到越对不起父母，心里的负担会越来越重。带着一个很沉重的包袱去学习，越学越糟糕，

恐怖高中还是快乐高中？你的高中你做主！

心的喜悦感和成就感。要相信之所以失败是由于自己的努力不够或努力无效；设定阶段性目标，不要把目标定的超出自己的能力，在不断达到目标的过程中体验成就感；增强自信心，乐观地对待挫折，因为挫折和成功同样是必要的。

适时地和父母沟通

学习是终身获取知识或技能的一切活动，仅有课本知识远远不够。还要学习各种生活的技能和了解一些社会上的人和事。分数不是衡量自己优劣的唯一指标。要让父母知道，既要关心我们的学习和生活，也要关心我们的心理健康。我们可以抽空和父母一起进行娱乐活动，调节自己心理的同时，也沟通了和家长的情感。作为孩子，我们要坚信父母是希望我们健康快乐地成长的，在父母心态平和的时候向他们汇报自己的学习情况，谈谈自己的想法，让他们知道我们的实际情况，而不至于向你提一些不切实际的目标，同时，去理解、关心你的父母，并且通过一些细节体现出来，让他们内心得到慰藉，也让他们看到你长大了，成熟了，这样他们就会更

尊重你，尊重你的意愿。

改进方法，提高学习效率

做好每天的学习计划，劳逸结合。不要过多地担忧将来的事情，将自己的精力和时间投入现实的生活和学习中去。每天总结自己在学习上的得失，及时查漏补缺，做错的题找出原因以后不再犯同样的错，一点一点地积累进步，时间长了就会对自己越来越有信心。很多同学考试前都有一定的焦虑现象，如果想象焦虑的事件可能的最坏结果，我们就会发现现状还是值得乐观的，实事求是地调整期望值，会让自己减少不少压力。

适当运动，放松身心

实验证明，适当地运动可以使体内产生的脑啡肽增多，心情愉快，既锻炼身体又减压。另外向朋友倾诉、享受一些美食等都是减压的好办法。这里尤其值得一提的是用音乐来缓解自己的学习压力。音乐减压法是一种经验疗法。人们听音乐的时候，音乐会在人的心理上进行情感投射。比如，激昂的音乐可以振奋人的

精神，悲伤的音乐可以引起人的忧伤感，平缓、轻柔的音乐可以帮助人稳定情绪、消除焦躁。音乐减压法的一个突出特点是实施起来非常便捷，只需要一台简单的音乐播放器就可以了，而且用音乐疗伤法缓解情绪压力，每天需要的时间也不长，15～20分钟就足够了。通常选择在早上10点左右或者下午4点左右进行比较适宜，这两个时间段通常是精神压力相对较大的时段，也是一天中最为困倦的时段。你可以针对自己存在的焦虑、失眠、多梦、神经衰弱等情况选择适当的曲目，有针对性地进行心理干预。如选用德彪西的《大海》来减轻疲劳感，选用小约翰·施特劳斯的《蓝色多瑙河》对心绪不宁进行干预，选用海顿的《G大调钢琴三重奏》缓解神经衰弱问题。你还可以根据自己的喜好进行调整，但应该以古典名曲为主，在突出艺术性的同时达到减压的目的。

总之，高中生要学会承受学习和考试方面的压力，它是成长过程中必须经历的人生体验。让我们用一颗平常心去对待它，开启智慧的头脑理智面对压力，向生活微笑，做个豁达快乐的人。🌸

　【知乎体】日本的茶道和中国宋代的斗茶仪式是一样的，连器皿都相似。

恐怖高中还是快乐高中？你的高中你做主！

小时候，我对抽烟的认识是不全面的，甚至是错误的。烟盒上写着"吸烟有害健康"，我理解成了"吸烟有害，（但是）健康"。当一个人被一种思想先入为主后是很难转变过来的。直到后来看到这句话的翻译时——"Smoking is harmful to your health"，才恍然大悟。可见，自己中毒极深。

村里有一种说法："男人不喝酒，自在世上走；男人不抽烟，对不起老祖先。""饭后一杯酒，活到九十九；饭后一支烟，赛过活神仙。"自古烟酒不分家。受这句话影响的人就会去尝试"赛神仙的生活"，唯恐对不起自己的祖先。扪心自问，难道你们对得起自己吗？

也许受歌曲的影响吧，郑智化在《年轻时代》中唱道："抽烟的样子要故作潇洒，露一点胸膛才叫男子汉……"王杰在《一封信》中唱道："手上的香烟没有燃烧它，已经多天……"一个反映的是年轻时代的赶时髦，并要潇洒"抽"一回；一个反映的是失恋后的堕落，连烟也不抽了，因为心碎。

中学时，突然在一节数学课上，老师谈起"抽烟可以提神"，结果全班男生都学会了提神。这是非常失败的教育。在电影里我们常看到，伟大领袖手不释烟；改革开放的总设计师邓爷爷也是"小熊猫"在手。这些引导是很可怕的。如果不能正确引导，后果不堪设想。

那天在厕所碰到一个学生在抽烟，问其何故。该生语重心长地答道："祖国还没有统一，心情非常郁闷，所以抽烟。"简直是国际玩笑。学生的天真加上香烟的诱惑造就了一个国际笑话。

众所周知，抽烟是会上瘾

与中学生谈抽烟

□武世伟

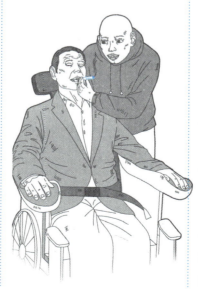

的。所以出现了太多的"瘾君子"。远的不提，就说1839年，中国的瘾君子数量世界第一。中国人抽鸦片抽疯了，卖儿卖女也要抽，可见其危害。后来出现林则徐"虎门销烟"，震惊了世界。但说实话，戒烟是很难的。

有一天上课时突发奇想，想到一个戒烟的办法——就是到加油站去工作。不知能否有效。

作为一名教育者，如何正确地引导我们的学生不要去抽烟？《班主任》杂志中有一篇文章——《巧谈抽烟的好处》，与大家共勉。

抽烟有四大好处：

首先，抽烟可以防小偷。因为吸烟引起的深夜咳嗽，小偷总不敢上门。

其次，抽烟可节省衣料，咳嗽的时间长了，最终成了驼背，衣服可以做短一些。

再次，抽烟可以演包公，从小就开始抽烟，长大后脸色黄中带黑，黑中带黄，演包公惟妙惟肖，不用化妆。

最后，抽烟可永远不老，据医学统计，吸烟的历史越长，寿命就越短，当然别想老去。

作为一名中学生，希望你们早日认识到抽烟的危害，不要受别人言语的刺激就开始抽烟。

恐怖高中还是快乐高中？你的高中你做主！

快乐 与 心理健康

□ 大 波

同样是锦衣玉食，过着挥金如土的生活，贾宝玉成天快快活活，林黛玉却整日悲悲戚戚。同样是学习知识，有人越学越快乐，也有人越学越烦恼。有人认为寻求知识能得到最大的快乐，也有人却感慨懂得越多苦闷越多。

何以会如此？人们怎样才能时常保持快乐的心境呢？

首先，我们应该明白快乐也是一种心理习惯，一种个性化的生活态度，一种健康的气质。习惯是由于重复或练习而巩固下来并变成需要的行为方式。进行体育锻炼一旦成为习惯，不活动就会觉得难受，因为它已变成生活的组成部分，固定在人的行为中了。要使快乐变成一种心理习惯，就必须能够时时处处去寻找快乐，发现快乐。波兰作家显克微支笔下的"小音乐家"杨科的世界中，处处都有着美妙无比的音乐，然而在别人听来，那不过是平淡无奇的虫吟蛙鸣，风声鸟语，流水和车轮声。色盲的人感受不到色彩的美，鼻塞者嗅不到任何气味。在不顺心的时候，在遇到悲哀的情景和无法避免的困难的时候，如果我们能以愉快的心情来对待它，那么，它很可能就变得微不足道，有益且鼓舞人。养成快乐的习惯，含着微笑生活，那么，我们就会成为情绪的主人，而不受外界情况的支配。

比如，在一次约会时，对方迟到了十来分钟。一般的人不免要生气，喜欢自寻烦恼的人会制造出种种不愉快的猜测：故意晾晾我，摆架子，故作矜持，想甩掉我，等等。但有了快乐习惯的人，却常常这样想：准是误了事，或者是单位有重要的事，于是能十分谅解对方，自己也避免了不愉快情绪的干扰。"干吗要把事情想得那么糟呢？"这是快乐的人常常说的话。

态度是指人的比较稳定的一套思想方法、目的和主张，一种对生活事件的反应。态度总是要打上性格的烙印的。对生活持快乐态度的人，性格特征通常是开朗、豁达、豪放的，而生活中不能感受快乐的人，通常是那些心胸狭窄、脾气古怪、性格孤僻、好挑衅或好顾影自怜的人。林黛玉之所以难以开颜，跟她的小心眼儿，处处爱使性子分不开。所以，要使快乐成为自己个性的生活态度，还需从改变自己的性格入手。哲学家皮科幕塔也认为，人受困扰，往往不是由于发生的事实，而是由于对事实的观念。当我们觉得不开心的时候，不妨分析一下自己性格上的弱点，是因为急躁易怒而不快，还是因为妒忌自大的性子？学会耐心、冷静地对待生活。如

时光只负责流动，不负责陪你成长。

恐怖高中还是快乐高中？你的高中你做主！

果是后者，那就更需要加强思想修养，学会宽厚待人，培养谦虚的美德。美好的性格，高尚的品德，是快乐的支柱和依附之处。

气质是指人的典型而稳定的心理活动特点的风格及气度。美的气质能给人带来和谐和快乐。潇洒大方、温文尔雅、秀丽端庄、温柔文静、直爽雄健……都是健康的气质，具备这些气质的人，常常是快乐的人；而刁钻奸猾、卑琐萎靡、孤傲冷酷等表现，是心理不健康的表现，这种气质的人很少有安宁和快乐。要具备健康的气质，首先应该有丰富的内心世界，有高尚的理想追求。一个灵魂空虚、无所事事、生活没有目标的人，总是卑琐萎靡的，他对什么都无所谓，那么他也没有品尝快乐的机会。良好的道德品质是健康气质的另一个重要来源，心地善良者，常常能使生活充满爱与美，能感受到动人心弦的快乐。高雅的情趣也是健康气质的内容之一，谈吐不俗、兴趣广泛的人常常受到欢迎，而被人悦纳者本身将得到快乐。

高中要知道

身体揭示的"心病"

□ 毕淑敏

路易斯·海是一位美国的心理学家。她有一个令人惊讶的说法——我们每个人创造了自己的疾病。她强调我们要学会听身体讲话。

"头发"代表了力量。在某种程度上，也释放着求偶的信息。脱发，表示着健康程度的下降和过度紧张。

"耳朵"代表着听。当耳朵出现问题的时候，代表着在某种程度上，你再也不想听到某些东西了，代表着你对所听到的东西生气了。

"眼睛"代表着看的能力。当眼睛出现问题的时候，通常代表着我们生活中有什么东西，是你不愿意看到的。比如我们有这么多戴眼镜的孩子，那就是他们对过重的学习负担的无声反抗，如果他们对这些无能为力，他们将在无意中调整自己的视力，这样他们就看不大清楚了，可以保护自己，不愿面对未来。

"颈部"代表着灵活。特别固执的人，尤其是对环境有某些顽固的感受的人，容易罹患严重的颈椎病。比如有些人就顽固地相信自己从小学来的方式是最好的。他们不愿意改变的时候，颈椎往往成了替罪羊。

"咽喉"代表着我们大声说话的能力。表达你所希望得到的，你所企求的。当我们的喉咙出现问题的时候，通常意味着我们觉得自己说某些话是不恰当的。它还代表着身体内部的创造力。能量集中在咽喉部。比如，当你准备发言的时候，你通常要清清喉咙。

腿的问题，常常意味着你害怕向前走。膝关节有问题，通常是拒绝妥协和弯曲，特别倔强。

肥胖代表着不安全感，于是希望储存更多的食物，尤其是来源于父母的不安全感。他们只顾给孩子喂食，觉得这就是爱和关怀。于是给孩子传递了这样的信息：关爱自己就是多吃东西。

恐怖高中还是快乐高中？你的高中你做主！

请把健康当成你的责任

□水丁木

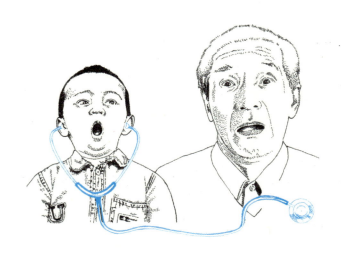

恐怖高中还是快乐高中？你的高中你做主！

一个23岁的女孩因为急性胃溃疡死了。一个人来了，一个人走了，除了在最亲近的人心里留下了痕迹，就像从来不曾存在过一样。我想起我的爸爸。他在我很小的时候就得了脑出血，半身不遂，瘫痪了17年之后去世。在生病前，我的爸爸是一个身体健康、活力四射的男人，他对自己的健康总是盲目乐观和自信，以至于经常因为忙于事业而忘记吃治疗高血压的药，结果突发脑出血。

我们全家人的生活从此被改变，我的命运亦是如此，十几岁的小女孩，从此学会懂事，不给家人添麻烦。甚至，我在失去父亲庇佑的同时也失去了母亲的关怀，可是这又有什么办法呢？父亲病倒时，母亲还不到50岁，因为要全力照顾父亲，撑起这个家，熬得非常苦。在母亲的照料下，父亲活了整整17年。在这17年里，我眼看着曾经也是丰润美丽的女人熬成干瘪的老太，17年里寸步不离地伺候父亲，逛街、吃饭、和朋友聚会都成了奢侈。这样的情况下，我唯一能做的也只是尽自己的本分不给大人添乱，眼泪自己咽下，孤单自己承受，更不要说高考、择业、恋爱，都是凭借自己摸索，不知走了多少弯路。

前些日子，母亲从美国打电话来，说发生了昏迷状况，可能是因为低血糖。她坚持不肯去医院看病，因为刚到那边，医疗保险之类还不能使用，看病很贵。我平时是舍不得对她发火的，可是这次，我拿着电话隔着太平洋冲母亲发飙咆哮，逼她去看病。最后我说，如果我爸当年肯注意一下自己的身体，我何至于从小受这么多的苦，你何至于遭这么多的罪？母亲沉默了很久，终于同意去看病了。

我相信人的身体是属于自己的，每个人都有随意处置自己身体的权利，可是作为一个17年的病人家属，我真的无法用一句话告诉你，家中有病人是一件多么消耗人、折磨人的痛苦的事，你的一生都会被其改变。如果是命运安排体弱多病也就罢了，可是明明有健康的身体，却把它当垃圾一样地糟蹋掉，真的是对爱你的人最大的不负责任。

说来奇怪，我时常想起我的父亲，总记起他生病时坐在轮椅里的模样，然而那形象却是模糊的，远不如我梦见他的时候看得真切。在梦里，他总是健步如飞，面色红润，笑声朗朗，唱着他喜欢的歌。有一次因为太真切了，竟然哭醒，坐在床上愣怔了半天，一时分不清哪一个是现实哪一个是梦。

提高综合素质

成就最好的自己

  一个人的素质犹如水中漂浮的冰山，露出水面的是容貌、服饰、知识等表层特征，而深藏水下的更重要的部分——包括态度、作风、习惯在内的素养，才是决定一个人能走多远的关键因素。知识少，可以再请教；学历浅，可以再深造；经验不足，可以渐渐积累；能力不强，可以慢慢提高。而素养，是一种由内而外散发出来吸引别人的气质，不是一朝一夕就能修炼成功的。我们在高中这个成才的关键阶段，尤其要注意培养和提高。

  为生活而奔波的人，为理想而奋斗的人，大多会为学历、知识、技能等付出不懈努力，然而，又有多少人注重提升一下自己的涵养呢？素养需要文化的积累、文明的积淀，是自我修炼、自我完善的慢火细炖。一个人，只有将道德的要求内化为自觉的行动，内心才会丰满充盈，散发出金子般的光芒。素养是一种综合的形象，是一张精致的名片，更是一张特别的通行证。

学点儿哲学，
受益终身

□ 熊禀赋

恐怖高中还是快乐高中？你的高中你做主！

曾有中国人在公众场合被法国人问道："你们那代中国中学生，从没经过哲学考试吧？"回答自然是"没有"。而对法国学生来说，自1808年拿破仑立法高中会考以来，16岁的高中一年级学生必修哲学课，而且一律从"哲学的源头"古希腊哲学开始。而哲学考试是法国高中毕业会考的必考科目，无论文科、理科还是艺术类的考生都必须参加。这可能就是很多法国高中生具备很强的逻辑思维能力的原因所在吧。

哲学这个词的英文是Philosophy，在古希腊语中的意思是"爱智慧"。它不是针对某一学科的专门知识，而是一切知识和方法的总和。古往今来，哲学都是一切知识之本。缺乏哲学的基本知识和基本素养，也就无法具备哲学判断和理性生活的能力。虽然理性的智慧并不一定带来理性的生活，但缺乏理性却是一个人不成熟、人格不完善的标志。

现阶段，高中教学已迎来新一轮的课程改革，而在课程改革中，哲学素质教育问题却并没有得到明显的重视。所以，高中生哲学素养缺失的问题依然存在。具体来看，我国高中生哲学素养的缺失大体体现为以下几方面：

❋ 哲学阅读能力的缺失

古往今来的哲学家纷纷以自己超群的智慧将自己对于人生的思考付诸笔端，但他们的写作有的明快，有的晦涩。因此，哲学著作作为我们与哲人对话的依托，需要我们去阅读和感受。如果我们不能掌握方法，那么也就不能真正阅读哲学著作，更不要谈理解和判断了。所以，你首先要敢于并学会阅读哲学著作，由浅入深，

慢慢积累。比如，你完全可以将乔斯坦·贾德的《苏菲的世界》、杜兰特的《哲学的故事》、柏拉图的《理想国》、卢梭的《爱弥儿》《忏悔录》《新爱洛漪丝》、尼采的《查拉图斯特拉如是说》等作为时常翻阅的书。只要多读，逐渐掌握了基本的哲学常识，你的哲学阅读能力一定会有所提升的。

❋ 哲学精神的缺失

哲学精神在一般意义上是指一个人应该具备的怀疑精

欲望是只手，推着你往前，再往前，幸福，只不过是暂时把这只手拿开。——幸福短暂，欲望永恒

神、反思精神、批判精神、审美精神、自由精神和创新精神。由于缺少必要的哲学训练与哲学阅读，你可能无法在学习过程中逐渐养成这些哲学精神。而哲学精神无论在过去还是现在、西方还是东方，都是个人成熟和个性丰满的标志。从法国著名启蒙思想家蒙田大声疾问"我知道什么"开始，西方哲学便开始走向了对传统的反思和考问。而我国现代思想巨人鲁迅、胡适也早在20世纪之初就开始了他们对传统的批判和反思。事实上，哲学本身就是一种怀疑和反思。高中生首先要具备这种怀疑书本、怀疑权威、怀疑传统的精神。孟子说："尽信书，则不如无书。"这就是说，高中生必须要在生活和学习中敢于怀疑、善于反思。只有在这样长期的训练中，才能培养自己发现问题的能力。

另外，审美精神也是古往今来每一位哲学家孜孜以求的目标。德国著名哲学家海德格尔终生都在思考人的生存和存在问题，他最终在诗与艺术中找到了哲学和人生真正的归宿。19世纪德国哲人席勒更是认为审美就是人生的全部，他说："正是因为通过美，人们才可以找到自由。"而无数的哲人也用他们的思想和行为向我们昭示：生活是繁杂琐碎的，它需要我们用审美来梳理和浇灌，使之艺术化，我们才能"诗意地生活"。

不仅如此，你还要努力发现和培养自己的自由精神和自由情怀，要敢于自由思考，要能够在自由中呼吸和快乐地学习。每一个想要有所作为的人，都必须能够想别人所未想、思别人所未思。亚里士多德打破老师柏拉图的理论权威，最终创造了自己的理论；海德格尔从老师胡塞尔的巨大影响中走出

来，创造了自己的哲学世界；维特根斯坦更是彻底打破了两千年来的西方传统，创立了自己的分析哲学新路径。而科学巨人哥白尼、牛顿、爱因斯坦等更是创新精神的绝佳范例。可以说，没有创新，我们的生活将会陷入停滞，我们的思想也会在这样的停滞中慢慢钝化。因此，高中生创造精神的培养事关重大，你必须努力培养和训练自己的创新能力和创造精神，要敢于发问、敢于反思，善于发现问题和解决问题，只有这样，才能逐渐成长。

哲学思维的缺失

如果说哲学阅读能力和哲学精神可以慢慢改变和提高，那么提升自己的哲学思维则是一个漫长而艰难的过程。哲学阅读能力仅仅是哲学的起步，通过机械而大量的阅读也能逐渐掌握一套阅读技巧。也就是说，它是可以迅速改变的，但哲学思维很难在短期内塑造。我国的基础教育历来忽视甚至是忽略逻辑训练，而哲学思维的根基正是逻辑训练。很多同学都在慨叹，自己根本写不出一篇像样的论文，即使写出来也往往逻辑混乱、思路不清，这无疑是欠缺哲学思维造成的恶果。只要你在阅读哲学著作的过程中，慢慢感受那些伟大的哲学家是如何论证自己的思想的，慢慢积累下来，一定会有所收获的。

古往今来的历史已经证明，每一个狂热盲目的民族都无法做到长治久安，而每一个具有理性的民族总能迎来它崭新的未来。社会需要青年人勇于思考、善于思考，敢于怀疑、敢于批判。只有在这样的思想和生活中，你才能取得进步，获得更大的自由。这既是哲学本身的告诫，无疑也是哲学永远的召唤。

恐怖高中还是快乐高中？你的高中你做主！

一位大学老师曾经写文章，非常痛惜那些以优异成绩考上大学的尖子生明显存在人格缺陷：为了争夺靠窗铺位或为了谁先打水，一个月多次到辅导员那里告状，不会和别人相处，

养成高尚品德，
释放心灵之美
□余安安

一位品德高尚的老师无疑就是你们的榜样。多和这样的老师接触、交流，自然能从他们身上受益良多。

恐怖高中还是快乐高中？你的高中你做主！

自私自利。这不由得让人感慨这些考生高分成绩之后的道德缺失。

由于长期以来的应试教育，绝大多数同学从小到大被看重的只是学习成绩。这种以成绩来评价学生好坏的方式使得我们长期忽视了自己的道德培养。学习好的同学处在一种优越的氛围里，久而久之，他们往往以自我为中心，对别人缺少考虑，从而导致他们的道德体系不甚完善。总之，这种只重视成绩、不重视道德的教育很容易损害高中生的心理健康，对很多同学的未来发展而言是非常不利的。

在我国，诚信问题已成为一个广受关注的社会问题，成绩优异但缺乏道德感的同学，往往不太受人们的欢迎。所以，在高中阶段，你必须着意加强自己的道德培养，提高综合素质，从而为自己将来的发展做良好的铺垫。《陋室铭》中说道："山不在高，有仙则灵；水不在深，有龙则灵；斯是陋室，惟吾德馨。"道德高尚的人，在什么时候都是受欢迎的人。

☆ 做事之前学做人 ☆

在明确了"德"的重要性之后，你必须首先学着加强自我修养，培养高尚的人格，将道

一切都明明白白，但我们仍匆匆错过。因为你相信命运，因为我怀疑生活。——顾城

德融入自己的生活习惯中。自我修养在中国传统文化中具有重要的地位和作用，是极为重要的传统美德。在现代社会中，自我修养在培养一个人自强不息的精神，增强心理承受力，提高思想境界方面依然具有重要的意义。

作为一名希望有所成就的高中生，应该有意识地追求高尚人格、不断攀登人生高境界。虽然高中阶段一个人在思想、道德和心理等方面有了一定的发展，但总的来说，社会生活经验还不够丰富，思想还不够成熟，还存在有明显的知行脱节的现象。比如在成才问题上，一方面具有强烈的成才愿望，另一方面又缺乏勤奋刻苦、勇攀高峰、耐得住清贫、耐得住寂寞的决心和恒心。这就需要不断学习，加强思想道德修养，完善自己。对此，你可以多读书、读好书，品味书中的优秀思想，聆听先贤哲人的教诲。记得笛卡儿曾经说过："读一本好书，就是与许多高尚的人交谈。"只有这样，你才可以开阔视野，陶冶情操，明白如何做人，做怎样的人，并不断迈向更高的道德境界。

☆在生活中践行道德☆

从高中生所处的环境看，我们长期生活在校园里，社会实践非常缺乏，不能真真切切地体验社会现实的方方面面。因此，容易出现思想脱离实际、价值观抽象等问题，以致进入社会处理问题缺乏思想准备和实际能力。所以，要尽量通过各种有效的方式锻炼和培养自己的实践能力和社会适应能力。

首先你可以向老师学习，多从他们那里接受精神的洗礼。一位品德高尚的老师无疑就是你们的榜样。多和这样的老师接触、交流，自然能从他们身上受益良多。同时，作为集体中的个体，要学会关心他人，承担相应的责任，学会互相帮助、共同提高，弘扬"我为人人"的风尚。

目前，我们正处于一个特殊的历史条件下，一些错误的思想观念以网络为载体，快速传播，对高中生的影响极大。对此，你必须有一个清醒的认识，要主动拒绝不良信息的诱导，使自律成为自己的一种行为规范。

除了要联系社会实际，我们还要学会联系自己的思想实际，在比较与鉴别中学习。要试着运用课堂所讲的理论去分析和认识现实社会生活中纷繁复杂的道德现象，去比较和评价各种社会思潮和价值观念，并在分析与比较中选择和确立较为正确的世界观、人生观、价值观。真正做到知行统一，从而不断提高思想道德境界，达到完善自身的目的。

其实，在现实生活中践行自己的道德理念并不是一件十分复杂的事。比如在家庭生活中，你要学会关心父母、孝敬长辈，为家庭负起应有的责任。现在大多数同学是独生子女，饭来张口，衣来伸手，只求索取，不愿付出，更有甚者，对待父母冷漠，缺乏孝心、关爱。一个连父母都不爱的人，怎能爱他人、爱国家？再比如，你完全可以学着去关心人类的生存发展，即关心环境、自然、生态乃至地球。关心人类命运实际上是关心的最高层次，是终极关怀。对此，你可以号召人们注意环保，宣传有关环保的知识，以增强人们的环保意识。相信在这样的实践活动中，你一定能够感受到心灵美好的力量。

恐怖高中还是快乐高中？你的高中你做主！

培养课余爱好，为人生添彩

□梅　林

恐怖高中还是快乐高中？你的高中你做主！

兴趣是最好的老师

哈佛大学曾对美国 1500 名学生进行过一项调查，询问他们选择自己的专业是出于爱好还是想赚钱。1255 名学生回答想赚钱，245 名学生表示出于爱好。这项调查累计做了 10 年，目的是了解为了金钱和因为爱好而努力奋斗的两种人，他们最后各有多少人会成为富翁。结果显示：10 年后，在 245 名学生中，因为爱好而奋斗的人有 100 人成了富翁，而在 1255 名学生中，为了金钱而工作的人，只有 1 人成了富翁。有人认为这真像是寓言，为爱好而工作更容易致富。其实，这并非寓言，而是通过 10 年调查得到的发人深思的新闻事实，是一个蕴含着真理的人生体验。

在现实生活中，许多孜孜不倦地为爱好而奋斗的人，往往心想事成，及时登陆成功的彼岸，热爱改变了他的生活。美国惠普公司总裁卡尔顿·菲奥里纳说过："热爱你所做的事吧，成功是需要一点热情的。"目的伟大，活动才可以说是伟大的。热爱你所做的事，是人生的一种追求，也是人的一种欲望，当然也是成功的一个重要前提。热爱往往和事业的成功紧密相连，而事业上的成功自然会带来经济上的报偿。245 名学生中有 100 人成了富翁，比例之高，就是一个很有说服力的证据。它说明人生在世，为爱好而工作是多么重要。

英国著名作家莎士比亚曾说过："学问必须合乎自己的兴趣，方可得益。"良好的兴趣爱好既能增加生活的乐趣，又能陶冶情操，不断提高一个人的综合素质，对身心健康都有着至关重要的作用。但兴趣爱好不是天生就有的，它是环境影响和后天培养的结果。尽管高中生活是紧张而繁忙的，但在培养自己的兴趣爱好方面，你还是应该尽己所能。如果你真的能从广阔的领域中找到一个自己喜欢而又有天赋的领域，那对你的未来发展是再好不过了。

寻找属于自己的爱好

自己究竟应该爱好什么，什么才是自己的兴趣所在，这谁也无法替你回答。你首先应该学着热爱生活，丰富的生活正是兴趣产生的土壤。一个人只要深入现实生活中，就会遇到许多感兴趣的事物。要使自己产生广泛而多样的兴趣，你必须要有积极的生活态度、乐

自由是做自己喜欢的事，幸福则是喜欢自己做的事。

观向上的人生观，要热爱生活、热爱人生，用热情的态度去观察、了解世界，积极参与各种社会活动，把自己与火热的生活紧密联系在一起。这样，你就会感到世界的新奇美好和生活的多姿多彩，兴趣自然就会产生。否则，如果你对生活冷漠悲观，恐怕任何事物也难以激发你的兴趣。

除了热爱生活，好奇心在培养自己兴趣爱好的过程中也起到了非常重要的作用。居里夫人说过："好奇心是学者的第一美德。"好奇心是兴趣产生的基础。兴趣总是从好奇开始的，因为好奇而想去探究就成了兴趣。牛顿看见苹果从树上往下掉，很奇怪为什么不往上掉，这种好奇心可以说直接促成了他对力学的浓厚兴趣。美国的飞机发明家莱特兄弟，由于小时候对父亲的一架玩具飞机好奇而对制造飞机产生了强烈兴趣，直到他们取得了成功。好奇心常常会很快消失，于是兴趣也就减退了。要使兴趣不断发展增强，就要始终保持好奇心，而要保持好奇心，就要像一些科学家那样，善于提出疑问，向事物纵的或横的方向发展，不断进行探究。问题无穷无尽，好奇心就会长期维持，兴趣也就会相应地稳

定发展。

对爱好做尽可能的延伸

在发现了自己感兴趣的事物之后，你应当树立远大的志向，让自己的兴趣爱好慢慢稳定下来。为什么有的人的兴趣爱好总是容易改变和转移？原因之一就是没有确立中心兴趣，没有把自己的兴趣爱好与自己的志向理想结合起来。法国有位博物学家，少年时代可谓"朝三暮四"。最初，想参军，后来又爱上气象学、金融学，想当气象学家、金融家，但很快又迷上了音乐，整天在家拉小提琴，后来还学了四年医，但都没多大兴趣，直到 24 岁

时，在卢梭的引导下，才把生物学作为自己的志向，专心于生物学的研究，终于最早提出了生物进化论，成了一代科学巨匠，他就是达尔文。青少年时期是树立远大目标的关键时期，你完全可以根据自己的条件和兴趣爱好，确立你的人生目标和理想。这样，你的兴趣爱好就会更具社会性和方向性，也就更有稳定性和持久性。

从兴趣的发展过程来看，它分为三个阶段三种水平，即有趣——乐趣——志趣。有趣是兴趣的第一阶段，其特点是随生随灭，为时短暂，属于一种直接兴趣和短暂兴趣。第二阶段是乐趣，是兴趣的中级水平。乐趣是在有趣的基础上形

恐怖高中还是快乐高中？你的高中你做主！

成的，其特点是基本定向，为时较长。第三阶段是志趣，是兴趣的高级水平，是在乐趣和理想结合的基础上形成的，其特点是积极自觉，甚至终身不变。当一种兴趣产生后，我们就要评价它的价值，并不断使它向更高一级的水平发展。我们要选择具有积极意义的兴趣作为中心兴趣，争取把这种兴趣与自己向往的职业结合起来，与自己的志向结合起来，从而上升到志趣的水平。

兴趣爱好主要靠后天培养，但也离不开一定的客观条件，包括个人的素质，学校、家庭的条件，社会的需要，等等。有的同学嗓音生来沙哑，却爱好唱歌，这种爱好就难以稳定和唱出成果。所以，我们在选择兴趣爱好时，要根据各方面的条件扬长避短，争取发挥出自己的优势，使兴趣焕发出异样的光彩。

当然，作为一名学生，你必须处理好课内学习与课外兴趣的关系。第一，要搞好课内学习，培养自己对课内各学科的学习兴趣。第二，课外兴趣要少而精，逐渐增加。第三，课外兴趣要尽可能结合课内的学习，这样既不会加重负担又可以互相促进。

此外，有一点需要我们特别注意，那就是，不是所有的兴趣爱好都是有益的。由于年龄小，经验知识不足，辨别水平不高，你可能会有一些无益甚至是有害的兴趣爱好。比如，对奇装异服感兴趣，爱好港式打扮，喜欢留长发，喜欢涂唇描眉或者抽烟喝酒，等等。所以，我们必须学会正确辨别什么是高雅健康、积极向上的兴趣爱好，什么是庸俗低级、有害无益的兴趣爱好。对自己的不良兴趣爱好要像戒烟一样，用坚强的意志和毅力把它克服和纠正。只有这样才不至于深受其害而不自知。

初到美国读书，让我感触最深的是美国学生对某一事物的热爱。记得一天晚上，学校有一个学生自己主办的小型音乐派对，很多学生弹吉他、弹钢琴，都是自己创作的词曲。能看到每个表演的人都是真诚的，而且每个在台下鼓掌欢呼的人，

爱好不宜太功利

□冯 远

都是发自内心地去欣赏演奏者的表演，并不因为他们的不专业而有任何嘲讽。这让我想起了在中国时学校音乐节的情景：专业，精准，整齐划一的掌声，却时刻透着死板。让人不禁质疑，台上台下有多少孩子不是为了升学、加分，而是真正享受自己所做的事？

我的室友是个美国人，她特别喜欢骑马，赢过不少赛马比赛。她加入了学校的赛马社，从未落过一次活动。不仅如此，她还总在尝试新的东西，比如划船、做DJ（电台音乐节目主持人）。感恩节时，我去了她家。她有两个妹妹，其中一个喜欢打架子鼓，对音乐异常着迷。就连她们的爸爸也有一项特殊的爱好——养蜜蜂。正因如此，她们的生活显得特别充实。不像一些中国孩子，好像什么都会一点儿，但什么都不精通。

部分留学的中国学生并不清楚自己在做什么，只是一味地追求高分数。尽管这是一个还并不成熟的年龄，但也是一个该有自己想法的年龄。不少美国学生在这一点上做得比中国学生好，因为他们从很早就敢想敢做，并且热爱自己所做的事。

恐怖高中还是快乐高中？你的高中你做主！

尊重生命，培养生命意识

□鲁司南

日本著名作家池田大作曾说："生命最为可贵，一切的出发点即在于生命。"生命无疑是教育的主体，任何教育都不能离开具体的生命。而作为教育的主体，一个年轻人没有热烈的生命意识，其所受的教育肯定是不完整的。而近年来发生的很多"生命丧失"的事例，让我们意识到在高中教育中渗透生命意识教育是多么重要，这应该引起每位高中生的重视。

生命意识，从哲学层面讲，是个体对生命存在的一种自觉的意识，即如何清楚地意识到自己、他人及世界上一切生命的存在，理解生命间错综复杂的关系。生命意识教育是以生命意识的内涵为基础的，是基于一定的价值取向，遵循一定的行事原则，唤起及形成自己的生命意识，从而使自己拥有一个美好而完整的人生。生命意识教育可以逐级进行：①认识生命：从生命的起源开始认识生命，知道生、老、病、死等生命现象，理解生命的必然性和偶然性，树立正确的人生价值观。②敬畏生命：生命存在本身就是一种奇迹，要学会敬畏生命。③尊重生命：世界上没有两片完全相同的树叶，也没有两个完全一样的人，每个生命都是独一无二的。因此，要学会尊重自己的生命。④珍视生命：人的生命只有一次，即使在成长的过程中遇到暂时的不顺，也要勇敢地生活，珍视自己的生命。⑤完善生命：我们不能决定生命的长度，但我们可以拓宽它的广度。即使金无足赤，人无完人，也要不断完善自己，提升自己，让自己靠近生命的完善境地。

马克思曾说："全部人类历史的第一个前提无疑是有生命的个人的存在。"一个没有生命的人的存在是没有多少价值的，而且生命只有一次，可想而知生命是多么宝贵。可现实生活中就是有很多学生不明白生命的珍贵，以致做出很多令人震惊的事情。比如，一些学生对自己的生命显得很不屑一顾，觉得自己在很多方面大不如人，干脆自暴自弃。殊不知"身体发肤，受之父母"，自己的一切都是父母给予的，你不能只是为自己活着，也要为父母活着。对自己生命的尊重，既是一种孝道，也是一种责任。

然而近几年，高中生自杀事件已成了一个受社会广泛关注的问题。这些学生选择自杀往往有一些所谓的理由，比如，因为失恋、考试失败、人际关系紧张等，但仅仅是难以克服困难就轻易放弃生命，这反映出了他们生命意识的严重缺失。另外还有一些学生，没有将学校视作学习知识的殿堂，缺乏生活方向和人生目标，总是迟到早退、旷课逃学、通宵玩网游。这种恣意妄为的颓废生活导致他们困惑迷茫、自暴自弃，从而否定自身价值，更无法为社会创造价值，这其实也是一种没有生命意识的表现。

另外，尤其值得关注的是，很多同学对他人的生命极端不尊重。道德视野下的生命意识缺失，不仅表现为对自我生命的不尊重，还表现为对他人生命的不尊重。无视他人生命，甚至践踏别人的生命，这都是令人发指的。"己所不欲，

恐怖高中还是快乐高中？你的高中你做主！

恐怖高中还是快乐高中？你的高中你做主！

勿施于人""己欲立而立人，己欲达而达人"，一个对别人生命不尊重的人往往对自己的生命也不怎么尊重，更何况，一个不懂得尊重别人生命的人，往往也得不到别人的尊重。近年来，一些学生伤害他人、虐待动物的事件屡屡见诸报端，比如清华大学刘海洋的"伤熊事件"、复旦大学张亮的"虐猫事件"、云南大学马加爵的"杀害同学事件"等，都在一定程度上昭示了他们生命意识的缺失，不能不引以为戒。

意大利教育家蒙台梭利指出："教育的目的在于帮助生命力正常发展。"生命教育的价值日益凸显，但遗憾的是，很多高中生并没有做过这方面的努力，这其实是非常遗憾的。这非常重要的一课只能依靠你自己进行多方探索了。对此，你首先应该阅读相关的书籍，

试着去了解生命的意义和价值，懂得如何对自己的生命负责，并主动帮助他人，善待所有生命形式。要知道，培养生命意识的一个重要途径就是明确生命的意义。生命的意义不仅包括对自己生命意义的探讨，还包括对个体与社会相结合的价值意义的认识。人生价值是在社会中实现的，要想更好地探讨生命的意义，把握生命的价值，就应该将个体与社会联系起来，整体把握。只要你努力学习，相信一定可以在这方面有更深的认识。

此外，人生因目标而美丽，生活因目标而精彩，只有树立远大的理想信念才能理解生命的价值和意义所在，即使压力袭来，也不会轻易被困难和挫折打败。明确生活目标对增强生命的价值感无疑具有举足轻重的作用。在这一点上，你能做的会更多。马克思主义哲学认为，人的价值是个人价值和社会价值的统一，个人应该对社会做出贡献。生命意识教育的最高层次、教育的使命就在于使个体认

识自我、发现自我、悦纳自我，从而最终实现自我。现实生活中之所以出现高中生的非正常死亡事件，与他们不能树立正确的生活目标，无法发现与实现自身价值从而导致生活空虚有着直接关系。

现代人越来越依靠科学技术的进步，在社会致力于提高科技发展和改善人们的物质生活条件的同时，却忽视了对生命本身的关注。作为一名高中生，从现在开始，你就应当注意在为人处世的过程中以生命为中心，始终把自己和他人的生命放在第一位，要时刻热爱生命、尊重生命、敬畏生命。只有在经历了这样一个逐步学习、探索的过程后，你才能真正成为一个对生命有更深刻理解，尊重别人，也得到别人尊重的人。

我们不可能再变回孩子，但至少可以试着不让孩子变得跟我们一样。——留给孩子自由的翅膀

某生上课经常迟到，常常是老师已开始讲课，他才晃晃悠悠走进教室，批评教育他时，他总不以为然，从来没有要为大家创造良好学习环境的想法，反而觉得老师"小题大做"。又有一生，进教室时发现地上有废纸，认为"事不关己"，绕道而行；自己周围的垃圾也从不愿意伸手捡起，视而不见，完全把责任推给值日生……诸如此类的事例还有很多，这正是当代某些高中生的真实写照。这看起来都是一件件小事，殊不知，一颗道钉足以倾覆一列火车，一根火柴足以毁掉一片森林。同样，一代没有责任感的高中生，足以改变一个国家的未来。

培养高中生的社会责任感，国外从 20 世纪 60 年代就开始了。英国剑桥大学一位道德教育家在他的道德教育教材《生命线》和《起跑线》中强调培养"有责任感的现代公民"。日本在 20 世纪 40 年代制定的《教育基本法》《学校教育法》和 1989 年修订的《教学大纲》中也强调"责任教育"。而我国《中学德育大纲》明确规定：高中生应"具有公民的社会责任"。所以，增强自己

敢于担当的同学
更有魅力

□费中泽

的社会责任感，不仅是自我发展的要求，也是国家一再强调的基本公民素质。

媒体常说独生子女是"自我的一代"，90 后、00 后是"小皇帝"，懒惰、迷惘。一项大型调查显示，有近 40% 的 90后缺乏社会责任感。造成当代高中生社会责任感缺失的原因有很多，但主要有两个方面：一是当代高中生普遍为独生子女，他们往往缺乏吃苦耐劳、冒险进取、为他人服务、承担家庭责任等品行锻炼。二是应试教育愈演愈烈，学校、家长只关心升学率，只看高考分数，

学生成了做题机器，缺乏品德修行、情感熏陶和意志磨炼。只关心高考成绩，哪有心思去关心国家和民族命运？只有力气打开书包，哪有能力担起社会责任和历史使命？这样的现实虽不易改变，但只要你有意识地努力，还是完全可以改变自我，让自己的人生更加完满。

我国著名教育家蔡元培先生曾经说过："我们人类在生物中无角无爪，很是柔弱，而能发达者，全在彼此互助。只顾一人，是断不能生存的。自己要人家帮助，同时也需要帮助人家。这样大家互助，世

恐怖高中还是快乐高中？你的高中你做主！

界上的事情才办得好。"这就意味着，不管你承不承认，你时刻都在接受别人的帮助，而你只有有意识地去帮助他人，承担相应的责任，才能继续得到他人的帮助。我们增强责任感的第一原则就是要认识到自己是社会中的一员。你能够进学校念书，凝聚着父母养育的恩情，师长教导的辛劳。你住的房子、进的学校、吃的粮食、穿的衣服、走的道路，都是父老乡亲多年来辛勤劳动的果实。所以，我们必须牢固树立爱父母、爱师长、爱家庭、爱社会、爱国家的责任意识。只有首先树立了这种意识，你才能进一步完善自我，将所思所想付诸实践，报偿他人。在现阶段，我们所能做的毕竟有限，具体可以从以下几个方面入手，增强自己的责任意识：

主人翁责任感

学校是你成长的园地，要真正明确自己是学校生活的主人、学习的主人，有了这种主人翁责任意识，你才会自觉地关心爱护自己的学习生活空间，才会自觉地发挥学习的主观能动性，热爱自己的学校和学习。要主动向那些富有时代精神和强烈社会责任感的人物学习，学会对自己，对他人，对学校，对社会负责。

集体责任感

班级、学校是你学习生活的集体，与你的成长息息相关。你的成长、进步离不开集体的关怀、帮助和影响，而集体的发展、兴盛也需要每个成员的关心、努力和协作，要真正明白"一滴水只有汇入大海才不会干涸"的道理。在学校生活中，要热爱和关心集体，注重团结合作，乐于关心和帮助他人，勇于为集体增添光彩，同时要认识到自己言行举止的重要性，不要妨碍他人生活和损害集体利益。

家庭责任感

要明白自己的生命不仅是自己的，也是父母给予的，应当倍加珍惜和感激生命、感激父母；不能对父母提出不合理的、浪费性的消费要求，这也是你对父母、家庭应尽的责任。这种家庭责任感的培养，其实对自身道德素质的提高和社会的文明进步都有积极意义。

社会责任感

青少年肩负着实现中华民族伟大复兴的重大历史使命。要让自己今天的学习同国家的建设、民族的命运联系起来。明确当今社会竞争的激烈，作为一名现代的在校学生，应该为中华民族在激烈竞争中取胜做出努力和贡献。为此，可以积极参加社会调查、公益劳动等社会实践活动，培养和强化社会责任感。

托尔斯泰说："有无责任心，将决定生活、家庭、工作、学习的成功与失败。"责任感无疑是做人成才的基础，你有必要将自己责任感的培养渗透在学习和生活的方方面面，力争做到对自己负责、对他人负责、对集体负责、对社会负责。把一个信念播种下去，收获的将是一个行动；把一个行动播种下去，收获的将是一个习惯；把一个习惯播种下去，收获的将是一种性格。一种性格关系到一个人的命运；具有责任感的性格，自然会收获一个金色的人生！

1987年，美国的两名邮递员科尔曼和施洛特无意中看到一个小孩拿着一种发光的荧光棒。"这家伙能派什么用场呢？"在胡思乱想中，两个人随手把棒棒糖放在荧光棒顶端。结果，光线穿过半透明的糖果，显现出一种奇幻的效果。这一小小的发现，让两个人惊喜异常。他们为此申请了发光棒棒糖专利，还把这个专利卖给了开普糖果公司。奇迹由此开始。两名邮递员继续想：棒棒糖舔起来很费劲，能不能加上一个能自动旋转的小马达，由电池对它进行驱动，这样既省劲又好玩。这种想法很快被付诸实践。旋转棒棒糖很快投入市场，获得了极大的成功。

注意培养自己的创新性思维

□向华令

你可以尝试别出心裁地思考问题，大胆地提出与众不同的意见与质疑，独辟蹊径地解决问题。这样，才能使自己的思维向创新方向推进。

★树立积极的创新意识

创新是一个国家进步的灵魂，是国家兴旺发达的不竭动力。随着我国各个行业的迅速发展，各方面都在呼唤创造型人才，具有创新思维和创造能力的人将在社会发展中起主导作用。我们传统的应试教育和教学方式只注重知识的传授，而忽视了思维的训练和能力的培养，造成很多同学思维途径狭窄，缺乏创新精神和创新能力。只有有意识地增强这方面的能力，你才能在发展中完善自己，进而充分发挥自己的聪明才智。

当下高中生的年龄普遍在15岁至18岁。这一时期大多数同学的身体发育接近成人水平，心理趋于成熟，思维能力得到很大发展，已能从具体事物看出抽象道理，并且独立意识开始增强，喜欢提出独到见解，不迷信、不盲从，这无疑是培养创新意识与创新能力的最好时期。当然，创新可以分为不同的层次，对中学生而言，我们所说的"创新能力"，是指通过自我教育和努力，使自己作为一个独立的个体，能够善于发现和认识有意义的新知识、新思想、新事物、新方法，掌握其中蕴含的基本规律，并具备相应的能力，为将来成为创新型人才奠定全面的素质基础。

恐怖高中还是快乐高中？你的高中你做主！

★努力培养创新能力

那么，我们应当如何通过自己的努力，培养自己的创新能力，激发自己的灵感呢？爱因斯坦说："提出一个问题往往比解决一个问题更重要。"知识始于问题，想要创新，首先必须要敢于提问、善于提问，"问题意识"正是创新素养的核心。中学生受生理、心理和知识水平的限制，缺乏敏锐的观察力，不善于发现问题。在课堂上，你可以给自己留出足够的时间去思考一些问题，还可以尽可能多地设计一些情境让自己去思考，让自己积极参与课堂活动，自主发现问题所在。这样经过长期的训练，自然能使自己发现常人所难以发现的问题，形成比较敏锐的问题意识。

提问题往往是人与生俱来的天性，这是一种可贵的探索求知精神，是创造的萌芽。你提出的问题越多，说明你的思维越活跃，学习积极性越高。培养提出问题的能力，不但可以使你养成好问、多问、深问的习惯，还可以培养你思维的深刻性、灵活性、独创性及批判性。这些能力都与创新有着密切的联系。

除了敢于提出问题，你还必须具备丰厚的知识储备来回答问题，或者说没有足够的知识储备，一些问题你是无法发现的。当然，由于受班级环境、时间、程度等因素的制约，课堂 45 分钟是远不能使你学到足够的知识的，如果你学有余力的话，应该将探索新知识的触角延伸到课外，通过研究性学习得到进一步提高。

★注意思维方式的转变

要创新，拥有自己的独特见解和发明创造，还离不开思维方式的培养和转变。发展发散性思维对培养自己的创造力有着重要作用。实践证明，通过有意识的训练，这种思维方式可以使你的思维更具流畅性、变通性和独特性，在分析和解决问题的过程中，能别出心裁地提出新异的想法。在遇到难题时，你可以尝试别出心裁地思考问题，大胆地提出与众不同的意见与质疑，独辟蹊径地解决问题。这样，才能使自己的思维向创新方向推进。

此外，其他比较有效的创新思维方式还有以下几种：1. 反向思维法。即针对一种观点，假定其相反的观点正确，然后进行一系列逻辑推理，进而发现其中的不足及可取之处，从而了解正反两类观点的长短优劣，通过取长补短便会形成自己高于两类观点的新观点。2. 换位思考法。即将自己和对方在思想上换一下位，站在对方的立场上思考问题：一方面能理解对方的主张、观点的合理性；另一方面可借此检查一下自己的主张有无疏漏，从而获得更为完善的观点。3. 中观思维法。固执于某个立场常使人产生偏见，如能从正反、人我的立场上超脱出来，站在中间者的立场上观察和思考问题，往往能克服或减少偏见，得出较为客观公正的新结论，使自己的思想产生重大飞跃。

正如卢梭所说："教育的问题不在于告诉他一个真理，而在于教他怎样去发现真理。"教育的重要目的就是要发挥学生身上蕴藏的无限创新潜能。在进行自我教育的过程中，你应该始终把自己创新能力的培养作为努力的方向，要试着构建一片有利于自己创新的天地，让自己积极去探索、去发现，进而培养自己的创新思维能力，为以后更好地发展奠定坚实的基础。

追星要控制在合理范围内

□ 那曲波

现在的高中校园，随处可以见到这样的现象：好多学生打球、看书，甚至吃饭时耳朵里都塞着耳机。他们不是在学英语，而是在听音乐，可以说流行音乐占据了他们业余生活的全部。大多数中学生不满足于仅仅听、唱流行音乐，他们还有自己喜爱的明星，我们把追逐、崇拜明星的一群人称为"追星族"。追星在当今社会是一种很普遍的现象，但"追星族"似乎更集中于学生，他们是"星向标"的敏感人群。有的人整日沉迷于明星们的歌声、图片中，甚至关心他们的私生活，讲起明星们的八卦来头头是道。有的学生提到自己喜爱的歌星，就会兴奋起来，滔滔不绝，有说不完的话，崇拜、激动之情溢于言表。

青春偶像确实为很多同学提供了奋斗目标，但这并不意味着这些偶像本身就是奋斗目标。若一意孤行以致触礁搁浅、船毁人亡，只能说明你不是一名合格的水手。古人云："行百里者半于九十。"可见仅有雄心壮志是不能成功的，还要有坚持奋斗的动力。青春偶像崇拜的益处之一，就是可以为我们的成长提供奋斗的动力。青春偶像具有巨大的感召力，因此同样一句话从他们嘴里说出来所产生的震动，肯定千百倍地超过父母和朋友的话。你也会因此而以极大的热情和动力，去努力奋斗，提高自己，挑战自己！再者有些青春偶像并非很多人所理解的"绣花枕头"，歌中唱道"不

经历风雨，怎么见彩虹，没有人能随随便便成功"。偶像成功的背后往往也凝结着奋斗过程中的汗水和泪水，而且很多青春偶像确实德艺双馨。让他们成为年轻人崇拜的偶像，当是有利的。一名理智的高中生，有他们作为朋友，肯定受益匪浅。

国外有句谚语，说："All work and no play makes Jack a dull boy."直译过来就是："只知学习而不知玩耍的杰克成了呆子。"也就是说，只学习、工作而不娱乐，不利于青少年的成长。而如今丰富、多元化的青春偶像恰好可以弥补这一不利因素。青春偶像可以让我们的生活更丰富多彩，更富青春活力，而不是单调、没劲和无趣。我们不能想象，生活在一个没有偶像的社会中，内心会是多么寂寥。在学习疲累，或伤心孤独时，若听上偶像的一首歌，看上偶像的一场电影，足以改变自己沮丧的情绪，我们何乐而不为呢？

就这些方面而言，青少年有自己的偶像并不为过，甚至可能成为他们学业的助推器。但盲目追星的负面效果同样不能忽视。比如一些纯偶像的出现不过是商业包装和炒作

恐怖高中还是快乐高中？你的高中你做主！

恐怖高中还是快乐高中？你的高中你做主！

的结果，在其完美的荧幕形象背后是明星大打出手、私生活混乱。这对我们人格的完善，形成正确的人生观、金钱观是非常不利的。所以，我们必须学会正确地追星：

有选择地追星

我们所崇拜的偶像应该有高尚的人品和超凡的气度，不仅仅吸引你去关注他的表面，他的行为更应该震撼你的心灵。那些言语粗俗、人品低劣的"明星"应该成为我们不齿的对象。同时，要关注偶像身上最重要的因素，比如他们的才华和人品，至于他们的着装打扮、生活作风等都属于个人爱好，并不值得去完全模仿。刻意把自己的头发弄得和某位明星一样是没必要的。每个人都应该有自己的风格，不应该盲目追求怪异和另类。

不疯狂地追星

课余时间谈谈音乐、看看电影不仅能调节紧张的学习气氛、枯燥的学习生活，更能帮助同学间更好地找到共同语言，使友谊更纯洁，但追星不应该成为你生活的全部。有不少同学由于盲目追星而荒废了学业。在课堂上，他们口中背的不是课文，也不是英语单词，而是流行歌曲、电影台词。他们不惜浪费大量金钱和时间来追星，到头来只能是一无所获，这实在是得不偿失。

要把注意力放在偶像们成功的原因上

很多同学只看到偶像风光的一面，却不知他们风光背后的辛酸。要知道偶像也会有烦恼，也会遇到各种挫折。他们在成功背后，往往经过了不懈的努力，我们要试着从他们身上吸取积极的人生经验。比如周杰伦，他的歌声、他的专辑红遍大江南北，走进千家万户，有多少青少年朋友为之倾倒，为之疯狂，可他们是否知道周杰伦成功的秘密？从小就饱受生活的艰辛和病痛的折磨，经历了多少次失败，他没有放弃，在一次次困境中奋起，终于获得了成功，这样的精神比他的歌声更应该值得我们追随。

正视自己与偶像的关系，善待亲朋好友

偶像有他的工作，需要有人支持，但支持偶像的工作并不是你的义务和责任，你还有你的生活，有你自己更应该做的事。在我们身边，养育自己的父母、教诲自己的老师、伴你学习的同窗好友，还有其他亲人都在为你付出，你应该学会回报，与他们分享爱。

因势利导培养自己的兴趣爱好

在我们的生活中，明星不只有歌星、影星，还有众多的体育之星、科技之星、商界骄子、文学泰斗、政坛领袖等，他们给我们的生活带来了各种幸福和财富，同样值得我们去学习。如果你确实对某个领域感兴趣，不妨注意培养自己多方面的才华，参加学校举办的一些竞赛和活动，比如校园歌手大赛、绘画展览、运动会、艺术周等。这不仅能丰富你的课余生活，还能使你某方面的才能得到开发和挖掘，为以后的发展奠定基础，让自己在"星光"的照耀下健康快乐地成长！

如果一本书就改变了你的人生观，只能说明你读的书太少了；如果一张碟就改变了你的价值观，只能说明你没有价值观。

谚语有云：人生不如意，十之八九。其中的"不如意"就是人们常说的挫折了。在日常生活和学习中遇到挫折是正常的，很难完全避免。然而，遇到挫折如何对待及耐挫折能力如何，却因人而异。有的人意志坚强，心胸宽广，豁达随分，遇到挫折始终能坚韧不拔，百折不挠；有的人则意志薄弱，稍微受点儿挫折就可能一蹶不振，沮丧消沉。

在我们周围，可能经常会遇到这样的同学。他从小学到初中学习一直很好，为家长所骄傲，为老师所喜爱。但是，进入高中以后，面对更多更强的对手他却失去了优势。为此，他开始自怨自艾，心情沮丧，无法集中注意力学习。看到周围同学都安静地努力学习，自己心里越发不是滋味，于是以前的自信满满变成了自卑自怨。这正是缺乏良好意志品质的典型案例。所以，要培养自己的抗挫折能力，就必须首先培养自己坚强的意志力，面对任何困难都要有不屈不挠的奋斗精神。其实，挫折感也有双面性。它会使你情绪焦虑，心理失衡，但也会锻炼你的意志，使你具备坚忍不拔的精神。不管遇到任何困难，都要不慌张、不灰心，勇敢地去面对。只有这样，你才能在挫折来临时有充分的心理准备。

树立远大抱负和信心

高中阶段正是青少年意气风发的时候，你只有树立远大的抱负、具备充足的信心才能充分发挥自己的主观能动性，冲破阻力和障碍，为实现自己的理想而奋斗。自信是一个人心理健康的重要标志之一，有了自信，才能自立、自强。因此，培养自己的自信心对你拥有健康的心理素质尤为重要。你要时刻相信自己具有克服困难的能力，并且要始终保持积极乐观的情绪，只有这样你才能勇于面对一切。

世界重量级拳王佛雷萨可以说就是一个充满自信的人。在赛场上，他常能出奇地反败为胜。1978年，在佛雷

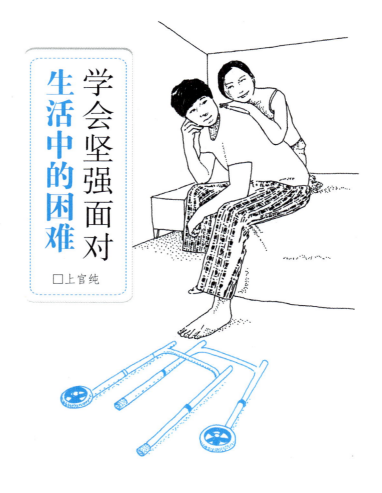

学会坚强面对
生活中的困难

□上官纯

恐怖高中还是快乐高中？你的高中你做主！

恐怖高中还是快乐高中？你的高中你做主！

萨70岁生日宴会上，他说出了自己克敌制胜的秘诀："我有一个很特殊的习惯，即每当比赛快要来临的前几天，会把一张醒目地写有'Yes, I Can'的字条贴在卧室的天花板上。我认为，像这样时刻激励自己，让自己充满必胜的信心走上赛台，即使遭到对手狠命的一击，脑中也会因闪现那几个字而产生不可思议的力量。"的确，也只有信心百倍的人，才能全力以赴，并且十之八九成功在握。

进行必要的制度约束

在培养抗挫折能力的过程中，对自己进行必要的制度纪律教育是非常必要的。制度纪律教育对培养一个人的意志品质有很重要的作用。对此，你必须严格要求自己遵守学校及班级的各项规章制度。同时，你还可以求助于老师和同学，对你实行必要的监督。通过这种方式，你可以增强对制度纪律执行的自觉性和习惯性，并使自己形成自我检查、自我督促的能力。有良好的纪律习惯，这看似简单，但一念之间却有着天壤之别。

进行必要的体育锻炼

坚持体育锻炼对抗挫折能力的培养也有着非常积极的意义。身体健康直接影响着你的心理健康。研究表明，身体健康、体魄强健、精力充沛的人，大多开朗乐观、意志坚强、抗挫折能力强。相反，体质差、健康状况不好的同学则相对来说比较脆弱敏感、固执且不合群，他们大多意志比较薄弱。所以，为了培养自己良好的抗挫折能力，你可以定期进行体育锻炼。

深入体验失败

许多研究表明，一个人早期的生活经历和挫折经验对他们成年后的影响很大。如果小时候经历过挫折与坎坷，那么成年后他的环境适应能力就很强，"穷人的孩子早当家"说的就是这个道理。但现在，很多同学都是独生子女，爷爷奶奶爸爸妈妈都对自己关爱有加，使自己很少受委屈，这种做法的直接后果就是许多同学的心理年龄滞后于生理年龄，吃苦精神缺乏，抗挫折能力差。有鉴于此，你可以有意识地多参加实践活动，以此来体验失败和挫折，比如参加各种竞赛活动、向杂志社投稿等。通过这些实践活动，相信你的生活自理能力和生存能力都会有所提高，并为迎接挫折的挑战做好准备。

在人的一生中，挫折是不可避免的。对于一名高中生，你应该知道在学习和生活中难免会遇到沟沟坎坎。只要你正确认识、了解了挫折，树立了坚强的信心，学会运用适当的方法应对挫折，你就是自己命运的主人。记住，只有经得起逆境考验的人，才能成为真正的强者。

洗一个澡，看一朵花，吃一顿饭，假使你觉得快活，并非全因为澡洗得干净，花开得好，或者菜合你口味，主要因为你心上没有挂碍。——钱钟书

能力是高中阶段自我修养的重要目标之一。法国 17 世纪杰出的数学家、哲学家和科学方法论者笛卡儿曾经说过："最有价值的知识是关于方法的知识。"还说："没有正确的方法，即使有眼睛的博学者，也会像盲人一样盲目摸索。"这足以说明读书方法的重要性。

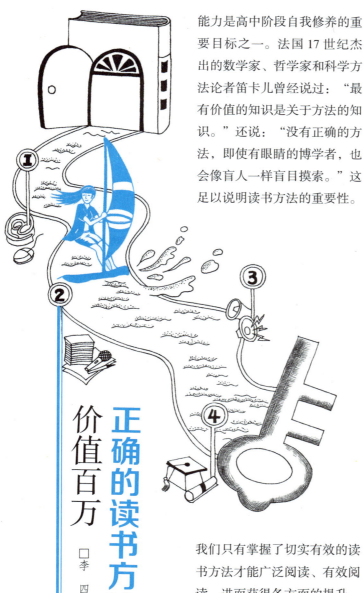

正确的读书方法

价值百万

□李 四

阅读能力对我们来说无疑是最重要的能力之一，我们获得知识、开阔眼界、提升能力无不需要通过阅读来实现。因此，如何提高自己的阅读

我们只有掌握了切实有效的读书方法才能广泛阅读、有效阅读，进而获得各方面的提升。世界上许多名人在关于读书的论著中，都很重视总结、介绍读书方法。他们之所以成功，与他们善于读书是分不开的。熟知他们的读书方法，相信对我们阅读能力的提升，一定会大有益处。

爱因斯坦的读书方法

爱因斯坦是 20 世纪最有影响力的自然科学家和物理学家，他所提出的相对论曾震动了整个物理学界，为世人所瞩目。他的成功，与他刻苦学习和良好的学习方法是密不可分的。尽管他本人没有专门论述读书方法的文章，但我们还是可以从他的人生经历中归纳出几点：

第一，勤奋刻苦的自学精神和自学习惯。爱因斯坦后来的成功，与他从小就有的刻苦自学的习惯是分不开的。11 岁时，他就读完了一套通俗科学读物，并开始对科学产生兴趣。12 岁时，他又自学了欧几里得几何。这两件事，对他以后的发展道路产生了极大的影响。除此之外，他还阅读其他人的著作，并对哲学产生了兴趣，13 岁就开始读康德的书。后来，他在《自述片段》中曾说："我的那一点儿零散的有关知识主要是靠自学得来的。"

第二，读书学习可以根据自己的情况和目标追求而有所舍弃。爱因斯坦对自己曾有所描画，其中有一句说："我是一个执意的而又有自知之明的年轻人。"他根据自身的特点、志向和兴趣，不求面面俱

恐怖高中还是快乐高中？你的高中你做主！

到、全面发展，毅然地舍弃和"刷掉"了学校里的许多课程，把精力和热忱集中在物理学的学习上，最终在物理学方面取得了重大的成就。

第三，提倡深入理解，反对死记硬背。爱因斯坦出生于德国西南部的古城乌耳姆一个犹太人的家庭。当时的德国学校，教育纪律十分严格，盛行的又是一些死记硬背的读书方法。爱因斯坦对此十分厌恶。他回忆自己要考大学的那段生活时曾说自己：热衷于深入理解，但很少去背诵。以后，即使到了大学读书，他仍坚持"深入理解"的学习方法，而决不去搞那些不必要的死记硬背。

毛泽东的读书方法

毛泽东不仅是我国著名的政治家，也是我国著名的文学家、军事家。毛泽东一生酷爱读书，无论是青春年华的学生时代，还是戎马倥偬的革命岁月，他都手不释卷，以书为伴。就毛泽东读书来说，在20世纪的中国和全世界的革命家和政治家中，实难有出其右者。在数十年的读书生涯中，毛泽东积累了渊博的学识，也有着丰富的读书经验。其中一些读书方法无疑非常值得我们

关注和学习。

毛泽东一贯提倡和践行读书广收博览。毛泽东在给秘书的信中曾这样说："钻到看书看报看刊物中去，广收博览，于你我都有益。"这句话其实也是毛泽东的经验之谈。

毛泽东反对那种只图快，而不讲效果的读书方法，他认为的好书、有意义的重点书经常采取"三复四温"的方法阅读。他在读韩愈诗文全集时，除少数篇章外，都一篇篇仔细琢磨，大部分他都能流利地背诵。

对于相同题材的内容，毛泽东喜欢把不同的甚至是观点相反的版本对照起来读。关于《楚辞》，他曾经要了十几种版本对照起来读。

常言说"好记性不如烂笔头"。勤动手是毛泽东读书的一大特点。毛泽东在读书时常常在书页上圈圈点点，勾勾画画，留下自己的心得体会。在湖南一师求学期间研读德

国伦理学家泡尔生的《伦理学原理》时，他曾在书页上写有1万多字的批注。毛泽东一生圈点批注最多的书是《二十四史》和《资治通鉴》，书中留下的他对文献的理解敏锐而深邃。

巴丹说："阅读不能改变人生的长度，但可以改变人生的宽度。阅读不能改变人生的起点，但可以改变人的终点。"总之，读书的方法多种多样，读书的方式灵活多变，在阅读时要因地制宜，根据自己的需要和特点来选择合适的读书方法。但不管采取何种读书方法，都要让自己深入文本，多读多品多诵，多积累，多感悟。从而使自己读出书中味，感悟情与理，使自己爱上读书，学会读书，学会做人。

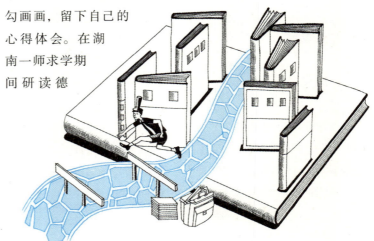

最明亮的欢乐火焰大概是由火花点燃的。人生道路上不时散发出芳香的花朵，也是由偶然落下的种子自然生长出来的。——塞·约翰逊

恐怖高中还是快乐高中？你的高中你做主！

自律是提升学习成绩的秘密武器

□ 赵 责

生活自律要求做到生活上自立，学会安排自己的生活，养成有规律、有秩序的生活习惯。正所谓『凡事预则立，不预则废』。

企业家冯仑在文章中曾讲过另一位企业家王石的故事，让人很受启发。他讲道，王石用了 5 年多时间，把七大洲最高峰都爬完了。这对于一个当时已近 50 岁的人来说，是很不简单的。他是怎么做到的？冯仑说，在山上，王石与普通人最大的区别就是他很能管理自己。比如他说几点进帐篷就几点进帐篷。为保持能量，食物再难吃他都往下咽。

冯仑在文章中十分感叹："过去，我们老以为伟大是领导别人，这实际是错的。当你不能管理自己的时候，你便失去了所有领导别人的资格和能力。当一个人走向伟大的时候，千万先把自己管理好，管理自己的金钱、自己周边的人脉与社会关系，管理自己的行为。你管理好了自己，我们称之为自律，称之为守法，很多类似的美德就有了。管理好自己的时候，才取得了领导的资格，在组织中成为最好的成员。其他成员多少有些放纵，而你是最好的成员，所以大家会信任你，大家才敢把命运寄托在你——一个首先能管理好自己的人身上。"

我们常说，想要成才就必须"耐得住寂寞，经得起诱惑，守得住自己"，这其实说的就是个人的自律能力。目前很多高中生自律意识薄弱、自律能力差，距离社会要求、学校和家长的期望有着很大的差距。如今的高中生，绝大多数是独生子女，可以说是"脸贴脸"的一代：以快乐为导向，不喜束缚，做喜欢做的新新人类，崇尚自我实现。确实，特定的时代背景和成长环境，造就了我们鲜明的个性色彩，使得我们身上具有不同于父辈的新鲜气质。然而，我们本身又是一个矛盾的综合体：自信心、自尊心强，表现欲旺，志向也不可谓不"远大"，但是自理能力差，适应环境能力不强，进取精神不足，群体意识精神弱化等，也很明显。一小部分学生因为考试作弊、擅自住宿校外、违反宿舍管理规定、沉

恐怖高中还是快乐高中？你的高中你做主！

涵于网吧等受到各类处分，而究其根本原因，就是自我要求不严、自控能力差，严重缺乏自律意识。

任何一种良好的行为习惯和品质都不是天生就有的，而是经过家庭、学校和社会各方面的熏陶和培养而形成的，高中生的自律心理同样如此，需要经过长期的教育和陶冶而形成。随着我国当代高中生主体意识的增强，自我利益的保护，自我价值的提高，加之社会上多元价值伦理观的并存，如何使自己逐步由"他律"走向"自律"可以说是自我提升的很重要的一部分。那么，我们该如何培养自己的自律意识呢？

努力提高自己的道德自律水平

古人云："德，才之帅也；才，德之资也。"道德认知是一个内涵丰富的概念，个体在认识过程中，必须对某个行为是否违反道德规范进行判断，具有反思的能力。实现道德认知水平提高的途径是多种多样的，但主要是靠道德的舆论导向和道德的教育。高中生是国家未来的栋梁，不仅要学习现代科学知识，培养专业技能，而且要有高尚的道德情操。因此，高中生要学会做人，学会做事，注意从点滴小事做起，坚持高标准严要求，讲文明懂礼貌，遵纪守法，克服不良的习惯，重视自身的道德修养，做一个人格高尚、品行端正、有较高文明素养的高中生。

强化自己的责任意识

我们自律意识的培养与责任意识的薄弱程度也有相应的关系。通常情况下，学校在培养学生自律意识上会建立严格的教育责任机制。有了这一全方位的教育责任机制的约束，才能使校园中一切不负责任的行为都因不可避免的"责任追究"而受到有效遏制。对此，我们应该有意识地配合学校的管理，遵守校园规定。唯有使自己处于严格的责任机制之中，才能时时意识到自律的情感意识、态度和体验。这种外在的行为强化作用，其本质就是人的自律行为习惯的养成过程。任何脱离这一教育责任机制的高中生都难以自动养成良好的自律意识。

增强自己对时间和学习的自律性

珍惜时间就是珍惜人生，浪费时间就是挥霍人生。科学地分配和利用好时间，是提高学习效率、降低学习成本、挖掘人生潜能的关键。高中阶段，你必须要对时间进行合理的安排和计划，包括每月、每周、每天的时间都要有一个安排，使时间得到合理有效的利用，不能无目的无计划地盲目学习。总之，要用"一万年太久，只争朝夕"的精神，珍惜高中阶段分分秒秒的宝贵时光。学习的自律要求转变学习态度，由要"我学"变为"我要学"，提倡自觉学习，自我加压，增强学习的动力。

拓展自我管理能力

生活自律要求做到生活上自立，学会安排自己的生活，养成有规律、有秩序的生活习惯。"凡事预则立，不预则废"，做事要有计划，事后要有总结，不能想做什么就做什么，生活杂乱无章，没有头绪。做事不要拖拉，要雷厉风行，今天的事今天完成，不要拖到明天。同时，高中生的消费资金的来源主要靠家庭的收入，大多数学生是纯消费者。常言道："吃饭穿衣量家当。"为了减轻家庭的经济负担，花钱要悠着点儿，注意节俭，不要攀比和高消费。此外，孔子曰："独学而无友则孤陋而寡闻。"交一

常常有人告诉我们，现在的辛苦，是为了"以后"的幸福。可是没有人许诺我们那个"以后"什么时候会来。人生一直是付出和得到的交织，把辛苦也当幸福来过着，我们就赢了。——何炅

个知心的高品位的朋友可以使你学到很多有益的东西，素质得到提高；交一个不好的朋友，你不仅学不到有益的东西，而且有可能造成不快和烦恼、麻烦，甚至受到伤害。因此，交友不能随心所欲，要有选择性，尽量多结交那些知识渊博、素质高、人格高尚的朋友，少结交酒肉朋友，不结交品质不佳的朋友。

使自我反思成为习惯

慎独，是指在没有外界监督的情况下，即使一人也能遵守道德规范，不做对国家、对社会、对他人不道德的事情。慎独作为一种自我修养方法，能把外在的道德规范、规章制度、法律条文变成内心的坚定信念，把他律变成自律。要做到慎独，提升自己的自律意识和能力，一个重要的方法是努力学会内省，敢于进行自我认识、自我评价、自我约束。这不但是正确认识自己的重要途径，是自我提升的内在动力，也是自我调节和控制的有效方法。当然，内省不能只是一时兴起，必须天天坚持，让内省成为一种习惯，这也会让修养成为一种自觉。相信经过一段时间的培养训练，置身于和谐、健康的校园文化环境中，自律能力一定会增强，道德境界也一定会不断提高。

德国著名诗人歌德说过："毫无节制的活动，无论属于什么性质，到头来都将一败涂地。"人格有美，美就美在人们守规的自觉。如果缺乏自控，就像是道德上的一次次借贷，最终会把人引向道德破产。不会自律的人，何谈成功，又何谈贡献？养成严于自律的好习惯，最重要的就是勇敢地面对来自各方面的一次次挑战和诱惑，不要轻易放纵自己，哪怕只是一件微不足道的事情。

做最好**的**创新

□李开复

什么是最好的创新

新颖是创新的必备要素，但并不意味着每次创新都是一种开天辟地式的革命。仅仅通过把一个领域的经验应用到另一个原本不相干的领域，可能就会完成一次伟大的创新。斯宾塞是美国电子管技术专家，二战期间在测试新磁控管技术时，偶然发现口袋里的巧克力会因为接近磁控管而融化。斯宾塞联想到，能否用类似装置给食品快速加热呢？微波炉就这样诞生了。

创新的实用价值更应着重考虑。我在SGI工作时，曾领导开发过一个三维浏览器产品。从技术角度出发，几乎每个人都认

恐怖高中还是快乐高中？你的高中你做主！

为这是非常酷的产品。但很遗憾，一个三维视图既不能带给用户更多信息内容，还会严重妨碍信息的高效传递，无法使用户在最短时间内获得最有价值的信息。这样一个对用户没用的创新，最终只能走向失败。

任何创新都要考虑在现有条件下的实施问题。我的博士论文，就是研发出世界上第一套非特定语言的连续语音识别系统。从新颖、有用的角度看，它都能得99分。但是，拿到真实环境中就碰到种种问题。因此，这项创新的可行性只能达到59分。

如何做最好的创新

究竟该怎样做，才能不断得到最好的创新呢？建议大家思考和实践以下五项创新准则：洞悉未来、打破陈规、追求简约、以人为本和承受风险。

洞悉未来就是要求创新者根据目前市场情况和用户需求，结合技术发展规律，对未来做出正确的预测和判断。

创新的最大障碍是无法脱离固有的思维定式或思维框架。发明汽车时，如果脑子里依然还想用赶马车的陈规来操作，就可能不是用方向盘，而是用缰绳来调整汽车方向！

追求简约也是通向创新的必由之路。初做搜索引擎时，研究人员发现，如果用户多输入几个字，搜索结果就会准确得多。技术人员想到了一个最简单有效的点子：把搜索框长度增大一倍。

以人为本是企业能否保持持久创新能力的关键。在谷歌公司，每位工程师都可以利用工作中20%的时间，做自己最有激情做的事情。

承受风险也是创新过程中重要的一点。我从事研究工作时，主管曾说，如果每一个项目都成功了，你实际上是失败的；因为你并不是在做研究，而是在回避风险，只选择那些十拿九稳、没有什么创新价值的项目。

如何培养创新力

我的第一个建议是，在学习中，要知其然，也要知其所以然。中学生学习三角形面积定理时，可能人人都会背诵"底乘以高除以二"的公式，但是，聪明学生还会记住这个公式是如何推导出来的。

第二个建议是，遇到问题试着从不同角度来思考。美国3M公司一位研究员想发明黏合力非常强的胶水，但因为

种种原因失败了，实验得到的只是一种黏合力很差的液体。一段时间后，他发现人们有这样一种需求：把便条或书签贴到桌上或墙上，可以随时揭下来——他此前发现的黏合力差的液体不正可以派上用场吗？就这样，一种险遭废弃的技术促成了即时贴的发明。

第三个建议是，多问问题才能更深理解。

第四个建议是动手实践。小时候，父亲曾让我们解答这样一个问题：用6根火柴拼成4个大小一模一样的正三角形。通过动手实践，我们都找到了正确答案。这样的实践让我对几何空间知识记忆深刻。

第五个建议是追随自己的兴趣、爱好。在谷歌，我们宁愿让员工做一个自己有激情的项目，也不愿因为项目紧急或重要，强迫他们做自己不感兴趣的事情。

在一种鼓励探索、支持兴趣、重视实践的教育环境下，创新并不难。只要培养出灵活的头脑和扎实的基本功，再兼具科学家、市场人员、工程师的特质，同时热爱自己所从事的工作，你就一定可以做出最新颖、最有用，也最有可行性的创新来！

对于自己的行动不要懊悔，也不要过于在意，人生的一切都是实验，实验的次数越多，对我们越有利。——爱默生

恐怖高中还是快乐高中？你的高中你做主！

在我们走向独立和自主的伟大征程中，应该吸取哪些教训？听一听各领域成功者们的建议或许不错，这些人是富有远见的商业领导者，他们从无到有建立起自己的帝国，并都跻身世界最富有的人之列。以下是历年来多位商界领袖在各种场合所做演讲的节选，对我们提高自身自我，无疑很有指导意义。

戴尔创始人迈克尔·戴尔
不要当房间里最聪明的那个人

永远不要尝试成为房间里最聪明的那个人，如果你是的话，我建议你请来一个更聪明的……或者自己换个不同的房间。在职场中，这叫作人际关系。在组织中，这叫作队伍建设。在生活中，这被称为家庭、朋友和圈子。我们都是彼此的礼物，在我成长为一名领导者的过程中，我得到的启示一遍遍地重复，即最有益

亿万富豪
□布莱恩·所罗门
给走向独立者的建议

的经验是来自人与人之间的关系。

Facebook 创始人马克·扎克伯格
如果你喜欢自己做的事，事情会容易很多

当你回家吃饭，盘子里是最难吃的蔬菜，如果你愿意可以勉强自己吃下去。但如果你是玩游戏，即使非常难，只要自己喜欢，你也会努力通关。如果你喜欢自己做的事，事情会容易很多，而你也将拥有更大的决心。

微软 CEO 史蒂夫·鲍尔默
不要激情，要有韧性

激情是对某件事物产生兴奋的能力，而控制力和韧性则是保持这种兴奋的能力。如果你

恐怖高中还是快乐高中？你的高中你做主！

考察一下我们这个行业的那些创业公司，你会发现它们大多数都失败了。如果你再考察一下那些获得成功的公司，比如微软、苹果、谷歌以及 Facebook，凡是你能叫出名字的，它们都经历过困难时期。你取得了一些成功，你也撞了几回南墙，你为新的点子和创新尝试新的途径，但未能成功，这时候决定事业成败的就是，你有多顽强，你有多大的控制力，你有多乐观以及你有多少韧性。

谷歌创始人拉里·佩奇
追寻伟大的梦想，你不会遇到竞争

我认为，追寻雄心万丈的梦想通常更加容易，我知道这听起来完全是一派胡言。不过，既然没有别的人疯狂到会做这件事情，你就没有竞争对手了。达到这种疯狂程度的人是如此之少，以至于我感觉自己跟他们都认识。他们像狗群一样漫游，像胶水一样相互亲近，这些最优秀的人乐于接受艰巨的挑战，这就是在谷歌发生的事情。

谷歌董事长埃里克·施密特
不要刻意制订计划

不要刻意制订计划，那些有关计划的东西，你们可以扔掉了。在我看来，一切都关乎机遇和争取到自己的运气。如果你观察那些最成功的人士，你会发现，他们工作努力并充分利用了机遇，但他们并不知道那些机遇会降临到自己头上。你无法为创新制订计划，你也无法为发明制订计划。你所能做的就是，尽自己最大

的努力待在正确的地方，并随时准备着。举例来说，我们都知道，心脏起搏器在其 70 年历史中经历了各种各样的形式才最终投入使用。它被植入一个可怜人的体内，在更换了 25 台起搏器后，他仍然活着。不过，这个故事的重点在于，如果心脏起搏器没有被发明出来，这个人就不会有存活的机会，这一切你永远都搞不懂。

摩托罗拉股东卡尔·伊坎
独立思考

当你们踏入社会，你们要成为两种人中的一种，你们要成为自己独立思考的人，我认为这个世界和我们的公司正在为此等待。一些公司管理者真的能够做到这一点，他们富有创新性，能够反潮流而动……你们应该试着对抗潮流，即使这可能会让你们失去工作或者晋升的机会。但最终，你还是要独立思考，勇于创新。如果你有了想法，那就去拍桌子吧，不要担心，因为这正是公司所需要的。

雅虎创始人杨致远
不要被坏消息吓坏

我能向你们保证，经济低迷正是孕育伟大事物的时候，就像现在这样。雅虎创立于 20 世纪 90 年代初的经济衰退时期，其他伟大的公司、想法和产品，甚至是社会运动，都是在人们抛弃教条和采用新方法的时候发展成形的。从某些方面看，在这种经济恢复时期毕业是再好不过的时机。

中国做得最差的就是引进西方的思想。中国自己做得好的地方是自己摸索出来的，抄回来的都不好，因为他们也不好，抄回来更不好。——经济学家张五常

恐怖高中还是快乐高中？你的高中你做主！

状元就是做自己感兴趣的事

□李君山

她从哈佛大学经济及数学系以优异的成绩毕业后，进了咨询顾问公司观察者集团工作。两年后，她工作起来已经得心应手，很受老板赏识，也深受客户欢迎，但她却并不能从这份高薪工作中获得快乐。

紧张工作之余，她常常回忆起少年时去朋友家玩的情景。那时，她十二三岁的样子，去一位同学家，那位同学家的电视机里正播放着一档教授做甜点的节目。于是，他们从超市买来原料，依葫芦画瓢地操作起来。很显然她们没有面点师的娴熟，但她们却获得了前所未有的快乐。从此她对做面点乐此不疲，这件事一直到她去哈佛读书才结束。

在她工作的波士顿有一家著名的糕点烘焙店，每次去那个店，她都会点上一份糕点久久逗留。看到端上来的那一份份别致的面点，她都

会情不自禁地"哦"一声。她的行为引起了店里做面点的大厨的注意。他们有了第一次交谈，她告诉他，她虽然在一家咨询公司上班，但对做面点特别感兴趣，那曾是她最美妙的时间。那位年轻的面点师饶有兴趣地看着她谈起面点时眉飞色舞的神态，于是邀请她走进了操作间。

进了操作间，她像鱼儿到了水里，鸟儿飞到了树林，不一会儿工夫，她的面点做出来了。大厨惊呼着："这不是面点，这是艺术！这简直就是艺术！"以后，她和这位大厨成了最好的朋友，一有空闲，她便来这里体验和大厨一起创作糕点的快乐。

她也萌生了开一家糕点店的想法。于是她说服父母，获得父母的理解后，她辞去了那份高薪工作，准备给自己一年的时间，尝试专业烹饪这条路。她在波士顿南端的华盛顿街上找了一个合适的店面。

工作非常辛苦，她得从凌晨四点一直工作到午夜，一周六天，但她却干得非常起劲。她做出的糕点、甜点大受欢迎，店里每天都人满为患，尤其是她制作的黏面包，几乎一时成了店里的招牌，许多客人赶早排队来品尝，如果迟到了就会深感遗憾。有一位客人从佛罗里达州飞到波士顿，一下飞机便直奔这家面包店，吃了她做的黏面包后，便力邀她去佛罗里达州开一家分店。

她就是在美国有着"巧克力饼干女孩"昵称的华人张柔安。现在，她不但连开三家"面粉烘焙店"，还出版了《面粉：波士顿面粉烘焙店的壮观食谱》一书，张柔安在她的书里写道："中国有句古话，三百六十行，行行出状元，但是人的热情、兴趣才是打开状元之门的金钥匙。"

恐怖高中还是快乐高中？你的高中你做主！

别让你的爱好腐蚀了你

□艾 力

没有玩过游戏的人，始终搞不懂它的魅力在哪里，为什么它能让那么多男生废寝忘食、不眠不休，甚至可以与女友分手。我曾痴迷于电脑游戏，对这种沉迷的后果感同身受。

初中时，老师就曾经告诫痴迷游戏的我："不要让你爱的事物害了你。"我那时并没有理解他这句话的深意。那时候，我曾经连续一周每天玩游戏到半夜3点。为了不让灯光从门缝漏出去，我用衣服把门缝遮得严严实实，这样，父母就不会发现我在玩游戏了。

我一度喜欢上了《勇者斗恶龙》系列游戏，但当时只能在家里的步步高DVD（碟片）播放器上玩。DVD不能存储游戏，这就意味着不能关机。由于是在寒假，反正也不用出门上课，我想到一个绝妙的方法——把唯一能暴露DVD开机状态的红灯用胶布贴了起来。自从用了这个方法，妈妈再也不用"担心"我玩游戏了。

为了玩游戏，我和父亲争执不断。他希望带我去附近的景区玩，而我只想待在家里，他当着我的面掰碎了游戏盘。然而，他们越是明令禁止，我越是不听。

后来我发现，如果只是用这种强迫自己的方式去戒掉网瘾，就好比一位教授提倡的用电击治疗网瘾一样，并不会真正改变人的思想，也改变不了人的行为。真正治疗一个人对不好的东西成瘾的方式是，让他在其他事情上得到更大的成就感，否则他就会陷入错误中无法自拔。

大一时，我还有一段时间沉迷于电脑，并且拖延症发作。由于学习压力大，我就通过玩游戏来减压。虽然我不在宿舍玩游戏，但会去网吧包夜。曾经有一个月，只要有空，我就会跑去玩游戏。北大门口有个网吧，肯定毁了无数学生的人生梦想。大学旁边的网吧对男生的吸引力，就像学校附近的服装店对女生的吸引力一样。现在，大家给我的标签是"阳光暖男"，但如果当时你遇到那个在网吧里蓬头垢面、一身二手烟味道的我，肯定会想自废双目。后来，我选择了远离网吧。

如果你爱某样东西，就不要让它成为你日后后悔的原因。爱之必以其道，我确实热爱游戏，但正是因为这份爱，我不能让它成为自己生命中遗憾的源头。

戒掉任何一个不良嗜好都不容易。我戒掉游戏瘾也是因为那次在网吧的濒死体验。但如果真的决心戒除的话，也还是有一些方法可以帮助自己的。比如你可以参加互助组，和有相同感受的朋友们一起分享感受，互相鼓励。

每次的互助会会有一位领导者维持场内秩序，选择一个相关的话题进行讨论，参与者可以在这个气氛下，相对坦诚地讲出自己的上瘾经历或困惑，以寻求同伴的帮助。大家也会对他的积极行为给予肯定和鼓励。经过一段时间，参与者之间通过紧密联系形成了互助关系。

爱好是人生的调味剂而不是主菜。餐前沙拉再好吃，也要把胃留给真正的正餐。

升学备考及志愿填报的方法和技巧

"人生的道路虽然漫长，但紧要处常常只有几步，特别是当人年轻的时候。"每年的高考结束，很多同学便开始狂欢，"一级战备"的家长也解除"战时状态"。然而，现在放松还为时过早，顺利填报好高考志愿才算"功德圆满"。因为高考志愿填报不仅意味着大学四年学什么，很大程度上还是一个人职业生涯的起点、人生方向的抉择。

一项调查显示，很多同学在上大学之后对自己的专业不满意。为什么会出现这种情况？很大程度上是由于他们在填报志愿时缺乏对自身特点的客观认识，在选大学挑专业时不清楚自己将来究竟想做什么，自己的优势和兴趣点在哪里，对自己的未来没有明确的规划。

著名学者易中天关于填报高考志愿，提出过四个原则：第一是兴趣原则，选感兴趣的专业；第二是优势原则，选最能体现自己优势的专业；第三是创造原则，这个专业毕业以后从事的工作应该具有创造性，而不是做简单重复的劳动；第四是利益原则，这个专业最好还是能挣到钱。"因兴趣而有动力，因优势而有能力，因创造而有潜力，因利益而创收益"。这四大原则或许可以作为很好的参考。

进入高三总复习之后，我们的学习时间会越来越少。如何在高中的最后一年，提高自主复习的针对性、有效性，为高考增分，无疑是每位同学都要认真思考的问题。结合以往高考复习的经验及同学们的反馈，我们可以大致进行三个阶段的复习。只要在这三个阶段中步步为营，相信我们就会有不错的成绩。

高三 需要经历几个阶段的复习

□ 郑国军

第一轮复习（9月～次年3月初）
基础能力过关期

这个阶段，一边要做高中三年课程的回顾，一边要注意知识点的梳理。这可以说也是为高考总复习知识系统化、能力化做好准备的时期。高考有一个黄金定律，被称为"8020法则"，就是说高考试题的80%是基础知识，20%是稍难点的综合题。如果我们能把基础知识掌握好的话，就可以上一所不错的大学。而我们在高一、高二落下的知识点往往很多，所以，我们必须把这两年的基础知识补上，避免高考时因为这些知识点而失分。这个阶段，我们不宜通过做大量的题来查找知识漏洞，因为这样效果不明显又浪费时间，甚至会使我们的自信心受挫。我们做题不贵"多"而贵"精"，应该做囊括高考重点、难点、考点的题，并将它们和老师讲的具体内容进行对照，检测出漏洞。

第二轮复习（3月初～5月中）
综合能力突破期

1. 进行典型题训练，提升实战能力。高考黄金定律二就是典型题法则。其实，如果我们把高考的方向把握准了，把高考的出题模式弄清楚了，我们平时的学习就会很轻松。不只数学、物理这样的理科有典型题，文科也有典型题。比如语文的作文，一篇文章好的结构、好的句子，我们都可以拿来模仿。

2. 构建知识体系，进行专项练习。体系是综合的根本，专题是提高的保证。我们在回忆信息的过程中往往会出现暂时性的遗忘。很多高三学生考试时，经常会出现答案就在嘴边就是写不出来的情况，这就是我们所说的"舌尖现象"，它常会影响到我们的情绪和信心，所以必须加以克服。我们平时一定要将各种知识学扎实，形成知识网络，建立起有

这世上，没有所谓的没办法的事。没办法努力是因为你不想努力，没办法分手是因为你不想分手，就这么简单。

效的知识体系，借助理解记忆等方式调动复习的积极性，巩固所学的知识，以便在需要运用知识的时候能准确、及时地提取出来。当遇到"舌尖效应"时要保持冷静、放松，这样可有助于知识的回忆。

3. 形成考试体系，训练解题思维。很多题型可以归类挖掘共性，尤其是理科题型，题目和条件都有其内在的关系点。一般的解题方法不外乎顺着题意来，或者以寻求的结果为出发点逆向推导，只有学会从题目本身寻找做题的着眼点，或形成一定的解题思维时，才能在考场上适应任何题，立于不败之地。所谓构建考试体系，就是要形成考试时的做题思路。这一时期，可以减少我们研究题目本身知识点的比例，而要加强研究做题思维的比例。通过同类型套题来总结和调整马上想到的解题方向，归纳解题的思维共性，这是能帮助我们快速获取分数的捷径。

4. 这一阶段的几种常见备考方法指导。这一阶段的备考方法不外乎题海战术＋反复阅读课本。较为科学的学生已经开始归类解题，或归纳之前做错的题型。更有技巧的一些学生已开始构建类型模型（以典型题为基础）了，并以此为着眼点，开始网化知识体系了。我们想在最短的时间内获得最大的效果，必须结合自身情况因地制宜：适合随大流儿的就跟着学校老师走；基础知识掉队的上课时要记好笔记，并要多花些时间在课本与基础习题上；感觉在学校已无法提升的学生，可以利用套题演练、类型归纳来总结和提高自己的做题精度和速度；对于会做题，临场发挥不佳的同学，可以多注意训练自己的心理素质，以便正常发挥。

第三轮复习（5月中～5月底）应用能力提高期

1. 调整心理状态。对于每一位参加高考的学生来说，谁都希望获得高分，而要想发挥出自己的最高水平就应该具备平常心。面对高考，我们所能做的不是给自己加压，而是减压，既不要考虑高考成功后的鲜花和掌声，也不要过于关注考试的失败，要保持一种稳定的心态，使自己在复习、应考阶段，能够尽可能熟练地掌握所学知识。这样，我们才能在高考中高水平发挥，考出理想的成绩。

2. 树立正确的高考目标。正确的目标是我们用力跳起来能达到的高度。贝尔纳是法国著名作家，一生创作了大量的小说和剧本，在法国文学史上占有特别重要的地位。有一次，法国一家报纸进行了一次有奖智力竞赛，其中有这样一个题目：如果法国最大的博物馆罗浮宫失火了，只允许抢救出一幅画，你会救哪幅？结果在该报收到的成千上万个回答中，贝尔纳以最佳答案获得了该题的奖金。他的回答是："我救离出口最近的那幅画。"成功的最佳目标不是最有价值的那个，而是凭着我们的能力最有可能实现的那个。我们必须结合自身的情况制订合适的高考目标，而不能好高骛远。

3. 检验复习，强化记忆。在复习的最后阶段，可以通过做几套高考真题，把握高考的出题方向，并注意一下规范的答案，以便自己在高考时能把题目做得规范、简练。

我们在高三这关键的一年，必须科学合理地安排好复习时间，当时间的主人。忌为赶进度而"开夜车""煮生饭"，也忌"老牛拉破车"，考试日期到了还没复习完一个循环，更忌无计划无目的，复习到哪里算哪里。

恐怖高中还是快乐高中？你的高中你做主！

做好考前
心理的**分类疏导**

□洪丰乔

1. 自负型

【案例1】小坤从高一开始就是老师表扬的对象，当然他也一直没有让老师和家长失望。大家都认为一本应该是他的囊中之物。可是高考成绩下来，大家都傻眼了，他的分数只是在三本线上多几分。

在气质类型上，自负型多为多血质。小坤在最后关头为何让人失望呢？自负型学生学习成绩良好，各方面状况都让老师和家长放心。由于长期在表扬声中长大，就可能给他们带来两种后果。其一，不知天高地厚，忘乎所以；其二，承受不起失败，稍有挫折，就很容易乱了方寸。前一种状态极易被当作自信的表现，而第二种状态不能从容面对困难。小坤就是因为在高考第一门语文考试中，作文写得不如意，而让自己难以走出阴影。对于这类学生，我们一定要进行适当的挫折教育，同时，帮助他们正确认识自己。

2. 自卑型

【案例2】小玉平时的学习成绩虽谈不上很好，但是她刻苦，老师对她也是照顾有加。可是，越是这样，她的成绩越是得不到提升。

在气质类型上，自卑型多为抑郁质。其实对于小玉来说，她也想提高成绩，可是实在无能为力。这类知道努力却难以提高成绩的学生，极易走进自卑的行列。我们一方面要让他们端正学习态度，鼓励他们自立自强；另一方面也要营造宽松的学习和生活环境氛围，让他们明白只要努力了，青春就会无怨无悔。同时要让他们知道，人生是漫长的一个过程，不是一两次考试就能证明的。老师和家长对他们的关爱也要注重方法方式，千万不可把他们当作弱者同情，要知道那种同情是很伤自尊的。当然，

家长更不能把唠叨和唉声叹气这些负面情绪传递给孩子。此外，这类学生在学习方式上大都为机械学习型。他们一般都具有较好的学习习惯，意志较强，自我意识水平较高，刻苦努力，但思维能力、语言表达能力及空间想象力相对较差，影响对所学知识的正确理解、灵活应用，这在理科生中表现尤为明显。所以，在他们已经很努力的情况下，大人再操之过急，就可能会造成恶果。此时最好的办法，还是在学习方法上多多指导，在心理状态上多多疏导。

3. 浮躁型

【案例3】阿成是个直性子，考好了，那是喜上眉梢，活蹦乱跳，之后是干劲十足；考差了，那是阴云密布，愁眉不展，之后则是萎靡不振，令老师十分头痛。

在气质类型上，浮躁型多为胆汁质。其实到高三最后阶段，成绩有起伏是很正常的。甚至可以说，站在班级的角度，学生成绩有起伏，也是一种好现象。大家你追我赶，良性竞争，

恐怖高中还是快乐高中？你的高中你做主！

何乐而不为？而且，在高三最后阶段，学生有些疲劳感、焦虑、偏执、错觉、幻觉和自笑、自言自语等现象，也属正常现象，只要在适当的提醒谈心之后能够消除，都无伤大雅。浮躁型的学生成绩一般都还可以，也有点儿骄傲的资本。此类学生，在表现浮躁的同时，还不大容许别人指正。甚至拿出"我就这样""禀性难移"等言辞遮掩。老师找他谈话，稍有不慎，就容易遭到他的抵触，甚至产生逆反心理，和你对着干。对于这类学生，我们最好是让他们自己心里能够宁静下来，有时帮助他们多做做放松运动，让他们多听听轻松的音乐。要知道，浮躁只是外在表现形式，大多还是内心不自信的因子在作怪。因此，老师要少批评，多鼓励，让他们走出浮躁的怪圈，找到自信的因子。

4. 苦闷型

【案例4】阿林一直都是班主任手中冲击重点大学的王牌。可是高考分数下来很是让班主任失望。班主任左思右想不得其解，甚至怀疑阿林是否在考前最后一段时间感情上有了什么小插曲。但数学老师却说他早就看出了破绽：只要大考，阿林就会出汗，在一个班中，就数阿林问的问题最少，有什么问题都闷着头自己解决。

在气质类型上，苦闷型多为黏液质，安静沉着稳定，反应较慢，性格内向，坚韧执拗，对周围人和物很淡漠。他们学习刻苦，内驱力基本都是压力大于动力。不仅不和家长、老师谈心，就是和同学，他们也是懒得理会，甚至认为谈那些废话没用，还不如节省时间来学习，问题最终还不是要自己解决吗？因此，老师都会认为他们是好学生，不需要老师担心和辅导，甚至在班级号召其他同学向他们学习。因此，他们更认为自己是对的，甚至对老师的关心也是非常淡漠。由于本来就不大喜欢交流，又加上自己被如此认同，就容易坚定自己封闭的内心世界。自己圈起来的城堡越是坚固，也就越是危险。因此这类学生，一定要被我们挖出来，关注起来，适时地给他们温暖，融化他们冰封的城堡，从一个人苦闷的战斗中走出来，和大家一起创造神话！

高中要知道

考前心理调节
五大妙方
□舒曼

科学作息：古人云，"人之心不可一日不用，尤不可一日不养"，因为心"不用则滞"而"不养则瘦"。考前最后冲刺中要劳逸结合，不可暴学暴嬉。

增强自信：要消除思想顾虑，增强自信，高考与以往的考试并没什么两样，因此只要准备充分，考出好成绩是没有问题的。

学会倾诉：一个忠实的听众能帮助你减轻因紧张带来的压抑感，因此，当你为考试而坐卧不安，担心焦虑时，不妨将你的感受大声地说出来，让他人与你共同分担。

加强锻炼：科学研究证明，一些呼吸性的锻炼，如慢跑、游泳或者暂时丢下书本散步于户外，置身于大自然怀抱，可使人信心大增，精力充沛。

自我激励：激励可使人产生内在的动力朝目标前进。哈佛大学心理学家詹姆士研究发现，一个受激励的人能力可发挥至80%～90%。

恐怖高中还是快乐高中？你的高中你做主！

阅卷老师才知道的考场提分"神技"

□伊 明

高考阅卷，由于时间紧、任务重，评卷人员不得不去寻找一种标准简易、速度较快、相对公平的方式进行评阅。这样的话，"试卷印象"就很重要了。经历过近两三年高考阅卷的老师提醒考生：平常训练时要注意答题技巧，养成良好的习惯。

规律一：
评卷往往只盯住答对部分

由于评卷人员的注意力集中在关键词上，所以往往只注意答对部分，对于答偏、答错部分常常无暇顾及。"答对得分，答错不失分"的现象非常普遍。而除了要点之外，评卷老师在评卷时还看答题的基本结构是否正确，句子表达是否准确。如果结构清晰、句子准确、表达流畅，一般都能得到比较高的分数。

【对策】答题也好，作文也好，一定要把要点部分写完整，只有平常多多积累，才能在高考中处于不败之地。

规律二：
第一印象好常能得高分

据说，有这么一份作文试卷，由于开头写得非常漂亮，两位评卷老师都十分满意，都没往下看，不约而同就给打了50多分。后来，卷子传到组长处，才被发现，该卷的作文其实只写了两三百字。高考评卷，由于时间太紧，很多老师不得不寻找捷径。据说，有个别老师评卷只凭第一印象，第一印象好常常就给打高分。比如有的老师改作文，只是第一段看一下，中间看一下，最后一段看一下，分数打高打低全凭第一感觉。

【对策】虽然不是每个老师都凭感觉打分，但给老师一个好印象肯定是很重要的，特别是作文，一个漂亮的开头可能就奠定了高分的基础。在高考语文和英语作文的评卷过程中，评卷老师每天面对那么多份试卷，如果写作上没

善等者一切都来得恰到好处。——玛格丽特·杜拉斯

有新意，就很容易流于一般。因此，写得别出心裁、个性鲜明，也是拿高分的策略之一。

规律三：
不约而同都往平均分上靠

高考评卷电脑会将每份卷子同时发给两位老师评，如果两个人的评分误差在规定范围内，评完的这份卷子就是有效卷。而每位老师所评的卷子中有多少是有效卷，电脑会即时体现。因此，在评卷过程中，不少老师为求稳，会不由自主地往某个分数段上靠。如果发现自己的有效率低了，就会慢慢往平均分上靠。

【对策】那么，如何突破平均分，让评卷老师眼前一亮，往高分上打？专业人士的建议是：出现这种情况的大多是文科的答题，特别是作文。因此，思路就要尽量地与众不同，有创意，这样才能吸引评卷老师的眼球。

规律四：
抓评分点成为阅卷关键

高考时，每小题的答案都会依题意设置若干个评分点，只有按规定的评分细则的采分点答题才给分。因此，阅卷过程中，许多老师往往把重点放在对评分点的寻找上，实际上就是对某几个关键词进行扫描，而忽略了句子的质量。

【对策】答题时，不论答多答少，首先要把答案的关键部分、关键词写出来，第二步再考虑句子的质量。这样，不论你怎么答，都不用担心失分。

规律五：
评一道题有时只用数十秒

据近几年参加高考阅卷的老师透露，高考阅卷速度要求非常快，很多时候，评一道题平均只用几秒或几十秒时间，一个老师一天平均要评数百份甚至数千份卷子（只评其中一题）。

【对策】面对如此快的评卷速度，考生在答卷时就要有技巧，尽可能博得老师的好感。首先，卷面要整洁，字迹要工整，层次清楚。如果书写模糊，涂改很多，会造成难以辨认，也不能给分。

规律六：
老师喜欢条理分明的卷子

每天要评数百份甚至数千份的卷子，光是翻看页面，点击鼠标都已经十分辛苦，因此，在繁重枯燥的阅卷过程中，条理分明的试卷无疑给阅卷人员平添一分好感，都尽量给分。

【对策】答卷时，一定要注意条理分明，让人一目了然。有些考生害怕答题不能扣紧采分点，不分点啰唆一大堆，这种做法反而影响了阅卷人员阅题速度，给寻找关键词带来困难，极易引起失分。

规律七：
重用语规范轻个性感悟

用语规范是高考试卷标准答案权威性、公正性的具体体现，在各省市制定的评分细则中，对标准答案里关键词的近义词替换有明确的要求，符合就得分，不符合则失分，毫不含糊。因此，那些个人感悟能力较强而用语欠规范的考生失分几乎成了必然。

【对策】平常学习时就要养成规范用语、规范表达的习惯，这样才不会在高考中无谓失分。🐚

恐怖高中还是快乐高中？你的高中你做主！

高考志愿
选择专业的策略及技巧

□ 陈国良

恐怖高中还是快乐高中？你的高中你做主！

四大策略

第一，从自己想做的职业出发去选择你可能学习的学科。比如你真的要想去学习金融，我们建议你学习高等数学与应用数学，还有经济学与高级统计学；如果你想要去做管理，我们建议你学习社会学与心理学；如果你想去做设计师，我们建议你学习美术与心理学；如果你想去做传播，我们则建议你考虑语言、人类学、心理学。其实你可以看到，你的职业方向不是学习直接的本科方向，而是相关的基础学科，最后可以在研究生或者第二学位的时候考虑。

第二，按照自己的爱好去选择。有学生有自己一定的职业选择倾向，比如想去做律师，那么你可以选择法律，并可以利用暑假认识些律师朋友。如果你认识了投资律师，就会发现其实这样的律师学习商业与投资的成分远大于法律。在这里，我们强调的是自己的爱好，请父母尽量不要自作主张地给孩子决策。

第三，在大学专业选择的时候，就要把本科与研究生选择结合起来考虑，基本的原则是本科尽量学习得基础一些，才能掌握一些基本训练，今天的所谓新专业学科，基本都是有其名而无其实的，但你可以考虑在本科学习基本学科的基础上，在研究生的时候学习应用方向，而这个方向最好是在本科有更多实习、兼职、实践与各类创业尝试的基础上去确定。

第四，在总体选择倾向有限的情况下，建议大家特别注意选择大学本科与专科学习中比较多需要专业工具、操作、行动的学科。对于大部分未来希望就业的同学来说，这意味着更有保障的未来。一些三本与职业专科学校的就业实际竞争力远超过了很多二本学校，很多名义上属于本科又没有实用技能的学校与专业，大家选择的时候要特别慎重。很多属于一本与二本的职业类大学尤其可取：比如师范大学、农林大学、水产海洋大学、工程技术大学。建议大家对于泛文科的法律、传播、管理、公共管理类本科要特别注意，我个人认为基本不适合选择本科学习，其属于知其然而不知其所以然最为严重的领域。

四个技巧

技巧一：理解课程设置。高校中很多专业称号十分新颖，比方金融工程、生物信息技术与管理等。很多学生看着专业的名字"时兴"就积极报考。其实，考生和家长应该多理解专业的课程设置、就业方向等，同时要思索自己的志趣

要记住，人之所以走入迷途，并不是由于无知，而是由于自以为知。

和喜好。

技巧二：考察师资力量。在面对一些较"偏"和"专"的新专业时，不要遗忘考察一下院校师资力量、行业背景、培育目的等综合要素，这与考生未来的就业有密切关系。也有一些高校因"专业称号不好听"而采用"新瓶装旧酒"的手法把它变为新专业，其实是"换汤不换药"。

技巧三：剖析就业前景。很多考生总是喜欢报考金融、贸易之类的"抢手"专业。事实上，抢手与冷门是相对而言的，随着社会需求的变化，冷门与抢手也会呈现交替趋势。因而，考生报考专业时应思索社会需求的发展趋向，结合本人的意向和兴趣，关注该专业的发展前景，做出综合判别，不要一味追求抢手专业。

技巧四：权衡院校关系。有个别院校开设新专业，与学校的传统专业优势存在较大差距，比如，工科类院校创办影视专业、农林院校开设国际贸易专业，对这些所谓的新专业，需慎重看待。🖊

高中要知道

名校不一定适合成为你的母校

名牌大学的许多毕业生还没走出校门便被各大用人单位争相哄抢，这是不争的事实。但名校每年的名额都是有限的，当你的分数还没有达到绝对优势的位置时，建议你把目光投向其他有特色专业的普通高校，或许会有更多的发展潜力。

坚定立场，虚心听取意见

高考承载了太多人的期望，许多高中毕业生在面对志愿填报这一人生抉择时，容易受别人左右。建议这类考生要坚定自己的立场，依照自己的实际分数，结合兴趣、志向来进行选择。当然，坚定立场并不是狂妄自大，而是要以和家人、老师进行过交流与沟通为前提。

平常心态，认清自己的位置

患得患失是高考毕业生的常见心态，这类考生往往没有自信，认不清自己的位置。许多考生在临近志愿填报截止日期时，依然是惶惶不安，不停地推翻之前的结论。建议这类考生保持一颗平常心，认清自己的位置，比如自己的排名、优势等，根据科学的志愿填报方法，稳妥而自信地做好志愿填报。

要理性，不要"想当然"

在学校和专业的选择上，许多考生往往会"想当然"，没有了解清楚学校和专业的基本情况就盲目地做出选择。

另外，许多高中生对未来的大学生活充满了幻想，比如南方的孩子希望在北方唯美的雪地里奔跑，北方的孩子想要到南方体验四季如春的畅快，等等。这些其实都只是臆想出来的幻境，在未实际到达前，不能盲目地以为那里的气候适合自己。因此，一定要获取尽可能多的资料，科学填报志愿。🖊

□ 不 语
走出志愿填报的心理误区

恐怖高中还是快乐高中？你的高中你做主！

恐怖高中还是快乐高中？你的高中你做主！

JIANGFANGZHOU

蒋方舟：四招绝杀高考

□ 蒋雪婕

搞清出题人在想什么

蒋方舟说："考语文很简单，你一定要搞明白那个出题的人在想什么。"有时考完试，和同学一起讨论时，她一边"骂试题"一边推论："出题这人，起码50岁，'文革'过来人，喜欢看《读者》。""出题的这个人是女的，小资情调。""出题的这个人，恐怕只看余秋雨写的书。"

对于"如果鲁迅来参加高考，也不会及格的"说法，这个蒋方舟不同意，她说："聪明人从来不会被考试玩弄。"

数学提分靠的是蛮干

初中时蒋方舟"坚持"不做数学作业。后果便是，初中毕业时，数学成了她的绝对弱项。高中分文理班时，蒋方舟的数学只能考50多分，她那时只希望自己可以考进年级1000名以内。

因为老师的一句"爱不爱学习，就看爱不爱做题"，蒋方舟由从来不做数学题变为"狂做"数学题。对于数学，蒋方舟不相信除了做题外还有更好的方法。她说："我学数学，靠的是蛮干。"

文理分班后，数学难度降低，蒋方舟终于在半年内，将数学从原来的50多分提高到了143分。总分从进校的1000名以外，提高到第8名。高考时，她的数学考了131分。

除了挑灯冲刺别无捷径

9月份高三开课，每个教室都挂着高考倒计时牌，有的班甚至夸张地挂上了"距高考只有1天"。每天感受着临战氛围，一向喜欢自己控制时间的蒋方舟感到非常不适。国庆假期，她给自己放了半个多月的假，回家调整。之后，她停止写长篇小说，进入最后冲刺阶段。

每天晚上，蒋方舟从6点多开始做题，晚自习后接着做。宿舍规定11点熄灯，蒋方舟于是挑灯"夜战"，每天基本到凌晨两三点才睡觉。

没有一天不在研究学习方法

在蒋方舟所在的高中，老师很注重学生自学能力的培养，学生自己做的作业，比老师布置的还多。一开始，蒋方舟做完习题后喜欢去翻书后的答案，后来发现这样效率极低，就克制了。

她每个月都去书店购买教辅书，连辅导书的前言都会读一读。她了解市面上最常见的几十种教辅书的编写特点和

知了的吟唱之所以使人厌烦，是因为它不断地重复自己的名字。

优缺点，于是安排自己学到哪个阶段，就做哪套教辅书。

蒋方舟平时做历史题，总是很慢。做选择题，她除了从四个选项中挑出正确的，还会注意看其他三个错误的。"因为错误的选项，也是重要的知识，只不过故意把年代啊、人名啊写错。这样做一题，等于做四题。"问答题答完后，她会在旁边另外写一些话，用来分析出题人的用意。

揣摩出题人的用意，是蒋方舟应付考试的一大秘诀。引用和解释日本校园剧《龙樱》中的台词——"考试就是对话"，她说："应该是三方的对话——跟出题的人对话，跟写文章的人对话，跟改卷的人对话。"

蒋方舟说，高考是另一种竞技体育，只承认成绩，既然参与了这个竞技，就要认可它的规则。

高中要知道

恐惧高三，你就输了

□苏有朋

对一个高三学生来说，不要说一天没念书，就是一个午休没念书或是任何一点点小时间没有进度，都会觉得很浪费、很奢侈，好像已经输给别人了。如果哪天的读书状况不好，空了半小时或一小时，心里就会莫名其妙地烦躁紧张起来。

遇到这种情况，只有让自己完全忘记考试的事，不逼自己、不去想念书的事，和同学聊天放松或休息，或者干脆睡觉。另一个完全相反的方法是，不管别人念多少，速度多快，都不去想也不去理会，只是埋头拼命地读，完全不管进度地读，不用去想记不记得住，反正认命了。一整天，不说话、不和任何人联络，只是偶尔从书本前抬起头，无意识地看看窗外的蓝天和飞过的麻雀，脑子里不断地重复出现书本里的内容，到了晚上，你会发现自己读了很多书。

最早我还没有去K书中心包月读书，和同学罗永男在教室里拼，那时我正在读一本化学参考书，内容非常艰涩，没有办法读快。那天我已经告一个段落准备休息，刚好罗永男要走了，我站起来伸伸懒腰，顺便和他聊起来，我说："怎么办？化学用两个小时才读一页。"嘴里虽然念着怎么办，心里还颇有理解后的满足感。

他的反应却是："真的，你怎么办？两个小时我就可以读两章（三四十页）！"我的信心和满足感刹那间崩溃了。天哪！我怎么追得上？当我前进的时候，别的同学也保持前进，而且速度还特别快，这可怎么好呢？不过后来事实证明，我吸收得比他们好，也考得比他们好。我的经验是，有信心的人，只要确定自己的念书方法是对的，就照自己的进度，不必在意外界的干扰，不要给自己压力。但是速度的确不能太慢，像我，到联考前复习不止一遍，每一科至少要有两三遍的复习。

不要被自己莫名其妙的恐惧感给打败，别人不见得比你厉害，要信心满满地告诉自己：你蛮天才蛮聪明的，不必害怕。无论平常念书或参加考试，信心是非常重要的。也许这不是唯一、客观的真实，只是需要常常这样告诉自己，甚至骗骗自己。

恐怖高中还是快乐高中？你的高中你做主！

大佬们的高考故事

□阿忆

他们现在都是叱咤风云的大佬级人物，但曾几何时，他们也经历过高考的洗礼，留下过一个个难忘的故事。

数学成绩就1分的马云

1982年，18岁的马云迎来了生命里的第一次高考。不过马云并没因数学不好而退缩，反而做出了一个令人惊讶的举动，因为在他的报考志愿表上赫然写着：北京大学。

当那年的高考成绩出来以后，马云也算创造了个小奇迹，他的数学成绩是1分。

心灰意冷的马云和他一个表弟一起去宾馆应聘服务生，结果因为长得有点儿歪瓜裂枣的意思，愣是让老板给拒绝了。没办法，他通过找关系，才做了一份给出版社送书的活儿。也许一辈子也就这样了。

但是这时候路遥的《人生》改变了马云的想法，马云开始了艰苦的复读，并在19岁那年，再次走进了高考的考场。不过他的数学成绩嘛……高考成绩出来以后，马云的数学成绩实现了同比1800%的迅猛增长——19分！

接着，马云又开始了一边打工一边复习的日子。就这样，到了马云20岁那年，他毅然参加了第三次高考。在马云高考的前一天，有一位姓余的老师对马云说，就你这个数学成绩，能考及格了我就把姓儿倒过来写。无论这老师是什么心态，马云是被刺激得够呛，他想出了一个绝招。

在考数学之前，马云背下了10个基本数学公式，考试开始以后就一个一个往公式里套。用这种独门绝技，马云这次数学的考试成绩还真就及格了——79分。

虽然马云这回数学成绩大幅提高，不过他总分数比本科线还是差5分。唉，也行啊，马云心想，有所大学上就不错了，管他是本科还是专科，也算圆了自己的一份坚持。就当马云准备进杭州师范的时候，又发生了一件事。

当年杭州师范英语系由于刚升到本科，以至于报考的学生竟然不够招生数。于是校领导做了一个令马云感觉是天上掉馅饼的决定，那就是让几个英语成绩好的专科生直升本科。于是，英语成绩很牛的马云光荣地以本科生的身份踏进了杭州师范。

高考状元史玉柱

1962年，史玉柱出生在安徽北部怀远县城。初二之前，史玉柱成绩不好，贪玩，爱看小人书，经常被妈妈训。1977年恢复高考，史玉柱开始认真学习。

1980年，史玉柱以全县总分第一，数学119分（差1分满分）的成绩考入浙江大学数学系。但在浙江大学数学系刚过了一学期，史玉柱就放弃了成为陈景润的理想。

"从图书馆借到《数论》，看了之后，我才了解到数学是那么难。"和周围同学比聪明，也让史玉柱压力很大。"尤其是长江以南的，成绩好的并不想上清华、北大，都去上了浙大，所以，我们那个班里聪明人太多，学习好的也太多了。"

就这样，史玉柱的数学理想破灭了。他开始跑步，培养各种爱好。他每天从浙大跑到灵隐寺，9公里，然后再跑回来，坚持了4年。

英语从 33 分到 95 分的俞敏洪

1977 年，因为一些不可抗原因，家在农村的俞敏洪高一下半学期才进入高中。上高中以后，俞敏洪功课明显跟不上，但高考就要来临了。复习了 10 个月左右，俞敏洪参加了 1978 年的高考。当时的录取分数其实很低，他报考的常熟市地区师专外语录取分数线是 38 分，俞敏洪的英语却只考了 33 分，别的几门也不理想。

高考失利之后，俞敏洪没有特别失望，家里人也没有给他什么压力，反正不行就在农村干活。俞敏洪在家里开手扶拖拉机，插秧，割稻，后来去大队初中当了代课老师。1979 年，俞敏洪再度参加高考，他的总分过了录取分数线，但英语只考了 55 分，而常熟师专的录取分数线变成了 60 分，结果再度落榜。

一天，俞敏洪高中的一个英语老师告诉俞敏洪，江阴市教育局准备办个专门针对外语高考的辅导班。俞敏洪的母亲到城里找到几个亲戚打听，证实了这个消息，就让俞敏洪去报名。俞敏洪和 20 多个男孩一起住在一个连厕所都没有的大房间里。老师指定俞敏洪当副班长，这对俞敏洪是一个很大的促进，既然是副班长，学习就要认真，俞敏洪带领大家一起拼命，早上带头起来晨读，和大家一起背单词，背课文，做题，讨论，晚上 10 点半熄灯以后，大家全部打着手电在被窝里背单词。

1980 年的高考开始了，英语考试时间是两个小时，俞敏洪仅仅用了 40 分钟就交了卷。

俞敏洪的英语老师大怒，迎面抽了俞敏洪一耳光，说今年就你一个人有希望考上北大，结果被你自己给毁了。他认为俞敏洪这么快就交卷，肯定没有考好。但是，俞敏洪确实只需要 40 分钟。分数出来以后，俞敏洪的英语是 95 分，总分 387 分。当年，北大的录取分数线是 380 分。

受姐姐影响的戏曲少年李彦宏

生于山西阳泉的李彦宏并不觉得自己小时候有多么大的志向，像所有心都玩野了的孩子一样，每天看上去也都是忙忙碌碌的，但都不过是在"随大流"罢了。李彦宏的父母在晋东化工厂工作，家境很普通，李彦宏有 3 个姐姐 1 个妹妹，他的脾胃温和或许与姐姐们的宠爱有关。

父亲常常带李彦宏去看戏曲电影，为此他还一度迷上了戏曲。他的舞台很小，只是家里的那张床。他常常把床单围在腰里做战裙，拿一根棍子当枪耍，一个人不断亮相。山西阳泉晋剧团招收学员时，他去了，剧院老师从一招一式中看到了一种灵气，决定录取他。

但李彦宏对戏曲的兴趣很快就淡了。李彦宏的大姐在刚刚恢复高考的那年就考上了大学，引得四邻艳羡。相比于学戏，上学因为正统而更具有吸引力。

19 岁时，李彦宏夺得了山西阳泉市的高考状元。在填报高考志愿时，高中时参加全国青少年程序设计大赛的他，毫无疑问地喜爱计算机，但是第一志愿却不是北大计算机系，而是信息管理系，因为他考虑到：将来，计算机肯定应用广泛，单纯地学计算机恐怕不如把计算机和某项应用结合起来有前途。如今看来，李彦宏当时的决定高瞻远瞩，令人敬佩。

恐怖高中还是快乐高中？你的高中你做主！

戴夫 14 岁时非常瘦弱，而且不喜欢运动，学校里的其他孩子都欺负他。虽然他有一股聪明劲儿，但有一点儿懒，老师们总是对他感到失望。戴夫觉得，这样的生活是非常无望的。直到有一天，戴夫意识到自己必须做出勇敢的决定，来掌握自己的人生。

认识自己

首先，他列了一张清单，上面写着令他讨厌自己的一些事情，包括那些自己不能做或不擅长的事情。他写得非常具体，不是写着"我不喜欢运动"这样泛泛的内容，而是写着：1.我不能很好地接住皮球；2.我在跑步的时候很快就会感到疲劳；3.我很害怕被板球击中……最后他一共罗列了 70 个事项。

从那以后，再有人批评他的时候，他就会在脑海里检查一下这个事情是否在这个列表里。如果在，这个问题他已经意识到了，别人的批评就不会让自己受伤；如果不在，他就会认为这个批评不是真的，或并不完全准确，这样他就可以忽略这个批评。不管怎样，来自同学、老师和父母的评论已经不再让他烦恼了，戴夫用自我反省武装了自己。

直面失败

接下来，戴夫就要处理关于他的失败的问题了。他记得有这样一个说法："想下好国际象棋的唯一方法，就是要输掉很多盘棋！"每一次失败都让他知道下一个目标应该采取不同的方法，或者更加努力以取得成功。他将这个理念运用到了所有的事情上：运动、学习、兴趣爱好，甚至包括对人亲和友善。

设定可管理的小目标

这种看待失败的方法也帮助戴夫认识到，那些实现了的目标对他建立自信心非常有帮助。他设定的目标可以很简单，比如说：1.用脚颠球 5 次而不仅仅是 3 次；2.每天帮别人做点儿事情而不期望回报；3.很好地完成并按时交物理作业……不知不觉，戴夫在运动方面的表现变好了，同时，他能够高质量地按时完成功课，在学校里，大家开始觉得他是一个"非常不错的小伙子"。

打败自己

没用多长时间，戴夫就开始感觉到自己还是一个不错的人，并且他可以掌控自己的生活了。即使他的父母和老师试图拿他和别人做比较，他自己也不再这样做了，相反，他只对打

当你不够优秀时

□ [美] 肯·福特－鲍威尔

败一个人感兴趣，那就是自己！

每天晚上，戴夫都会总结一下当天所做的事情，并且只问一个问题："我今天取得进步了吗？"这样日复一日，戴夫实现的目标越来越多。

如果你觉得自己像戴夫一样，那就尝试一下：了解并接受自己；当挫败发生时，去接受它们；每天设定可以实现的小目标，帮助自己成长。这样，你会看到自己变得非常了不起！

【知乎体】身份证上的 X 代表的是拉丁文数字 10。

恐怖高中还是快乐高中？你的高中你做主！

留学，你准备好了吗

当高考的硝烟散尽，几家欢喜几家愁的场景又在年复一年上演。很多经济条件稍好的家庭就会考虑把没考上重点大学或者没考上大学的子女送到国外念名牌大学，这其实是走进了把留学当作"退路"而不是"出路"的误区。

留学应该是一个向上的阶梯，是给予自己获取更优质教育的机会，它绝对不是考不上国内好大学的退路。国外真正的名校除了托福、雅思成绩要求较高以外，还会对学生的各方面综合素质进行考量。相对中国高校的"严进宽出"，国外高校的学生在校期间，平时测验、作业、论文写作、最终考试等都有严格要求，能顺利毕业绝对不是轻松的事情，对学生学习的自觉性、专业学术能力和综合能力等都有更高的要求。因此，那种"成绩差的学生才出国的想法"是十分片面的。

留学应该是一种深思熟虑并提早做好周密准备的行为，对自己选择什么时机留学、到哪个国家，选择哪所院校和专业等，一定要综合自己的人生规划、兴趣特长、发展方向、家庭经济条件等要素，做出理性的判断和抉择。

哪些高中生适合出国留学

目前，高中生出国留学已成为热点，那么具备什么样特点的高中生适合留学呢？

首先，需要有优秀的学术潜力。学术优秀是很多国外大学选拔人才的一个重要条件。申请人的成绩单，学科竞赛取得的奖项，甚至是参加过的培训，都是招生负责人所看重的。此外，个人的课外成就也是国外院校所看重的。这些，都要尽可能在申请表上体现出来。

其次，有一定个人特长的学生在申请时会受到学校的青睐。在海外院校看来，学习成绩一般的学生也可能具有很高的综合素质：比如体育运动优秀、能打工、能说会道、能写会画的，都是具备高素质的，而这些综合素质比干巴巴的分数更能体现一个活生生的人。

再次，需要学生具备一定的独立能力和较强的心理承受能力。从父母身边突然置身异国他乡，面对完全陌生的生活环境，要独立处理很多事情，如语言问题，想家问题，如何与当地人相处，如何应付学习压力，等等。

只要具备以上特征或素质，你就可以成为一名优秀的出国深造者。

可供选择的留学国家

从总体上来说，根据语言留学国家可粗略地分为：英母语国家，如美国、英国、澳大利亚、加拿大、新加坡等；非英母语国家，如韩国、波兰、乌克兰、俄罗斯等。一般来讲，英母语国家是中国学生的首选。美国云集了世界上最好的大学，拥有世界上最先进的教育。英国更是老牌的教育大国，教育方法灵活、学制短、学历认可广泛。英国政府从2007年5月1日开始实施的"国际毕业生就业计划"，为留学生提供了更多机会。

非英母语国家的优势也比较明显，一是能掌握一门小语种；二是一些国家的签证比较容易办；三是费用较低，是工薪家庭的理想选择。韩国经济发达，教育水准高，高中或高中以上学历即可申请，无须语言成绩，入读语言学校考核合格后，可升入大学本科。韩国政府允许留学生打工，优秀学生可依靠自己的能力赚取学费和生活费。著名的学校有高丽大学、延世大学等。

怎样根据高考成绩选择留学目的地

应届高中毕业生可供选择的出国目的地很多，但要根据高考成绩进行合理选择。

关于留学不得不说的几件事

□ 闻都非

第一，高考成绩在重点线以上。推荐国家：美国、英国、澳大利亚、加拿大。按说这个群体的成绩相当优秀，其中不乏考取国家"211工程"重点大学的人。但从实际来看，最近一两年，一些国内重点院校的学生因为对自己所学的专业没兴趣，便通过留学的途径

【知乎体】雪莲花和莲花其实没有一点关系，雪莲其实是菊花的亲戚。

转换专业。其中不乏清华大学、中国人民大学、中央财经大学这些名牌院校。例如去年一个清华大学在读的物理学专业的学生，就成功转到了美国高校去学习。

第二，高考成绩在重点线附近。推荐国家：美国、英国、澳大利亚、加拿大。这部分人留学英国有两种选择：一是直接申请到全英前30名的大学，如爱丁堡大学、华威大学、谢菲尔德大学等大学预科就读；二是申请布鲁奈尔大学、赫特福德大学等，个别学校的文凭课程相当于本科一年级。留学澳大利亚，可直读澳大利亚麦考瑞大学、邦德大学、科廷理工大学、卧龙岗大学、悉尼科技大学等。这些大学基本允许中国优秀高中毕业生直接读大一。

第三，高考成绩在一本、三本之间。推荐国家：美国、英国、澳大利亚、加拿大、法国。这类同学如选中澳大利亚留学，选择面也很广。澳大利亚的高校共有40多所，有小部分可直接接收高中毕业的海外留学生入读，如查尔斯铎德大学等，且对高中毕业成绩没有很高要求。同时澳大利亚许多学院、大学提供很特别的通往本科的捷径课程，时间长度一般为8个月到1年，学生完成捷径课程后可通过考试直接读大二。捷径课程入学门槛低、节省时间和学费等。但捷径课程要求雅思5.5分才可以申请。

第四，高考成绩在本科线下、专科线上。推荐国家：澳大利亚、法国、美国。这类同学可选读澳大利亚的TAFE课程。TAFE是澳国职业技术教育类课程的俗称，一般为两年，一年学费约为1万澳元，完成TAFE课程的学生可取得文凭，相当于中国的大专文凭。TAFE课程的优势很明显，学费低，时间短，易就业易申请居留，也能减免学分晋升到本科学习。提供较好的TAFE课程的学院有霍姆斯格兰学院、博士山高等技术学院、AIT信息技术学院等。

第五，高考成绩在专科线下。推荐国家：英国、加拿大、澳大利亚。这部分学生可申请中等偏上的英国院校，比如东安格里亚大学、牛津布鲁克斯大学、诺丁汉特伦特大学、谢菲尔德大学、兰卡斯特大学、纽卡斯尔大学等。学生可以凭借高中三年成绩进行申请，雅思要求4.5～5.5分；无雅思成绩可参加学校的语言测试。

国内中学生通过什么渠道 被国外大学录取

首先要向理想中的国外大学递交申请，表明你想到对方学校里留学。你可以自行申请，也可以通过留学中介机构来办理。

如果你所申请的大学对英语有要求，那接着你就得猛攻英语，以期在托福或雅思考试中获得良好的成绩。譬如雅思，满分是9分，国外各大学及高校一般入学者的雅思总评分为5～7.5分，这取决于学术类考生所申请的学校与课程。而托福考试的成绩则包括三个项目成绩和一个总成绩。三个项目成绩是考生答对题数所得"原始分"经过统计手段而得到的"比例分"，而总成绩则是三个项目比例分之和乘10除以3得到的。考生答错不倒扣分，因此世界上托福考试最好成绩为680分。美国或加拿大的院校对新生入学的录取分数线没有统一规定，但一般约3/4的院校要求新生的托福成绩达到550分以上。

也有几个国家对学生的高考成绩和语言能力都没有特别的要求，如乌克兰、韩国、新加坡等；而且留学乌克兰和韩国能掌握俄语、韩语等小语种，就业前景也不错。这些国家的大学入学要求只需高中毕业，无语言要求。大部分的国外高校还会需要你提供高中三年的学习成绩作为参考。

每一个人，我想，都有自己的怪癖。但是为了要保持正常，符合世界的眼光，他们克服了这些怪癖。因此，毁掉了他们的异禀。——查理·布考斯基

恐怖高中还是快乐高中？你的高中你做主！

恐怖高中还是快乐高中？你的高中你做主！

第一类：要求有高考成绩的部分国家及学校

新加坡的教育机构分公立和私立。公立大学往往以全额奖学金和政府助学金的形式招收国际学生。公立的理工学院为特别尖子的学生提供80%的助学金，但必须通过严格的笔试和面试才能被录取。此外，在新加坡上学，随时可以转到美国、加拿大这些国家读书。在新加坡，公立院校每周允许打工16小时。打工前需由学校出具相应的"打工卡"。

入学要求：高中毕业，高考达到一定成绩，参加学校在中国的招生考试，直接就读大专或大学。南洋理工和管理大学要求高考成绩超过当年本地一本线，通过校方笔试和面试。其他院校要求各不相同。费用：5万～10万元/年（含食宿）。

法国是一个浪漫之国，它的文化底蕴和低学费使得很多学生对它情有独钟。法国大学的课程基本是用法语来讲授的，另外有一些工程学院、艺术学院、高等商学院里面也有一些英语授课的课程。在法国，每周允许打工20小时，但第一年语言学习时严禁打工，以便学生能够集中精力学习。所

高中生出国留学热门国家的申请条件

□ 俞正

以，出国前至少要准备好第一年的生活费。

入学要求：申请者应具有中国大学的录取证明并附全国统一高考的成绩单，或是大学本、专科的在读或毕业生。法语具有一定基础者，需有500学时法语证明。申请签证的时候，要求学生能够用自己所学的简单的法语来表述自己的学习计划。到法国留学的签证最好提前6到8个月办理，除了要获得学校的录取通知书及通过法语考试外，还要参加面试。费用：6万～10万元/年（含食宿）。

第二类：要求托福、雅思成绩的国家

美国是一个多种族、多元化的移民国家，经济发达、名校众多，教育水平处于世界前列，提供不同金额的奖学金。每周允许打工20小时，且限

制为校内打工，无须打工卡。

入学条件：高中学历，有500分以上TOEFL（托福）或IELTS（雅思）5.5以上，可直接申请就读美国大学本科；没有语言或语言成绩不够的，可选择申请语言＋专业双录取，即先语言学习，再专业学习；另一种方式：语言+2年专科+2年本科的形式。不过，也有极少数不需要托福和雅思的成绩就可以申请大学的项目。但到美国后要先进行一个阶段的英语培训，然后才能读大学。费用：15万～25万元/年（含食宿）。

澳大利亚环境优美，居民来自世界各地，经济发达，社会安定，失业率和犯罪率都很低。教育水平高，高等院校遍布全国各地，为留学生提供了极具吸引力和富于挑战的学

习环境。澳大利亚有很多专业可供选择，目前欢迎外国人就读的有会计、计算机、工程、法律、护理、园艺、机电、设计、教育翻译等，其中会计和护理专业还被列入紧缺职业名单，学该类专业，移民澳大利亚也将获得优势。

入学条件：高二以上学历，IELTS5.5 以上，可就读澳洲八大名校预科+3 或 4 年本科，但需就读配套语言课程。申请其他澳洲大学，高三毕业，IELTS5 分以上，直接进大一攻读快捷课程，通常三年本科毕业；或者先读 8 个月 IBT 课程，然后进入大学二年级。高中毕业生 IELTS6 分，也可直接读大学一年级课程。费用：13 万～18 万元／年（含食宿）。

英国具有古老而充满创意的历史文化，教育质量高，有多种教学评估方法，学制短，学历为世界各国普遍推崇和认可。英国每周允许打工 20 小时，未满 18 岁者禁止打工。

入学条件：高一、高二、高三在学，可分别插班就读当地 FORM5、FORM6、FORM7 年级；高中毕业生，可申请大学预科课程，雅思 6.0 以上可直升所有课程。费用：20 万～25 万元／年（含食宿）。

第三类：既不要求高考成绩，也不要求托福、雅思成绩的国家

日本是发达的经济强国，高质量的教育和先进的教学设施被世界公认，专业设置超前、实用且国际化，教育体制完善，拥有多所世界一流大学。在日本就读，每周允许打工 20 小时；留学生每周允许打工 28 小时。但禁止学生从事与该国风俗相关的工种，一经发现将有可能被遣送回国。韩国也是位居亚洲前列的经济强国，私立大学质量高、信誉好，构成了高等教育的一个显著特点。韩国与我国的本科学制相同，一般情况下，到韩国留学第一年学习一年或半年的韩语。到韩国留学，打工的收入比较高，维持基本的生活没有问题。

入学要求：学历要求高中毕业，经济担保较低；无须

语言基础，如读语言学校，语言经考核合格后，可升入大学。
费用：日本 8 万～14 万元／年（含食宿）；韩国 4 万～9 万／年（含食宿）。

马来西亚是一个多民族、多元文化的热带国家。留学马来西亚具有无须资金证明，不必面签，无须经济担保与托福、雅思成绩；英联邦国家，完全英语教学；文凭得到世界的普遍认可，学分转移课、双联课程，获英、澳、加、美大学的学位等优势。

入学要求：高中以上学历。费用：4 万～6 万元／年（含食宿）。

俄罗斯以其浓郁的文化、艺术氛围闻名于世，国民整体素质高，一些高精技术处于世界领先水平，高等教育发达、留学费用低、签证率高。

入学要求：高中毕业或相当学历。费用约 4 万元／年（含食宿）。

新西兰，高一、高二、高三在学，可分别插班就读当地 FORM5、FORM6、FORM7 年级；高中毕业生可申请大学预科课程，每年的 2 月、7 月，语言生随时入学。

恐怖高中还是快乐高中？你的高中你做主！

高中毕业生成功留学的八项准备

□ 牛芳芳

留学的确是人生的一件大事，做好科学的留学规划将为留学成功带来保障。有留学意向的同学，在高三的关键一年里，一定要提前做好留学规划。凡事预则立，不预则废，出国留学更是项系统工程，有关前途事业，需要慎重考虑，选择最佳的留学时机。以下是专家认为高中毕业生出国留学前必须考虑的八大问题：

具备良好的德行

良好的道德品行是预备出国留学的第一要则。在外留学需要增强与人相处的能力，有良好道德水准的人在什么地方都会受到欢迎。学生的道德品行、道德规范的客观认证，需要家长和学生本人对自己进行全面、客观的评价，孩子的同学、朋友、老师的评价也很重要，这样对学生的个人素质评价也更加完整和有针对性。

锻造阳光心态

现在出国留学的学生大都是九十年代出生的一代，独自生活和学习在外，这样的考验是前所未有的，没有心理方面的准备会引起种种心理问题而影响学业，因此学会自我情绪调适，有意识地塑造良好人格，一般来说积极、乐观、外向的人格更能适应在外的环境，在外的环境中能更好地保护自己、完成学业。专家建议个性过于内向的学生要慎重考虑出国。

培养浓厚的学习兴趣

有较强的求知欲是学习的原始动力。国外院校宽进严出，有淘汰率的利剑悬在头，又有语言的拦路虎，不会比国内更轻松。但在国外读书在课程方面有多种选择，在国内的时候，数学不好，或者语文不好就考不上大学，而国外灵活的选修课制和学分制就会根据学生不同的个性，回避自己不喜欢的课程，而专攻自己的爱好，也许潜能就发挥出来了。很适宜那些偏科和有特殊才艺的学生。国外院校在不断给你选择的时候也不断给你机会，关键在于你有没有学习兴趣。

所谓充实的生活，就是养个孩子、栽棵树和写本书。——左拉

恐怖高中还是快乐高中？你的高中你做主！

具备独立生活的能力与交际能力

父母不在身边的时候，你能打理一切生活琐事吗？出国留学时多会选择住家或住校，这都需要学生自己料理衣食住行，进行自我照顾。学生的学习压力大，生活自理方面缺少实践，建议决定出国前的一段时间有意识地锻炼一下。有的小留学生没有正确把握自己在"第二个家"里的位置而与住家相处不好，事实上，住家把留学生看成家庭中的成员，开饭前帮房东摆好餐桌，帮着给花园浇水，打扫卫生，做一些力所能及的事情，遵守住家的家规，就会让自己的留学生活更安全和快乐。

重视自身语言基础

你的外语是否已足够流利？语言障碍是留学生出国路上最大的拦路虎，如果你的语言不好，千万不要着急出国，雅思和托福是英语国家必经的留学专业语言考试，在国内没有达到一定的标准，到了国外还得补课，既浪费了时间也多花了钱，事倍功半。最好的办法是在国内基本通过语言考试，到国外衔接短期语言课程并加强实战演练。

对于非英语语系国家，一般对留学申请者都有一个最低语言要求。入学法国、德国的公立大学还需法、德语的考试成绩，俄罗斯、日本、韩国等也都对语言有一定的要求。而重新学习一门语言绝非一蹴而就的事情。保守估计，在出国前至少也需要半年的时间进行初级语言培训，所以一定要谨慎选择。

不必拘泥于名校大城市

首先尽可能选择中国学生的比例不是太高的学校。中国学生过多会使语言学习环境比较差，跨文化交流机会减少。其次要选择适合自己学习水平的大学。高中毕业生，从进入名校的预科学习到能够进入正式本科课程学校会有很严格的测试来优胜劣汰。选择名校会有激烈的学业竞争，这是择校时必须考虑的现实因素，要量力而行。此外，选择有名气的大都市留学，能够感受到大都市的繁华和浓重的商业、文化气息，也可能拥有较多的打工机会。但大都市竞争激烈，读书时获取奖学金的概率相对较小。物价偏高、人情冷漠也是不争的事实。在国外一些经济发达国家，城乡之间的差异较小，一些中小城市同样能够提供便利的学习及生活环境。

选择专业看准未来市场需求

学以致用，出国留学是一项对将来的事业与人生都会产生重大影响的抉择，同学们在选择时一定要仔细考虑。调查证明，在国外留学并具备一段时间的工作经验，学习到了国外大企业先进的管理理念和管理方式的人才最受就业市场的欢迎。因此，打算在国外就业的，要了解当地的就业趋向，再结合本人的意愿权衡；如果打算在国内就业，就要对国内就业市场的趋向进行分析，学习留学目的地国的强项，高瞻远瞩，为自己打造未来。国内相对比较弱的专业到国外取经应该是好事，但也不能随大流，眼光应看得更高一些、更远一点。

足够的经济实力

对于自费留学的学生而言，即使是有些国家免学费的公立大学，或者你已经申请到了奖学金，但生活费支出仍然是可观的。你准备的经费足够吗？留学中的语言和金钱就像人生命中的空气和水一样不可或缺，没人会不带水就踏上沙漠之路的。不同国家和留学项目所需留学经费差异很大，学生和家长都要量力而行。

人类一向有这个独特之处：它保留了两套法则——一套私下的，一套真正的；一套公开的，一套矫揉造作的。——马克·吐温

195

恐怖高中还是快乐高中？你的高中你做主！

出国留学应注意的问题

□元沈思

恐怖高中还是快乐高中？你的高中你做主！

我们倡导理性留学，因为留学并非是人人适宜，需要很强的环境适应能力、心理素质、良好的语言能力，以及明确的专业学习方向等，以下是专家提出的建议：

一 正确的自我认知

留学资深专家指出，在考虑是否留学时，必须对留学和对自己有一个正确的认知。首先要正确分析高中毕业生留学的利弊。高中毕业生留学的弊端是：学生年龄小，在心理上和学习上未必做好了准备；原有的朋友、圈子没了，需要重新适应；原有的语言环境发生了很大的变化；花费高昂；等等。但同时，留学的优势也很明显：国外大学注重素质教育，可以充实学生的知识，开阔学生的视野，发挥学生的潜力。其次针对学生是否适合留学，建议家长充分考虑：①孩子有较强的上进心吗？②孩子有基本的是非观吗？③孩子有足够的自制力和起码的自理能力吗？④孩子有健康的体魄吗？⑤孩子有出国意愿吗？如果以上条件基本符合的话，那么他（她）就可以考虑出国留学。

二 正确分析学习成绩

对于有意留学的学生，高考成绩是相当重要的，将关系到留学国家的选择。许多国家在招收留学生时明确规定，需要高考成绩或高考录取通知书。一些国家虽没有此类明确规定，但如果有不错的高考成绩，在同样的条件下也会得到优先录取。对此建议考生"在不放弃高考的情况下进行留学规划"，即准备留学、准备高考"两手抓"。留学一定要根据个人实际制订一个兼顾个人品质和个人能力实际的方案。

三 选专业三思而后行

从某种意义上说，留学选专业是将来事业成功与否的至关重要的一步，所以应该引起高度的重视。一般来说，应该从下面几方面考虑：

一是兴趣上的考虑。对于中国学生来说，不管到哪里读书，商科和计算机都是最热门的专业，扎堆的现象比较明显，这是他们选择专业时盲目追求热门的结果，其实对于学生来说并不一定有益。首先，应该结合自己的专业特长和兴趣爱好

　【知乎体】蚊子有牙齿，而且是22颗。

来选专业。一味追求热门专业，不管自己的志趣、特长，会导致今后学习起来困难重重。兴趣是最好的老师，如果对这个专业没兴趣，学着就感到枯燥无味，很难取得成功。何况，无论热门专业还是冷门专业，都不会一成不变，比如财务、经济管理、市场营销等专业备受留学生们追捧，不但入学竞争异常激烈，而且由于扎堆现象严重，有些专业领域已出现人才饱和现象。

二是投资回报的考虑。到国外读书，对很多家庭来说，也算一项投资。因此，就要考虑到将来的回报。有些专业，不论在国外还是国内，就业前景都很好，薪水也高，回报就快；有的专业，就业不容易，或薪水低，回报就慢。因此，建议尽量避免此类大而全的专业，而应选择一些细分型、交叉型、实用型的专业。如精算、保险、资产评估、信息管理、电子商务等。

三是移民的考虑。有的国家大量接收移民，有的国家则对移民限制很严。对那些打算在海外发展的学生来说，要考虑到不同的专业，移民分值是不同的，如IT类、医学类、会计类、建筑类等，就是移民分值高的专业。所以在选专业时，就要有所顾及。

（四）几个不容回避的问题

出国留学虽然多了一条路上大学，但也应该充分考虑到是否能够独自面对和解决在国外将会遇到的一些重大问题：

一是语言关难过。现在的留学已经打破了只往英语国家跑的单一局面。俄罗斯、法国、德国、日本及东欧其他国家也成为越来越多学生的留学目的地。学生在选择这些国家时，要充分考虑到自己在该国语言上的水平程度，是否达到能与人交流或听课。因此，出国前一定

要过好语言关，在国内打好语言基础，所谓"磨刀不误砍柴工"。目前国内有很多这样的语言强化或预备课，学生完全可以先在国内把语言学好。

二是专业课难度大。对很多高中毕业生来说，由于在国内从来没接触过外语讲授的专业课，所以听课像听天书，压力很大。有的学生因为成绩不理想，经常补考，既浪费了时间也浪费了资金。还有的学生因为成绩差而丧失了学习信心，最终自暴自弃，混迹于社会，甚至违法犯罪，被驱逐回国。因此建议，在国外读一些大学预备课程班，或大学桥梁课，对解决这些问题是一个好办法。

三是经济承受能力。尤其对工薪阶层的家庭来说，要仔细计算一下自己的资金。需要提醒的是，应尽量避免出现因为打工影响了学习和出勤率，最终影响到学业的完成。国外的公立和私立学校之间差别很大，如美国大学的奖学金大致分为服务性和非服务性两种。服务性奖学金又有两大类：研究奖学金和助教奖学金；非服务性奖学金形式很多，有全奖、半奖以及其他学费减免、补助或贷款等。对此建议，相关网络、书籍等媒体上都有在一些国家及学校学习和生活所需费用的介绍，多找来一些进行对比和衡量。

四是是否具有辨别力和自控力。一些学生由于在家时父母溺爱，独立性差，对社会了解少，判断力也差。到国外后，面对一个全新的环境，一时手足无措，一片迷茫。有的更被坏人引诱，走上邪路。建议在出国前，先大量了解前往国家的基本状况，对新的生活环境心中有数。当然，也要从自身考虑，看是否能独立生活，适应新环境。

恐怖高中还是快乐高中？你的高中你做主！

你为什么要留学

□高雨莘

恐怖高中还是快乐高中？你的高中你做主！

两个月前回国以后的一天晚上，我坐在写字台前，和一位素未谋面的高中生打网络电话。现在刚上高三的他正在紧锣密鼓地准备美国大学的申请，有许许多多的问题，希望"和刚从美国回来的留学生聊一聊"。

听着他一连串的问题，我张了张口，却不知从何说起，和七年前，我坐在这张写字台前，在台灯下瞪着手中的美国高中申请表时几乎同样不知所措。"你接受过对你最有帮助的建议是什么？它在你生活中发挥了什么样的作用？""请写一篇散文描述一下自己。"之后，似乎为了给像我这样一头雾水的申请人一些启发，题目继续循循善诱："写些什么比写多长更重要。记住，我们希望把你当成一个独立的个体来了解。"

对于当时忙着做练习册、解几何题、背政治书、做简答题的我来说，思考这些问题如同一脚踩进了棉花堆，在没有标准答案的地界里，深一脚浅一脚地走得忐忑不安。

在中国，就算实施素质教育也有教学大纲，开放式作文也有个半命题吧？如果那时我的迷惑源于这些美国高中申请问题的陌生和含糊，此时的我却由于电话那端传来的问题的熟悉和直接而沉默。

几个月前，我在撰写一篇关于中国留学生前往美国读书的文章时了解到，我的母校所接收的中国申请已经从我申请那年的 18 份变成了今年的近 400 份。

太多的新词汇需要理解，太多的新概念需要消化。没背过 TOEFL 词汇？你火星了。掌握了 SAT 的核心词汇？记得还要熟悉考试结构。摸清了如何翻译成绩单，申请奖学金？你如何面对面试官，说服他们为什么在北京、上海长大的你会迫不及待地想就读远在宾夕法尼亚郊外、佛蒙特山区或西雅图森林里的私立学校？在这场八仙过海，各显神通的竞赛里，似乎有理由停下思考，留学到底意味着什么。

来到美国以后上学的第一天，我坐在高中经济课教室里，老师的话语从耳旁流过，如同滑溜的泥鳅一样难以捕捉；在英语课下课后空荡荡的教室里，我还在为同学们十分钟前已完成的写作小练习绞尽脑汁；在宿舍里，我和美国的同学因为基本的英语语法问题发生了争执；在餐桌上，

一切婚姻中的冲突，凡是可以告诉外人的，都是删节版、遗忘版、添油加醋版。——婚姻关系妙语

我瞥着旁边女孩的刀叉动作，小心地切着牛排和沙拉。

课表、课外体育运动、论文、交朋友……生活中没有哪样如同"红宝书词汇表"一样井然有序。然而几年之后回想起来，好朋友是在餐厅偶然搭讪认识的，最喜欢的课是由于首选的课程人数已满而被分配进去的。许许多多的收获发生在不期然之间，在用自己的棱角去和一个不规则的世界碰撞的过程之中。

在当今的留学申请场中，申请人的手段和心态似乎已经无法和这种留学的初衷对接。

在几个月前，我为正在撰写的关于中国留学生前往美国就读私立高中的文章，拨通了我的高中招生办主任 Ms. Gimbel 的电话。我们在电话里聊起 2005 年我入学后的中国留学潮。"真是前所未有的景象！" Ms. Gimbel 感叹道。

"如果能够对中国的申请人说句话，您想说什么？"我问道。

"请把你的本来面目展现给我们。通过你的才华和潜力，我们会找到你。"🍦

融入当地圈子，留学才能成功

□ 唐珩　何燕敏

高中要知道

29 岁的周霖现在是黑莓中国技术部经理，不过，他也曾经历过高考失意。之后他决定远赴大洋彼岸求学。2001 年年底，周霖到达加拿大读了半年 ESL。这半年，他每天都混迹在当地人圈子里，拼命想一些能和当地人交流的话题。"如果你在外留学多年都无法融入当地人的圈子，只在同胞圈子里面待着，那么出国留学和在国内读大学又有什么区别呢？"

融入当地圈子这招果然有效。半年后，周霖在托福考试中拿到 271 分（当时满分为 300 分），并顺利收到了加拿大顶尖学府多伦多大学的录取通知书。不过，多伦多大学严格的考核机制成了周霖面对的下一个挑战。"多伦多大学在大一时的淘汰率是 20% ~ 30%，有相当一部分人不能升上大二。以我个人的经验而言，中国学生到国外第一年，可以趁着高中底子好的优势，多去了解周围的环境、当地人的思维模式，以及广交朋友。其实还是一句话，尽快融入当地的文化。"周霖说，自己大一、大二时的游历，是一笔宝贵的财富。

周霖在多伦多大学优秀的表现还吸引了诺基亚中国的目光，他们希望周霖能回国担任诺基亚中国总部的技术部经理。可周霖放弃了这个机会："如果我这个时候回国，那我和在国内读大学的学生没有任何区别。我需要加拿大的工作经验，在这个电子技术强国的经验将成为我日后发展中重要的砝码。"周霖选择了加拿大一家小型高新科技公司开始了职业生涯。工作满 1 年，周霖开发的一个出色的应用引来了黑莓公司的赏识，成功跳槽。🍦

恐怖高中还是快乐高中？你的高中你做主！

如今，几乎欧洲每所大学，都找得到中国人的身影。

有钱人喜欢去英国

最出名的留英生非徐志摩莫属，他1921年赴剑桥，他的《再别康桥》让不少人心醉神迷，也让更多人大呼上当。

目前在英国约100所正规大学中，几乎都可看到中国人的身影。

不仅如此，中国学生的专业分布也高度集中：据《华商报》统计资料，就读管理专业的中国学生达52％，财经类占23％，其他学科只占25％。

艺术家去法国

巴黎保持了一种"美妙的杂乱"和"浪漫的混乱"，但艺术家就爱这样的生活。

法国国立大学本科每年注册费和保险约为360欧元（约2600元人民币），比内地高校都便宜。

据中国驻法大使馆教育处信息，管理和商业等专业依旧热门，越来越多的人开始选择文学、艺术等文科专业，服装和设计也吸引了不少中国学生。除了正规学院，不少人到法国修读短期课程，如花半个月修读红酒班，或花一周学做马卡龙（一种法式甜点）。

"精分"去德国

德国大学的注册费更便宜，只收取100欧元（约730元人民币）左右，廉价的入学费用、先进的科技水平、传统的欧洲文明和高水平的福利政策，是德国最吸引人的优势。

但读过德国大学的人都说，学德语难，拿德国学位更难如登天。

学生们需要一次性面临五六年甚至更长的学习时间，淘汰率非常高；德国大学里论文等内容就可毕业。

更令中国学生崩溃的是，德国大学连课本都没有。教授往往只提供自编讲义或提纲，有些课程甚至只有教授板书作为一手资料。习惯了"填鸭式"被动教学的中国学生，其手足无措，可想而知。

吃货都去意大利

意大利拥有世界上最古老的大学——博洛尼亚大学，其他学校在欧洲也属一流水平。意大利排名较靠前的专业包括设计类、建筑类、美学和

到欧洲去留学
□陈　旧

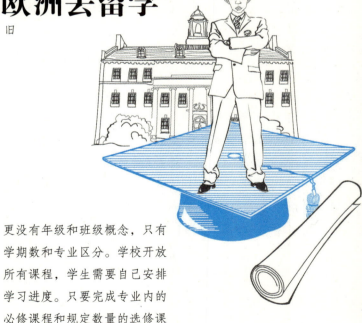

更没有年级和班级概念，只有学期数和专业区分。学校开放所有课程，学生需要自己安排学习进度。只要完成专业内的必修课程和规定数量的选修课程，以及实验、实习、报告、

　【知乎体】歌德除了是个伟大的作家，还曾发现了人类的腭间骨。

音乐类专业等。另一个好消息是，去意大利的中国留学生，很少被拒签。

还有一个吸引中国人的好处是意大利无处不在的美食。多少世纪以来，意大利厨师已懂得不要太"改善"食物。只要给意大利人一些新鲜橄榄油，一只鲜柠檬，一篮子番茄，一点儿大蒜、胡椒，几片罗勒，以及一块巴尔马干酪，他们就能做出使你久久难忘的可口面点。难怪连法国人都说，食在意大利。

 **爱装的人都爱去
比利时的安特卫普**

除了伦敦的圣马丁之外，爱装的人们还有一个选择，去安特卫普皇家艺术学院。

你可能想象不到，画家凡·高也是安特卫普皇家艺术学院的校友。该校时尚部门每年招收150名新生，却只有平均不到6名学生能撑完四年，顺利毕业。从布料、剪裁、缝纫到设计，学生必须自己摸索方向。第一年的任务是做出一件裙子。第二年钻研历史服饰。第三年则以民族服饰为主题，但除了复制外，学生也必须从中发展出一套时装设计。第四年则主要专注于设计与毕业作品创作。

哈佛剑桥算什么，你能上印度理工吗

□黄永明

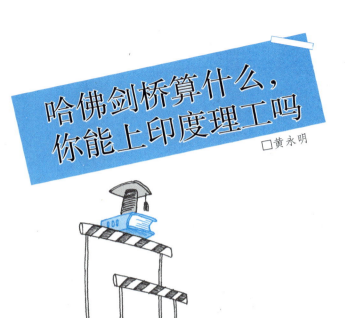

几年前的一天深夜，印度理工学院院长印地立桑返回办公室，发现面前站着将近两百名学生，手里拎着水桶愤怒地抱怨着。学校的供水一直有问题，这次学生们失去了耐性，他们情绪激动，要求校长立即解决问题。

印地立桑冷静地质问学生："你们是来自某所技工学校，还是来自印度理工？"听到这句话，男孩们安静了下来。"你们是印度理工人，所以你们是要学会解决问题的。现在出了一个问题，你们不是想着如何解决它，而是表现得像暴民！明天一早，你们带着解决方案来见我，我们一起解决它。"学生们老老实实地散去了。第二天早晨，他们带来了三四个不同的解决方案。这就是印度理工的学生。

在印度有一句流行的话：一流的学生进IIT（印

恐怖高中还是快乐高中？你的高中你做主！

恐怖高中还是快乐高中？你的高中你做主！

度理工学院），二流的才念美国名校。美国《新闻60分》节目曾经评价说："印度理工学院在印度的地位相当于把哈佛大学、麻省理工学院和普林斯顿大学加起来在美国的地位。"这话一点儿都不夸张，因为IIT最初就是完全按照美国麻省理工学院的模式建立起来的。有好事者曾经统计过，在全世界所有大学中，出身IIT成为百万（美元）富翁的比例最高。每年12月，IIT打开校门，来自欧美的各大跨国公司纷纷进驻，在两个星期之内，所有学生都会被"抢订一空"。

印度理工成立后招收的第一批学生全部是各个学校前十名的尖子生。面试时考官说："在原先的学校里数一数二的学生，请坐下。"结果将近80%的学生都坐下了。

在印度旁遮普邦的一个村子里有一个名叫格尔巴·威克的男孩，他的目标是IIT，因为在那里他可以就读全印度最好的船舶工程专业。威克向学校提出了申请。在面试时，这个农民的儿子面对的是六七位目光如炬、极难应付的教授。威克告诉面试官他是家里供出来的第一位大学生，他想成为一名造船工程师。随后，面试官问了一个他一直担心会被问到的问题："你以前见过船吗？""见过。就在昨天，在加尔各答的豪拉桥上，我看到了几艘小船。"农业工程学院院长潘德雅教授善意地问他："你的父亲是一个农民，难道你不认为农业工程更适合你吗？"威克脱口而出："先生，我认为这种世袭的等级观念是与宪法精神背道而驰的！"话一出口，他发觉似乎

有些不妥，因为所有的面试官都在笑。当天晚上，当他步行到公告板前查看时，发现自己已经被船舶工程学院录取了。

IIT的可敬、可怕之处在于，它的录取从来就是六亲不认，根本不存在通融之道。上至总理的儿子，下至校长的女儿，不论是谁，想进IIT，考试成绩一定要排在申请人的前2%，至于面试，更要走公正透明的渠道。穆尔蒂被誉为"印度的比尔·盖茨"，他创立了印度的软件巨头印孚瑟斯（世界500强之一）。穆尔蒂的儿子想报考IIT的计算机专业，却被无情地拒绝了，结果被美国的常春藤学校康奈尔大学录取。去美国之前，穆尔蒂恨铁不成钢地对媒体说："他最后只能遗憾地到康大读书！"

IIT巴隆迪院长的女儿也曾三次申请IIT，不幸都名落孙山。第一次落榜是因为法语成绩差了两分；第二次报考，专业课以一分之差落选；第三次各门功课笔试都通过了，但面试表现欠佳，再次被淘汰。幸运的是，2010年他的女儿第四次提交申请，终于以笔试成绩第一名，面试近乎完美的表现被IIT录取。

IIT里流传着许多令人难以置信的故事，激励着成千上万处于社会底层的印度年轻人。

我们一路奋战不是为了改变世界，而是为了不让世界改变我们。——《熔炉》

留学的女儿 hold 住

□ 明前茶

17 岁的女孩儿将出国，家中四位至亲浩浩荡荡送她到浦东机场。天空阴沉，细雨霏霏，行李六大包，做长辈的都舍不得让那孩子拎到托运柜台，但所有的人都明白，只要到了加州转机，这六件沉重的行李，将由这势单力薄的女孩子一个人连拉带拽，托运去另一个托运柜台，随她转机去纽约。

等在候机大厅的这两个小时，对孩子的父母来说，可能是一生中最漫长、焦虑和英雄气短的两个小时，空气中充满了小心翼翼的僵持感，孩子的妈妈一直缄默不语，只有爸爸和女儿间或交谈几句，问的也是问过几百遍的话："事到如今，已经来不及后悔。"

"我从来没有后悔过。"

"都准备好了？没落下啥东西？"

"没落下，连那套理发推剪都带上了，老爸，你还不相信你女儿的适应能力？"

我留心到一个小细节：这孩子通过登机通道时，就没有回一下头。

这是一场注定不对等的目送，去的人满怀憧憬，送的人失魂落魄又强自镇定。我目睹那个当父亲的默默拥抱妻子，中国人，也只有在这等"生离"的当口，才懂得用身体语言安慰人吧。我听到他反复说："她连理发都会了，你还担心什么？据说中国学生会炒一大碗蛋炒饭，就能在美国把五湖四海来留学的同学都 hold 住。"

当妻子的破涕为笑："看看你的头发，你女儿这手艺，能算出师了吗？"

我这才注意到那位父亲一身儒雅装扮，头发却理得像小兵张嘎——两鬓青白几乎露出头皮，中间部分的头发却像芦苇一样茂盛，垂下来的刘海还滑稽地攒出一个桃尖。"看你说的，女儿不拿我这脑袋当冬瓜练手，还能拿谁的脑袋练手？你还说我，你看看你这狗啃样的刘海……"

妻子拨开他的手，嗔道："你不懂，这种犬牙交错式的刘海是今年的大热门，你没有翻过时尚杂志呀？T 台上的名模，都是花了 500 美元才剪出这种调皮的效果。"

一语未了，做妈妈的忽然开始沿着候机大厅的落地窗奔跑，原来她看见停机坪的那头，接驳车已经在下客，她想离得稍近点儿，看着她的孩子登机，看看她有没有回头张望。

果然看到那女孩子，登机时开始犹豫，甚至往下跑了几级，往这边看，当妈妈的明知她听不见，仍然拼命敲打玻璃幕墙，几乎引来了保安。然后那孩子似是硬起心肠，迅速钻入飞机肚，不见了。

两分钟后，爸爸的手机响了，孩子关机前的最后一条短信到了，当爸爸的念给所有的家人听："虽然前程未卜，但是爸爸妈妈，别忘了这两个月中，我学会了洗衣、做饭、修剪草坪，学会了拆洗被褥和窗帘、摆摊卖书、烘烤西点，以及给你们理了最难看的头发，我将凭借我的急训课程去应对所有的困境。请发笑脸给我，我只需鼓励。"

我目睹所有送行的亲人都掏手机发笑脸给那女孩，在她独自上路之前。这精神上的断乳是如此困难，就如同心上有血肉做的绳索被生生搋断，但，这一天终将到来，到了那一刻，请不要哭着走，一定要笑着走。🌀

恐怖高中还是快乐高中？你的高中你做主！